Francês Intermediário Para Leigos®

Folha de Cola

Artigos Definidos, Indefinidos e Partitivos

Usamos os artigos antes de substantivos para indicar algo relativo a tais substantivos. Os artigos definidos fazem referência a alguma coisa específica; já os indefinidos, a algo não específico. Os artigos partitivos se referem a uma parte de algo. No Capítulo 2, você encontra mais informações sobre os artigos na língua francesa.

Gênero/Número	Definido (o/a)	Indefinido (um/uns/uma/umas)	Partitivo (algum, alguma, pouco, um tanto, qualquer)
masculino singular	le	un	du
feminino singular	la	une	de la
plural	les	des	des

Contrações com À e De

As preposições **à** (de, para, em) e **de** (de, para) são sempre contraídas com os artigos **le** e **les**:

Artigo	à + (le/les)	de + (le/les)
le	au	du
les	aux	des

Não há contração com à ou *de* com **la** ou **l'**: **à la**, **à l'**, **de la**, **de l'**.

À e *de* também contraem com diferentes formas de lequel (qual):

Forma de Lequel	à + (lequel)	de + (lequel)
lequel	auquel	duquel
lesquels	auxquels	desquels
lesquelles	auxquelles	desquelles

Não há contração com laquelle: à laquelle, de laquelle.

Pronomes Pessoais

Pessoa	Pronome Subjetivo	Pronome Objetivo Direto	Pronome Objetivo Indireto	Pronome Reflexivo
1ª pessoa do singular	je	me	me	me
2ª pessoa do singular	tu	te	te	te
3ª pessoa do singular (masc.)	il	le	lui	se
3ª pessoa do singular (fem.)	elle	la	lui	se
1ª pessoa do plural	nous	nous	nous	
2ª pessoa do plural	vous	vous	vous	
3ª pessoa do plural	ils, elles	les	leur	

CB008012

Para Leigos®: A série de livros para iniciantes que mais vende no mundo.

Francês Intermediário Para Leigos®

Folha de Cola

Ordem do Pronome Objetivo

A ordem do pronome objetivo dependerá de como irá usá-lo, se com o imperativo afirmativo ou com outra construção. Aqui está a ordem com o afirmativo imperativo (a principal):

Objeto Direto (3ª pessoa)	Objeto Direto (1ª ou 2ª pessoas), Objeto Indireto ou Pronome Reflexivo	Y (lá – referente a lugar)	En (algum, alguma, alguns, algumas, deles)
le	moi	y	en
la	toi		
les	lui		
	nous		
	vous		
	leur		

Aqui está a ordem das palavras com todo o resto, incluindo o imperativo negativo:

Pronome Reflexivo, Objeto Direto (1ª ou 2ª pessoas) ou Objeto Indireto (1ª e 2ª pessoas)	Objeto Direto (3ª pessoa)	Objeto Indireto (3ª pessoa)	Y (lá – referente a lugar)	En (algum, alguma, alguns, algumas, deles)
me	le	lui	y	en
te	la	leur		
se	les			
nous				
vous				

Identificando Verbos Être

Muitos verbos usam *avoir* como auxiliar para formar o **passé composé** e outros tempos verbais. Aqui estão alguns verbos que usam **être**:

- aller (ir)
- arriver (chegar)
- descendre (descender, descer, decrescer)
- entrer (entrar)
- monter (escalar)
- mourir (morrer)
- naître (nascer)
- partir (partir)
- passer (passar – por, em frente, atrás)
- rester (ficar)
- retourner (voltar)
- sortir (sair)
- tomber (cair)
- venir (vir)

Além disso, verbos pronominais usam **être: Je je me suis levé** (Eu me levantei).

Para Leigos®: A série de livros para iniciantes que mais vende no mundo.

Francês Intermediário para LEIGOS®

por Laura K. Lawless

ALTA BOOKS
E D I T O R A
Rio de Janeiro, 2012

Francês Intermediário Para Leigos® Copyright © 2012 da Starlin Alta Editora e Consultoria Ltda.
ISBN: 978-85-7608-622-2

Translated From Original: Intermediate French For Dummies ISBN: 978-0-470-18768-5. Original English language edition Copyright © 2008 by Wiley Publishing, Inc. All rights reserved including the right of reproduction in whole or in part in any form. This translation published by arrangement with Wiley Publishing, Inc. Portuguese language edition Copyright © 2012 by Starlin Alta Editora e Consultoria Ltda. All rights reserved including the right of reproduction in whole or in part in any form.

"Willey, the Wiley Publishing Logo, for Dummies, the Dummies Man and related trad dress are trademarks or registered trademarks of John Wiley and Sons, Inc. and or its affiliates in the United States and/or other countries. Used under license.

Todos os direitos reservados e protegidos por Lei. Nenhuma parte deste livro, sem autorização prévia por escrito da editora, poderá ser reproduzida ou transmitida

Erratas: No site da editora relatamos, com a devida correção, qualquer erro encontrado em nossos livros.

Marcas Registradas: Todos os termos mencionados e reconhecidos como Marca Registrada e/ou Comercial são de responsabilidade de seus proprietários. A Editora informa não estar associada a nenhum produto e/ou fornecedor apresentado no livro.

Impresso no Brasil

Vedada, nos termos da lei, a reprodução total ou parcial deste livro

Produção Editorial
Editora Alta Books

Gerência Editorial
Anderson da Silva Vieira

Supervisão Editorial
Angel Cabeza
Augusto Coutinho

Controle de Qualidade Editorial
Sergio Luiz de Souza

Editoria Para Leigos
Daniel Siqueira
Iuri Santos
Patrícia Fadel
Paulo Camerino

Equipe Editorial
Adalberto Taconi
Andrea Bellotti
Andreza Farias
Bianca Massacesi
Brenda Ramalho
Bruna Serrano
Cristiane Santos
Evellyn Pacheco
Gianna Campolina
Isis Batista
Jaciara Lima
Juliana de Paulo
Lara Gouvêa
Lícia Oliveira
Marcelo Vieira
Marco Silva
Mateus Alves
Milena Souza
Pedro Sá
Rafael Surgek
Thiê Alves
Vanessa Gomes
Vinicius Damasceno

Tradução
Nancy Barberá

Copidesque
Karina Gercke

Revisão Gramatical
Cláudia Regina

Revisão Técnica
Natasha de Pina
Bacharel e Licenciada em Letras – Português/Francês, e Especialista em tradução de francês

Diagramação
Cláudio Frota

Marketing e Promoção
Daniel Schilklaper
marketing@altabooks.com.br

2ª Reimpressão, setembro 2013

Dados Internacionais de Catalogação na Publicação (CIP)

L418f   Lawless, Laura K.
       Francês intermediário para leigos / por Laura K. Lawless. – Rio de Janeiro, RJ : Alta Books, 2012.
       360 p. : il. – (Para leigos)
       Inclui índice.
       Tradução de: Intermediate French for dummies.
       ISBN 978-85-7608-622-2

1   1. Língua francesa - Gramática - Português. 2. Língua francesa - Compêndios para estrangeiros. 3. Língua francesa - Autodidatismo. I. Título. II. Série.

CDU 804.0-5
CDD 445

Índice para catálogo sistemático:
1. Língua francesa : Gramática   804.0-5
(Bibliotecária responsável: Sabrina Leal Araujo – CRB 10/1507)

ALTA BOOKS
EDITORA

Rua Viúva Cláudio, 291 – Bairro Industrial do Jacaré
CEP: 20970-031 – Rio de Janeiro – Tels.: 21 3278-8069/8419 Fax: 21 3277-1253
www.altabooks.com.br – e-mail: altabooks@altabooks.com.br
www.facebook.com/altabooks – www.twitter.com/alta_books

Sobre a Autora

Laura K. Lawless é apaixonada pelo idioma francês. Desde quando aprendeu suas primeiras palavras francesas (os números de 1 a 10, aos 10 anos), ela tem estado apaixonada pela língua do amor. Na primeira viagem que fez à França, com 15 anos de idade, ficou convencida de que o francês seria sempre parte essencial de sua vida. Laura é bacharel em Estudos Internacionais pelo Monterey Institute of International Studies de Estudos Internacionais, pós-graduada em tradução, interpretação, linguística e literatura das línguas francesa e espanhola, também estudou francês no *Institut de Formation Internationale* de Mont-St-Aignan e na *Alliance Française* (*Aliança Francesa*) em Toulouse, França.

Em 1999, depois de um ano ensinando francês para adultos, Laura lançou o French Language Guide (Guia da Língua Francesa) no site About.com (`http://french.about.com`), onde continuou a dar aulas e a disponibilizar testes, exercícios orais e jogos para alunos e professores de francês do mundo inteiro. A paixão pelo idioma faz com que ela tenha sempre novas ideias para o site ou seus livros (este é o quarto). Laura morou na França, no Marrocos e na Costa Rica, e, depois de passar mais da metade da vida planejando e sonhando, ela e o marido mudaram para a França em 2008.

Dedicatória

Para "O-man", meu parceiro em tudo, menos no crime.

Agradecimentos da autora

Agradeço ao meu agente, Barb Doyen, que sempre esteve ao meu lado, ao meu editor, Chad Sievers, e a toda a equipe de *For Dummies* (*Para Leigos*), da Wiley. A todos os francófilos que visitaram meu site Publishing ou leram meus livros. **Je vous remercie**! E um **merci** especial para meu marido, que leu todo o meu trabalho, mesmo estando tudo perfeito! Bem... quase. **Bisous!**

Sumário Resumido

Introdução *1*

Parte I: Formação e Estrutura do Francês *5*

Capítulo 1: Compreendendo as Partes do Discurso e Dicionários Bilíngues 7

Capítulo 2: Descobrindo Substantivos, Artigos e Possessivos............................ 21

Capítulo 3: Dicas para Números, Datas e Horas.................................... 37

Parte II: Aqui e Agora: Escrevendo no Tempo Presente ... 49

Capítulo 4: Aqui Mesmo, Agora Mesmo: O Tempo Presente 51

Capítulo 5: Formação de Perguntas e Respostas 73

Capítulo 6: Apenas Diga "Não": Forma Negativa 85

Capítulo 7: "Ser" ou "Sido", Eis a Questão: Infinitivo e Particípio Presente 97

Capítulo 8: Decifrando o Modo Subjuntivo 109

Parte III: Escrevendo com Segurança:
Enriqueça Suas Frases *129*

Capítulo 9: Escrevendo com Estilo: Adjetivos e Advérbios........................ 131

Capítulo 10: Eu Comando Você: O Imperativo 153

Capítulo 11: Compreendendo os Verbos Pronominais:
Verbos Reflexivos e Idiomáticos 167

Capítulo 12: Uma Ode Às Preposições 179

Capítulo 13: Compreendendo os Pronomes 199

Capítulo 14: Entendendo as Conjunções e os Pronomes Relativos.................. 213

Parte IV: O que Foi e o que Será, Será:
O Passado e o Futuro *229*

Capítulo 15: Tudo É Passado: O Passado Composto - Passé Composé.............. 231

Capítulo 16: O que Estava Acontecendo? O Tempo Imperfeito 245

Capítulo 17: Está Tudo Acabado! Outros Tempos do Passado...................... 257

Capítulo 18: O que Você Fará? O Futuro...................................... 269

Capítulo 19: O que Você Faria? O Modo Condicional............................ 281

Parte V: A Parte dos Dez *293*

Capítulo 20: Os Dez Erros Mais Comuns em Francês e Como Evitá-los.............. 295

Capítulo 21: Dez Maneiras para se Iniciar uma Carta em Francês 303

Parte VI: Apêndices... 307

Apêndice A: Tabela de Verbos...309
Apêndice B: Dicionário Português- Francês 321
Apêndice C: Dicionário Francês-Português...327

Índice.. 333

Sumário

Introdução **1**

Sobre Este Livro..1
Convenções Usadas neste livro...2
Penso que...2
Como Este Livro Está Organizado..3
Parte I: Formação e Estrutura do Francês.....................................3
Parte II: Aqui e Agora: Escrevendo no Tempo Presente 3
Parte III: Redação com Estilo: Enriqueça Suas Frases...................3
Parte IV: O que Foi e O que Será, Será: Os Tempos Passado e Futuro....3
Parte V: A Parte dos Dez 3
Parte VI: Apêndices...4
Ícones Usados Neste Livro 4
De Lá para Cá, Daqui para Lá...4

Parte I: Formação e Estrutura do Francês **5**

Capítulo 1: Compreendendo as Partes do Discurso e Dicionários Bilíngues 7

Analisando Gramaticalmente..7
O que é um nome? É um substantivo 8
Os artigos 8
Verbos no centro do palco..9
Descrevendo adjetivos..10
O uso dos advérbios..10
Os pronomes: Substitutos dos nomes 11
As preposições: No topo..12
Unindo com conjunções 13
Como Usar Corretamente um Dicionário Bilíngue 13
Aprenda como consultar...14
Escolha o termo certo para cada contexto 14
Compreendendo símbolos e terminologias 15
Interpretando figuras de linguagem e expressões idiomáticas.....15
Verificando seus resultados 16
Resposta..17

Capítulo 2: Descobrindo Substantivos, Artigos e Possessivos 21

A Flexibilidade dos Gêneros: Substantivos Masculinos e Femininos....21
Determinação dos gêneros dos substantivos 22
Passando para o feminino...22

Francês Intermediário Para Leigos®

Substantivos comuns de dois gêneros 23
Parte Dois: Passando os Substantivos para o Plural 24
Outra forma de plural: Usando o "x" 25
Plurais irregulares 25
Entendendo os Artigos e como Eles Indicam Gênero e Número 26
Estudo dos artigos definidos 26
Compreendendo os artigos indefinidos 27
Entendendo os artigos partitivos 27
Um Pouco Disso e Daquilo: Uso dos Pronomes Demonstrativos 28
Adjetivos demonstrativos 29
Pronomes demonstrativos 30
Possessivos: Canalizando o Espírito de Posse 31
Uso do possessivo "de" 31
Trabalhando com adjetivos possessivos 31
Compreendendo os pronomes possessivos: Seu, meu e nosso 33
Respostas 35

Capítulo 3: Dicas para Números, Datas e Horas 37

Usando Números 37
Números cardinais: 1, 2, 3 37
Entendendo os números ordinais 40
Faça Seu Calendário: Dias, Meses e Datas 41
Todos os sete: Conheça os dias da semana 42
Uma dúzia mesmo: Identifique os meses 43
Dia, mês e ano: Pensando em datas e encontros 43
Compreendendo as Diferenças de Tempo 44
Respostas 47

Parte II: Aqui e Agora: Escrevendo no Tempo Presente 49

Capítulo 4: Aqui Mesmo, Agora Mesmo: O Tempo Presente 51

Compreendendo os Pronomes Pessoais do Casco Reto, Quando e como
Conjugá-los 51
Je ou nous: A primeira pessoa 52
Tu ou vous: A segunda pessoa 53
Il, elle ou on: A terceira pessoa do singular 53
Ils ou elles – a terceira pessoa do plural 54
A Vertente Comum: Conjugando Verbos Regulares 55
Os verbos regulares mais comuns: -er 55
Outra terminação comum de verbo regular: -ir 55
Terceiro tipo de verbo regular: -re 56
Preservando a Pronúncia com Verbos que Mudam a Ortografia 57
Estudo de verbos com -cer 57

Estudo de verbos com -ger 58

Dissecando as Estruturas dos Verbos 59

Debatendo verbos terminados em -yer 59

Entendendo verbos terminados em -eler 59

Concentrando-se em verbos com terminação -eter 60

Observando verbos com final -e*er 61

Lidando com verbos com final -é*er 61

Os Rebeldes: Conjugando Verbos Irregulares 63

Em tempo: Verbos como o venir 63

Sair... e Apagar: Verbos como sortir e dormir 64

Oferecendo e abrindo: Verbos como offrir e ouvrir 64

Levar: Verbos como prendre 64

Bater e pôr: Verbos como battre e mettre 65

Habilidades e desejos: Pouvoir e vouloir 65

Ver para crer: voir, c'est croire 66

Lutando contra os verbos irregulares raros 66

Respostas 69

Capítulo 5: Formação de Perguntas e Respostas 73

Oui ou Non: Perguntas (Frases Interrogativas) Afirmativas e Negativas 73

Perguntas informais 74

Perguntas formais com inversão (hipérbato) 75

Perguntas Iniciadas com Quem, O Que, Qual, Quando, Onde, Por Que e Como 76

Perguntas com "est-ce que" 77

Perguntas com inversão (hipérbato) 78

Respondendo a Perguntas 79

Respostas afirmativas ou negativas com sim/não 79

Respondendo a perguntas em geral 80

Respostas 82

Capítulo 6: Apenas Diga "Não": Forma Negativa 85

O Uso dos Advérbios Negativos 85

O advérbio negativo mais comum: Ne... pas 85

Outros advérbios negativos 86

Uso de Adjetivos, Pronomes e Conjunções na Forma Negativa 88

Adjetivos negativos 88

Pronomes negativos 90

Conjunções negativas 92

Respondendo às Perguntas na Forma Negativa 92

Respondendo com "não" 92

Respondendo com "sim" 93

Respostas 94

xii Francês Intermediário Para Leigos®

Capítulo 7: "Ser" ou "Sido", Eis a Questão: Infinitivo e Particípio Presente 97

Como Usar o Infinitivo 97
  Com verbos: Expressando ação..98
  Substantivos: No papel de sujeito..98
  Ordem das palavras nas frases com Infinitivo.................................99
Apresentando o Particípio Presente 100
  Formação do Particípio Presente 101
  Uso do Particípio Presente 101
Respostas 106

Capítulo 8: Decifrando o Modo Subjuntivo 109

Conjugação do Subjuntivo 109
  Verbos regulares 109
  Verbos que mudam de radical e mais verbos irregulares 110
  Verbos totalmente irregulares..111
Ficando Irreal: Uso do Subjuntivo 114
  Com expressões impessoais...114
  De novo, com sentimentos (e ordens e opiniões) 116
  Por que não? Com certos verbos nas formas negativa e afirmativa 118
  E com conjunções..118
  Com superlativos: Simplesmente o melhor......................................119
  E ainda: Palavras com pronomes indefinidos e negativos 120
  Por si só...121
Evitando o Subjuntivo 122
  Sujeito simples e oculto: Usando de + infinitivo.............................122
  Observações sobre alguns objetos indiretos 123
  Trocar o Subjuntivo por um substantivo..123
  Duvidar: Diga só se..123
Respostas 125

Parte III: Escrevendo com Segurança: Enriqueça Suas Frases 129

Capítulo 9: Escrevendo com Estilo: Adjetivos e Advérbios 131

Descrevendo o Papel dos Adjetivos 131
  Concordância de adjetivos...132
  Posição correta do adjetivo com o substantivo..............................134
  Usando maneiras especiais de posicionar seis
    adjetivos antes de um substantivo...136
  Identificando adjetivos com diferentes significados.....................137
Identificando o Papel de um Advérbio..138
  Tipos de advérbios 138

Advérbios de modo 141
Posição dos advérbios 143
Comparações com Comparativos e Superlativos 145
Mais ou menos, igual: Relacionando Duas coisas com comparativos 145
Aumentar com superlativos 146
Melhor ou pior: Formas especiais de comparativos e superlativos 147
Respostas 149

Capítulo 10: Eu Comando Você: O Imperativo 153

Conjugando o Imperativo 153
Verbos regulares 153
Verbos irregulares 155
Verbos Pronominais 158
Comandos Afirmativos e Negativos 159
Lista do que fazer: Comandos Afirmativos 159
Não faça isso! Comandos negativos 161
Identificando Outras Formas de Dar Ordens 162
Ordens com o Infinitivo 162
Proibindo com "défense de" 162
Solicitando com o futuro 162
Exigindo com o Subjuntivo 162
Respostas 164

Capítulo 11: Compreendendo os Verbos Pronominais: Verbos Reflexivos e Idiomáticos 167

Compreendendo os Tipos de Verbos Pronominais 168
Verbos reflexivos: Agindo por si mesmo 168
Verbos recíprocos: O que um faz ao outro 169
Figuras de linguagem: Verbos Pronominais idiomáticos 170
Introdução da Relação dos Pronomes Reflexivos com os Verbos Pronominais 171
Observando os pronomes reflexivos 171
Saiba onde colocar as palavras 172
Decidindo Sobre um Verbo Pronominal 173
Verbos reflexivos: A si mesmo ou a alguém? 174
Verbos recíprocos: Retribuindo o favor? 175
Verbos idiomáticos: O que significa isto? 176
Respostas 177

Capítulo 12: Uma Ode Às Preposições 179

Identificando as Preposições Essenciais 179
A preposição à 179
A preposição de 180
Formação de contrações com preposições 180
Conhecendo outras preposições úteis 181
Distinguindo Preposições 183

Francês Intermediário Para Leigos®

Quando usar à ou de 183
Quando usar dans ou en 184
Usando Preposições com Lugares 185
Preposições com nomes de países 185
Preposições com nomes de cidades 187
Reconhecendo Verbos que Precisam de Preposições 187
Verbos com preposição à 188
Verbos com preposição de 189
Verbos com outras preposições 191
Verbos com preposições diferentes 193
Verbos sem preposições 194
Respostas 195

Capítulo 13: Compreendendo os Pronomes 199

Uso de Pronomes Objetivos 199
Apresentação dos pronomes objetivos diretos 200
Pronomes Objetivos Indiretos 202
Compreendendo os Pronomes Adverbiais 204
Chegando lá com o pronome adverbial y 204
Gramática Adverbial – Entendendo mais do mesmo com o pronome en 206
Posicionamento de Dois Pronomes 208
Alinhando: Ordem padrão dos pronomes 208
Uso de pronomes nas ordens 209
Respostas 211

Capítulo 14: Entendendo as Conjunções e os Pronomes Relativos ... 213

Unindo com Conjunções 213
Conjunções coordenadas 214
Conjunções subordinadas 216
Pronomes Relativos 218
A importância dos pronomes relativos 219
Identificando os pronomes relativos indefinidos 223
Respostas 226

Parte IV: O que Foi e o que Será, Será: O Passado e o Futuro 229

Capítulo 15: Tudo É Passado: O Passado Composto - Passé Composé 231

Compreensão e Composição
do Passé Composé 231
Escolhendo o auxiliar: avoir ou être 232
Encontrando o Particípio Passado 233
Concordância Gramatical com o Passé Composé 236
Juntando Tudo 238

Sumário *xv*

Emprego do Passé Composé 239

Respostas 242

Capítulo 16: O que Estava Acontecendo? O Tempo Imperfeito 245

Conjugação do Imparfait 245

Verbos regulares 245

Verbos com radicais diferentes 247

Verbos com ortografia diferente 247

Verbos irregulares 248

Uso do Imparfait 249

Quando Devo Usar o Imparfait e o Passé Composé 251

Ações sem final à vista 252

Fazendo disso um hábito 253

Como éramos 253

Duas(ou mais)de uma vez 253

Ação interrompida 254

Respostas 255

Capítulo 17: Está Tudo Acabado! Outros Tempos do Passado 257

Aperfeiçoando o Plus-que-Parfait – O que Foi Feito 258

Conjugação do Plus-que-Parfait 258

A ordem dos fatos: Usando o Plus-que-Parfait 260

Brilho Literário: Conjugação do Passé Simple 261

Passé Simple de verbos terminados com -er 261

Passé Simple de verbos terminados com -ir 263

Passé Simple de verbos terminados com -re 265

Respostas 267

Capítulo 18: O que Você Fará? O Futuro 269

O Infinitivo e Além: Conjugando o Futuro 269

Verbos regulares e verbos com a mesma pronúncia, mas com
ortografia diferente ao se conjugar 270

Verbos que mudam de radical 271

Verbos irregulares 273

Olhando para Frente com o Tempo Futuro 276

Outras Maneiras de Se Conversar Sobre um Futuro Próximo 277

O Futuro falado no Presente 278

Onde tem um futuro, tem um vais:
Uso do aller para dizer o que vai acontecer 278

Respostas 279

Capítulo 19: O que Você Faria? O Modo Condicional 281

Definindo a Forma com Conjugações Condicionais 281

Verbos regulares e com mudança ortográfica 282

Verbos que mudam de radical 283

Francês Intermediário Para Leigos®

Verbos irregulares...285
Condições e Termos: Quando Usar Condicional...287
Orações com si (se) 287
Verbos especiais: Devoir, pouvoir (poderia, deveria, teria, precisaria) 289
Para pedidos educados: Do que você gostaria? 289
Respostas 290

Parte V: A Parte dos Dez... 293

Capítulo 20: Os Dez Erros Mais Comuns em Francês e Como Evitá-los 295

Traduzir Palavra por Palavra 295
Tirar os Acentos 296
Usar Muito as Maiúsculas..296
Não Usar Contrações..297
Confiar nos Falsos Amigos..298
Não Saber Como Usar o Avoir 299
Usar Incorretamente os Auxiliares..300
Confundir o Passé Composé com o Imparfait...300
Equivocar-se com o Subjuntivo...301
Não Saber as Diferenças entre Tu e Vous...302

Capítulo 21: Dez Maneiras para se Iniciar uma Carta em Francês 303

Messieurs (Senhores) 303
Monsieur, Madame (A Quem Possa Interessar, Caro Senhor ou Cara Senhora).........304
Monsieur (Caro Senhor) 304
Monsieur... (Querido Senhor...) 304
Madame... (Querida Senhora...) 305
Monsieur le Maire (Senhor Prefeito – Ou Outro Título)...........................305
Madame la Directrice (Senhora Diretora – Ou Outro Título)....................305
Chers Amis (Caros Amigos)...305
Cher ... (Caro...)...306
Chéri – Chérie (Querido/Querida) 306

Parte VI: Apêndices.. 307

Apêndice A: Tabela de Verbos 309

Verbos Regulares 309
Verbos terminados com -er 310
Verbos terminados com -ir 310
Verbos terminados com -re 311
Verbos com Ortografia Diferente...311
Verbos terminados com -cer 311
Verbos terminados com -ger 312

Verbos que Mudam de Radical...312
    Verbos terminados com -eler...312
    Verbos terminados com -eter...313
    Verbos terminados com -e*er..313
    Verbos terminados com -é*er..314
    Verbos terminados com -yer..314
Verbos Irregulares..315

Apêndice B: Dicionário Português- Francês 321

Apêndice C: Dicionário Francês-Português 327

Índice..333

xviii Francês Intermediário Para Leigos®

Introdução

O francês é um dos grandes idiomas do planeta. É língua nativa em cinco continentes e uma das mais comuns no mundo. É falado por milhões de pessoas em mais de 30 países, e milhões, como você, usam-no para trabalho, em viagens, para adquirir cultura – ou simplesmente porque adoram a sonoridade.

Os franceses têm um apreço muito grande pelo seu idioma, tanto que a **Académie Française** assumiu a função de proteger a pureza da língua por mais de 350 anos – embora nem todos a escutem. O francês também é o idioma de várias organizações internacionais. Então, se, por exemplo, você procura um trabalho nas Nações Unidas, no Comitê Olímpico Internacional, na Cruz Vermelha Internacional ou na Interpol, uma boa dica é caprichar no seu francês.

Independentemente da sua finalidade, quer seja negociar em Quebec ou na França, fazer uma viagem pela parte da África em que se fala francês, passar no próximo exame, ou apenas encontrar novas maneiras de impressionar o amor da sua vida, este livro ajuda a falar melhor, escrever melhor e entender bem o francês.

Sobre Este Livro

Francês Intermediário Para Leigos® é uma referência para os falantes intermediários de francês. Não é um livro-texto; você não precisa lê-lo do início ao fim nem em ordem. Basta consultar o sumário ou o índice para achar o ponto gramatical que deseja ler ou praticar e ir direto à página. No início do livro e nos apêndices finais, encontram-se tabelas para consulta rápida de palavras, conjugação de verbos e outros detalhes, tais como verbos que necessitam do auxiliar **être** para a conjugação de tempos compostos.

O livro foi dividido em partes, cada qual separada por capítulos sobre temas relacionados. Explico tudo sobre verbos, do tempo Presente, passando pelo Passado e olhando para o Futuro. Também falo dos adjetivos, advérbios, pronomes interrogativos, negativos, adverbiais e pronominais... Tudo o que é necessário para saber se comunicar bem em francês!

Você não vai apenas ler em francês por meio deste livro, mas também irá usá-lo bastante. Os capítulos autônomos estão divididos em seções e incluem vários exemplos e exercícios práticos para você testar o que acabou de ler. Depois, poderá conferir as respostas nas tabelas que se encontram no final de cada capítulo.

Convenções Usadas Neste Livro

Convenções criadas para facilitar o manuseio do livro:

- ✓ Todas as palavras em francês estão em **negrito** – assim, poderá achá-las imediatamente –, e suas traduções em português, sempre em *itálico*.

- ✓ Em francês, os pontos de interrogação, os pontos de exclamação, **guillemets** (aspas), vírgulas e pontos e vírgulas – são precedidos por um espaço (quando digitar, cuidado para não deixar a pontuação ir para outra linha. Se você configurar seu processador de textos para o francês, ele colocará os espaços para você).

- ✓ Nas tabelas de respostas, para melhor entendimento, foram mantidas em *itálico* todas as traduções que estão em português. As respostas estão em **negrito**.

- ✓ Quando o exercício tiver mais de uma resposta correta, foi colocada a mais comum. Para questões respondidas com frases, é apresentada apenas uma possibilidade, para que se compare a gramática com o que você escreveu.

- ✓ É usada a expressão *h mudo* quando me refiro a palavras como **homme** (*homem*) e **habiter** (*morar*), onde só se ouve o som da vogal inicial a fim de facilitar a formação de contrações e ligações com outras. O termo *h aspirado* se refere às palavras com som de consoante como **homard** (*lagosta*) e **haïr** (*odiar*).

Penso que...

Escrevi este livro com uma ideia sobre você e o seu francês:

- ✓ Já estudou francês o bastante para estar no nível intermediário.

- ✓ Possui uma base em gramática portuguesa suficiente para reconhecer termos gramaticais como sujeito e predicado de uma frase, sem precisar consultar um guru em gramática.

- ✓ Pretende melhorar sua compreensão da gramática francesa, como conjugação de verbos e pronomes relativos.

- ✓ Usa francês no trabalho ou na escola e quer melhorar sua escrita e fala. Pretende viajar para a França ou outro país onde se fala francês.

Se eu estiver certa, então este livro foi feito para você! Se você não é um aluno de francês de nível intermediário, eu recomendo que, antes de ler esta obra, estude o *Francês Para Leigos®*, de Dodi-Katrin Schmidt, Michelle M. Williams e Dominique Wenzel, ou tenha aulas de francês para iniciantes.

Introdução **3**

Como Este Livro Está Organizado

Eu organizei o livro *Francês Intermediário Para Leigos* em partes, iniciando-o em blocos e terminando com apêndices. Cada parte tem dois capítulos com os tópicos detalhados. As seções que se seguem reforçam essas partes.

Parte I: Formação e Estrutura do Francês

Neste seguimento, explico detalhes do discurso com dicas sobre como usar um dicionário bilíngue corretamente. Introduzo conceitos de gramática, como gênero, número, pronomes possessivos e adjetivos demonstrativos (esse, este, aquele, aqueles). Também explico números, horas e datas.

Parte II: Aqui e Agora: Escrevendo no Tempo Presente

Na segunda parte, ensino como conjugar os verbos no tempo Presente e como empregá-los. Também explico como fazer perguntas, frases na negativa, além de como usar o Infinitivo, o Particípio e o Subjuntivo.

Parte III: Redação com Estilo: Enriqueça Suas Frases

Nesta seção, falo sobre adjetivos e advérbios, incluindo o uso deles em comparativos e superlativos. Também mostro como dar comandos e o uso de verbos pronominais (aqueles que necessitam de pronomes reflexivos). Ainda apresento as preposições, os pronomes adverbiais e substantivos, as conjunções e os pronomes relativos.

Parte IV: O que Foi e O que Será, Será: Os Tempos Passado e Futuro

Na Parte IV falo do Passado e dos quatro tempos verbais que você usa para expressá-lo: o **Passé Composé** e o **Imparfait** (incluindo como decidir qual usar), o **Plus-que-Parfait** (Mais-que-Perfeito) e o **Passé Simple**. Também ensino como olhar à frente com o Futuro (o que acontecerá) e o Condicional (o que pode ou poderia acontecer, assumindo-se que uma determinada condição foi atendida).

Parte V: A Parte dos Dez

Todo livro da série *Para Leigos*® é engraçado, pois possui uma parte irreverente com dez itens. Aqui, apresento dez erros que devemos evitar, dez maneiras diferentes de se iniciar uma carta; além disso, explico erros sutis no emprego de alguns verbos.

Parte VI: Apêndices

Você pode consultar os apêndices para conjugar verbos e verificar o significado de palavras francesas e suas traduções.

Ícones Usados Neste Livro

Como em todo livro *Para Leigos*, são usados alguns ícones para simbolizar certos conteúdos. Você irá encontrá-los na coluna esquerda do livro. Aqui, apresento uma lista com seus significados.

Este ícone é destinado a oferecer dicas de como usar ou lembrar-se de informações dadas, as quais economizam tempo e evitam frustrações.

Indica conceitos importantes que devem ser memorizados, pois serão muito usados.

Embora avisos não evitem desastres, é preciso prestar muita atenção quando um deles surgir, a fim de que você não caia em armadilhas.

Esse ícone aponta diferenças importantes entre a língua francesa e a portuguesa.

Aparece no início de cada exercício que você deve praticar, então você sabe que esse é o momento de testar seus conhecimentos.

De Lá para Cá, Daqui para Lá

Francês Intermediário Para Leigos® é organizado de maneira que você possa ler apenas o que lhe interessar no momento. Cheque o sumário ou índice, escolha o assunto e vá até lá! Caso queira, é possível iniciar sua leitura no capítulo 1, para rever as partes do discurso, e pegar algumas dicas para usar mais efetivamente um dicionário bilíngue. Quer saber mais do Futuro ou do Passado? Então, corra até a Parte IV. Você decide!

Não importa como você lerá este livro. Tenho plena confiança de que ele irá ajudá-lo a melhorar sua fala e redação. É claro que não deve praticar apenas com os exercícios encontrados aqui. Escreva para amigos franceses, visite sites e salas de bate-papo francesas, pegue livros em bibliotecas, tente conversar com amigos que falem francês e traduzir letras de músicas quando estiver, por exemplo, em um engarrafamento. E, quando tiver uma dúvida gramatical, volte aqui e pesquise-a. Logo os pensamentos em francês começarão a percorrer a sua mente. **Bonne chance!** (*Boa sorte!*)

Parte I
Formação e Estrutura do Francês

A 5ª Onda   Por Rich Tennant

"Tenho certeza de que já sei as diferentes partes de estrutura do francês. Posso falar um monte de frases usando sarcasmo, tédio, esquisitice..."

Nesta parte...

Antes de chegar ao âmago da questão da concordância verbal e dos adjetivos, você precisa familiarizar-se com a estrutura do francês: as partes do discurso. Coloquei todas elas junto com dicas para o uso correto de um dicionário bilíngue. Além disso, introduzi substantivos, gênero e número, que são a base da concordância verbal. Ser capaz de falar sobre "meu livro" ao invés de "este livro", podendo usar possessivos e demonstrativos faz uma grande diferença nos seus conhecimentos de Língua Francesa. Também envolvi os assuntos com números, horas e datas, para ajudá-lo a se expressar e a chegar aonde pretende – e quando – você precisar.

Capítulo 1
Compreendendo as Partes do Discurso e Dicionários Bilíngues

Neste Capítulo

▶ Visão das estruturas gramaticais – em qualquer idioma

▶ Aproveitando ao máximo seu dicionário bilíngue

*I*diomas são compostos por partes do discurso – substantivos, verbos, adjetivos, e assim por diante –, sendo que cada uma dessas estruturas possui regras e funções próprias. A chave para usar corretamente um idioma é entender tais normas, principalmente quando se trata de uma língua estrangeira. Se você não compreender como funcionam as partes do discurso no português, provavelmente não entenderá como funcionam no francês. Assim, a possibilidade de errar ao falar ou escrever é muito grande.

O dicionário bilíngue é uma ferramenta essencial para o aprendizado de um novo idioma, mas errar na hora de usá-lo é algo que acontece. Não aceite ao pé da letra o que diz o dicionário; é necessário entender o significado dos símbolos e abreviações. Além disso, quando houver várias opções de tradução, é preciso saber qual delas é a melhor e a mais fiel. Este capítulo explica a estrutura básica da língua e como usar da melhor maneira possível o dicionário bilíngue.

Analisando Gramaticalmente

Você já deve estar familiarizado com algumas classes gramaticais de palavras, tais como substantivos e verbos, embora não necessariamente pense nelas para falar em seu idioma. Entretanto, como utilizo bastante esses termos gramaticais no livro, farei uma abordagem geral sobre eles.

Para exemplificar as diferenças entre as diversas classes gramaticais das palavras, mostrarei uma frase com oito classes gramaticais nos dois idiomas:

Je veux vraiment aller en France et visiter les musées célèbres.

(*Eu quero realmente ir à França e visitar os museus famosos.*)

Nas próximas seções, as palavras em francês e português analisadas encontram-se em negrito.

O que é um nome? É um substantivo

Substantivos são pessoas, lugares, coisas e ideias. Eles são as coisas concretas e abstratas das frases. O *que* ou o *quem* está fazendo algo ou sofrendo alguma ação. Veja o exemplo:

> Je veux vraiment aller en **France** et visiter les **musées** célèbres.
> (*Eu quero realmente ir à **França** e visitar os **museus** famosos.*)

France é um nome, um substantivo *próprio* – que se refere a uma pessoa, um lugar ou uma coisa, e que está sempre em letra maiúscula. Outros nomes próprios são, por exemplo, *Laura* (Eu!) e *Louvre*. A palavra *museus* está no plural, o que significa que é um nome, um substantivo *contável*, porque pode ser contado: um museu, dois museus, três museus, e assim por diante. Os substantivos *coletivos*, como *grupo* ou *feixe*, designam com um único nome várias coisas juntas, pessoas, animais etc. Já os substantivos *incontáveis*, como *beleza* ou *medo*, referem-se àquilo que não podemos contar.

Em francês, os substantivos podem ser masculinos ou femininos – o que veremos detalhadamente no Capítulo 2. Os substantivos e os verbos (veja na seção "Verbos no centro do palco") são os elementos básicos na formação das sentenças. Os substantivos precisam dos verbos para dizer o que estão fazendo, e os verbos necessitam dos substantivos dizendo quem ou o que está realizando, cometendo ou sofrendo a ação. Os nomes também podem ser substituídos por pronomes – veja em "Os Pronomes: Substitutos" mais adiante neste Capítulo.

Sublinhe todos os substantivos abaixo.

Q. Substantivos são nomes de pessoas, lugares, coisas e ideias.

R. Substantivos são nomes de pessoas, lugares, coisas e ideias.

Os artigos

O artigo é uma parte específica do discurso que só pode ser usada com um substantivo. Existem três tipos de artigos em francês:

- Artigos definidos: **le**, **las**, **les** (*o, a, os, as*)
- Artigos indefinidos: **un**, **une** (*um/uma*), **des** (*uns/umas*)
- Artigos partitivos: **du**, **de la**, **des** (*algum/alguns*)

O *artigo definido* refere-se a alguma coisa específica: **le livre** (*o livro*), **les idées** (*as ideias*). Os *indefinidos* são inespecíficos: **un homme** (*um homem*), **une chaise** (*uma cadeira*), **des idées** (*umas ideias*). Os *artigos partitivos* designam parte de uma coisa: **du pain** (*um pouco de pão*), **de la bière** (*um pouco de cerveja*). (**Nota**: em português, *algum* é classificado como pronome ou advérbio, não como artigo). O Capítulo 2 apresenta mais informações sobre os artigos em francês.

Capítulo 1: Compreendendo as Partes do Discurso e Dicionários Bilíngues

Je veux vraiment aller en France et visiter **les** musées célèbres.
(*Eu quero realmente ir à França e visitar **os** museus famosos.*)

Sublinhe os artigos abaixo:

Q. Um artigo é uma parte muito especial do discurso.

R. <u>Um</u> artigo é <u>uma</u> parte muito especial do discurso.

Verbos no centro do palco

Os *verbos* expressam ação ou estado; eles mostram o que está acontecendo, como é a situação e se alguma música está tocando ao fundo disso tudo.

Je **veux** vraiment **aller** en France et **visiter** les musées célèbres.
(*Eu **quero** realmente **ir** à França e **visitar** os museus famosos.*)

Os verbos são as partes mais variáveis do discurso porque possuem todo tipo de forma, chamada *conjugação*, que nos ajuda a contar o que está acontecendo. Os verbos no francês são classificados de acordo com sua conjugação:

- Verbos regulares
    - Verbos **-er**
    - Verbos **-ir**
    - Verbos **-re**
- Verbos com radicais diferentes
- Verbos com ortografia diferente
- Verbos irregulares

Além disso, os verbos são conjugados de várias maneiras para nos informar sobre todo tipo de ação:

- **Tempo:** conta quando a ação verbal aconteceu – Presente, Passado ou Futuro – e se foi completa (*Perfeito*) ou incompleta (*Imperfeito*).
- **Modo:** mostra como o sujeito estava se sentindo na hora da ação – *Indicativo*, *Imperativo*, *Condicional* ou *Subjuntivo*.
- **Voz:** indica a relação entre o sujeito e o verbo – se é *ativa*, *passiva* ou *reflexiva*.

Veja no Capítulo 4 mais informações sobre a conjugação do tempo presente e, nos Capítulos 7, 8, 10, 11 e de 15 a 19, sobre diferentes tempos e modos.

Sublinhe os verbos abaixo:

Q. Verbos expressam ações e descrevem estado.

R. Verbos <u>expressam</u> ações e <u>descrevem</u> estado.

Descrevendo adjetivos

Os *adjetivos* são ornamentos úteis do vocabulário, que descrevem os nomes. Os adjetivos indicam a cor das coisas, se são novas ou velhas, sua forma, seu tamanho ou sua procedência.

> Je veux vraiment aller en France et visiter les musées **célèbres.**
>
> (*Eu quero realmente ir à França e visitar os museus* **famosos**.)

Os adjetivos geralmente não são essenciais, como os verbos e os substantivos, porque apenas adicionam informações extras ao fato básico. Compare: *Meu irmão tem um carro* com *Meu irmão mais velho tem um carro vermelho*. A informação importante é que seu irmão tem um carro; o fato de seu irmão ser mais velho e do carro ser vermelho é adicional. Os adjetivos são classificados como *adjetivos descritivos*, porém aparecem também como:

- Adjetivos demonstrativos: **ce, cette** (*este, esta*), **ces** (*estes, estas*)
- Adjetivos indefinidos: **quelques** (*alguns, algumas*), **certain** (*certo*), **plusieurs** (*vários*)
- Adjetivos interrogativos: **quel** (*qual*)
- Adjetivos negativos: **ne... aucun, ne... nul** (*nada, nenhum*)
- Adjetivos possessivos: **mon** (*meu*), **ton** (*teu*), **son** (*seu/sua*)

Os adjetivos em francês possuem masculino, feminino, singular e plural; logo, concordam com os substantivos. (No Capítulo 9, você encontra muitos detalhes interessantes sobre os adjetivos.)

Sublinhe os adjetivos abaixo:

Q. Os *adjetivos* são floridos e úteis; são palavras que descrevem os nomes.

R. Os *adjetivos* são <u>floridos</u> e <u>úteis</u>; são palavras que descrevem os nomes.

O uso dos advérbios

Os *advérbios* modificam os verbos, os adjetivos e outros advérbios. Como os adjetivos, os advérbios também não são essenciais, mas acrescentam alguma informação modificadora. No exemplo abaixo, o advérbio *realmente* modifica o verbo **querer**.

> Je veux **vraiment** aller en France et visiter les musées célèbres.
> (*Eu quero* **realmente** *ir à França e visitar os museus famosos.*)

Muitos advérbios em português terminam em *-mente* e indicam como a ação está acontecendo: rapidamente, felizmente, duramente. A maioria desses advérbios são *advérbios de modo*. Porém há outros tipos de advérbios:

- Advérbios de frequência: **jamais** (*jamais*), **souvent** (*frequentemente*)
- Advérbios de lugar: **ici** (*aqui*), **partout** (*em todo lugar*)
- Advérbios de quantidade: **très** (*bastante*), **beaucoup** (*muito*)

Capítulo 1: Compreendendo as Partes do Discurso e Dicionários Bilíngues

- Advérbios de tempo: **avant** (*antes*), **demain** (*amanhã*)
- Advérbios interrogativos: **quand** (*quando*), **où** (*onde*)
- Advérbios negativos: **ne... pas** (*não*), **ne... jamais** (*nunca*)

Leia o Capítulo 9 por completo para entender melhor os advérbios franceses.

Sublinhe os advérbios abaixo:

Q. Os *advérbios* normalmente modificam os verbos, os adjetivos e outros advérbios.

R. Os *advérbios* <u>normalmente</u> modificam os verbos, os adjetivos e outros advérbios.

Os pronomes: Substitutos dos nomes

Os *pronomes* são de fácil compreensão. Eles substituem os nomes – isto é, também se referem a pessoas, lugares, coisas e ideias, mas evitam que você repita as mesmas palavras toda hora.

Por exemplo, você pode dizer: "Eu tenho uma irmã. Minha irmã tem um gato. O gato tem pulgas, e as pulgas fazem o gato se coçar". Ouvir os nomes serem repetidos muitas vezes cansa. Um modo mais agradável de falar o mesmo seria: "Eu tenho uma irmã. Ela tem um gato. Ele tem pulgas, e elas o fazem se coçar". *Eu*, *ela*, *ele* e *elas* são *pronomes pessoais* porque possuem formas diferentes para cada *pessoa gramatical*. (Você pode ler sobre pessoa gramatical no Capítulo 4.)

> **Je** veux vraiment aller en France et visiter les musées célèbres.
> (***Eu*** *quero realmente ir à França e visitar os museus famosos.*)

Em francês, encontramos cinco tipos de pronomes pessoais. Os apresentados aqui equivalem a *eu/mim*, *você* ou *ele/o/lhe*.

- Pronomes subjetivos: **je**, **tu**, **il**
- Pronomes objetivos diretos: **me**, **te**, **le**
- Pronomes objetivos indiretos: **me**, **te**, **lui**
- Pronomes reflexivos: **me**, **te**, **se**
- Pronomes acentuados: **moi**, **toi**, **lui**

O idioma francês também possui uma série de *pronomes impessoais*; isso não significa que são indelicados, mas que não possuem formas diferentes para cada pessoa gramatical. No entanto, muitos têm formas diferentes para o masculino, o feminino, o singular e o plural. Observe (***Nota***: Por enquanto, vou deixar as definições de lado):

- Pronomes adverbiais: **y**, **en**
- Pronomes demonstrativos: **celui**, **celle**
- Pronomes indefinidos: **autre**, **certain**

Parte I: Formação e Estrutura do Francês

- Pronomes interrogativos: **quel, quelle**
- Pronomes negativos: **aucun, personne**
- Pronomes possessivos: **le mien, le tien**
- Pronomes relativos: **qui, que, dont**

Explico o uso de pronomes o tempo todo neste livro: o Capítulo 2 fala dos pronomes possessivos e demonstrativos; o Capítulo 4 apresenta os pronomes subjetivos; o Capítulo 5, os interrogativos, e assim por diante.

Sublinhe os pronomes:

Q. Os *pronomes* são de fácil compreensão. Eles substituem os nomes.

R. Os *pronomes* são de fácil compreensão. Eles substituem os nomes.

As preposições: No topo

A *preposição* é a palavra da sentença colocada na frente de um substantivo ou pronome para mostrar a relação entre uma palavra e outra. Quando você vai a uma loja, volta de viagem ou tropeça nos sapatos largados no chão sobre uma toalha, a preposição lhe diz como esses verbos ou nomes podem ficar juntos. Os sapatos podem estar embaixo da toalha – não em cima, perto ou embrulhados nela. As preposições podem ter apenas uma palavra (*para, em, a, na, no, por, sobre*) ou um grupo de palavras (*perto de, em frente de, por cima de*).

> Je veux vraiment aller **en** France et visiter les musées célèbres.
> (*Eu quero realmente ir **à** França e visitar os museus famosos.*)

As preposições são de difícil tradução; talvez a parte mais difícil da frase. A preposição francesa **à**, por exemplo, normalmente significa *para, em, da, do*, mas pode ter também outros significados em certas expressões:

- Destino: **Je vais à Paris**. (*Eu vou a Paris.*)
- Local onde se encontra: **Je suis à la banque/à Londres**. (*Eu estou no banco/em Londres.*)
- Função: **Un verre à vin.** (*um copo de vinho, um copo para vinho*)
- Posse: **C'est à moi**. (*É meu, pertence a mim.*)

Entretanto, as preposições não estão em uma lista para serem decoradas; são termos gramaticais com várias funções, que devem ser estudadas e praticadas. O Capítulo 12 explica detalhadamente as preposições.

Sublinhe as preposições abaixo:

Q. A *preposição* é a palavra da sentença colocada em frente de um substantivo ou pronome para mostrar a relação entre uma palavra e outra.

R. A *preposição* é a palavra da sentença colocada em frente de um substantivo ou pronome para mostrar a relação entre uma palavra e outra.

Capítulo 1: Compreendendo as Partes do Discurso e Dicionários Bilíngues   **13**

Unindo com conjunções

As *conjunções* unem duas ou mais palavras ou frases que podem ser iguais ou não.

> Je veux vraiment aller en France **et** visiter les musées célèbres.
> (*Eu quero realmente ir à França e visitar os museus famosos.*)

Elas aparecem de várias maneiras:

- **Conjunções coordenativas**: palavras como *e, ou* e *mas* unem frases semelhantes como *Eu gosto de café e chá*. Outros exemplos: *Ele não pode ler ou escrever. Nós queremos ir, mas não temos tempo.*

  Uma conjunção é coordenada quando você pode inverter a ordem das frases sem modificar o sentido. Não há diferença entre *Eu gosto de café e chá* e *Eu gosto de chá e café*. Também não há diferença de significado em: *Queremos ir, mas não temos tempo*, que é o mesmo que: *Não temos tempo, mas queremos ir.*

- **Conjunções subordinativas**: tais quais *quando, que, logo que*. Unem duas *orações*, ou grupos de palavras, com um sujeito e um verbo. As conjunções indicam que a próxima oração está subordinada, isto é, depende da *oração principal*, como em: *Ele pensa que eu sou esperta* (posso ser ou não, mas ele acha isso); *Eu não sei quando eles chegarão* (eles vão chegar, mas eu não sei quando); *Ela saiu tão logo o telefone tocou* (o telefone tocou, e então ela saiu).

  Se você inverte as orações dos exemplos, depara-se com um significado sem sentido ou diferente. *Eu sou esperta que ele pensa* não faz sentido, e *O telefone tocou tão logo ela saiu* não é a mesma coisa que *Ela saiu tão logo o telefone tocou* – na verdade, é o oposto. Esse teste leva você a saber quais dessas conjunções são subordinativas em vez de coordenativas. (O Capítulo 14 examina mais detalhadamente as conjunções.)

Sublinhe as conjunções nas orações abaixo:

Q. As *conjunções* unem duas ou mais palavras ou frases que podem ser iguais ou não.

R. As *conjunções* unem duas ou mais palavras ou frases que podem ser iguais ou não.

Como Usar Corretamente um Dicionário Bilíngue

Um dicionário bilíngue pode ser tanto uma ótima ferramenta quanto uma muleta terrível. Quando você não sabe o significado de uma palavra ou como dizer algo em outro idioma, o dicionário bilíngue pode lhe dar a resposta. Entretanto, não é tão simples assim! É preciso saber de que forma consultar, como entender a informação lida e quanto isso vai servir para você. Esta seção irá ajudá-lo a transformar o dicionário em uma boa ferramenta de consulta, em vez de uma armadilha!

Aprenda como consultar

Nos dicionários, você não encontra todas as palavras que quer, embora eles estejam cheios delas. Várias versões das palavras, incluindo plurais, femininos, conjugações de verbos, comparativos e superlativos, por exemplo, não estão listadas separadamente; então, é necessário saber onde achá-las. Você só poderá encontrá-las procurando-as no singular, masculino, infinitivo – enfim, a palavra sem modificações.

Por exemplo, suponha que você queira ver o significado da palavra **mettez**, mas, ao consultá-la no seu dicionário bilíngue, não a encontra. Em vez de desistir, faça uma pequena análise gramatical do termo. **Mettez** termina com **-ez**, um final de verbo comum em francês. Então, conjugue-o de volta para o Infinitivo, que, provavelmente, deve ser **metter, mettir** ou **mettre**. Olhe essas palavras, e voilà! Você descobrirá que **mettre** significa *pôr*.

Entretanto, se não conseguir achar a palavra **traductrice**, troque a terminação no feminino (que é explicada no Capítulo 2) pela masculina, que é **traducteur** (*tradutor*), porque essa é a forma-padrão usada nas palavras dos dicionários.

Caso esteja tentando achar uma expressão como **Qui se ressemble s'assemble**, comece pela primeira palavra, **qui**, mas é provável que você não tenha muita sorte. O dicionário pode ter ou não uma expressão como essa, mas o editor pode ter listado as expressões por palavra-chave, nesse caso, **ressembler**. Então, consulte dessa maneira, e você descobrirá que *os semelhantes andam juntos* – o que, em francês, equivale ao seguinte provérbio: "Semelhante atrai semelhante".

Nota: verbos pronominais, como **se ressembler** e **se souvenir**, são listados no dicionário como verbos, não como pronomes reflexivos. Sendo assim, pesquise por **ressembler** ou **souvenir**, e não pelo **se**. (Você pode ler sobre verbos pronominais no Capítulo 11.)

Escolha o termo certo para cada contexto

Achar a palavra é apenas parte da batalha; é necessário também pensar no significado, em qual *contexto* a palavra vai se encaixar. Você pode não ter ideia do que seja **un avocat** (olhe a Figura 1-1), mas precisa entender o contexto da frase em que está empregada essa palavra: se é uma fruta ou uma pessoa; quando procurar por **avocat**, achará duas traduções: *abacate* e *advogado*. Só no texto que você está lendo ficará óbvio qual tradução usar (a não ser que esteja lendo sobre um advogado que se vestiu de guacamole para o Halloween!).

Não obstante, se quiser saber como falar *gravar* em francês, precisa saber se a palavra é um substantivo, como em: *Eu comprei uma gravação*, ou um verbo, como na frase: *Eu quero gravar essa música*. Quando procurar a palavra *gravar* no dicionário, você encontrará duas traduções: **un disque** e **enregistrer**. O dicionário não sabe qual você quer. Portanto, a escolha correta depende do contexto e do seu conhecimento da diferença entre substantivo e verbo.

Capítulo 1: Compreendendo as Partes do Discurso e Dicionários Bilíngues 15

Figura 1-1: Como aparece **avocat** no dicionário francês–português:

AVOCAT
[a vɔ ka] m subst
(pessoa) advogado,
(fruta) abacate

Algumas pessoas gostam de fazer uma lista das palavras desconhecidas e procurá-las mais tarde, em vez de olhar a cada dois minutos o significado de alguma que não conhece. Se você é desse tipo, certifique-se de adicionar a frase também. Do contrário, descobrirá, ao consultar o dicionário, que não sabe qual tradução da palavra se encaixa melhor em seu texto.

Compreendendo símbolos e terminologias

Os dicionários economizam espaço usando símbolos e abreviações, que não são necessariamente um padrão para todos. Nesse caso, o melhor a fazer é checar, nas páginas iniciais do livro, a lista de símbolos e abreviações que estão sendo usados, as notas de pronúncia, a tonicidade das palavras, a formalidade e informalidade, as palavras arcaicas, as letras mudas, e assim por diante.

O *Alfabeto Fonético Internacional*, ou *AFI*, é um sistema que apresenta um padrão de símbolos fonéticos para qualquer idioma. Infelizmente, muitos dicionários não usam ou apresentam seus próprios símbolos. Então, é necessário sempre checar seu dicionário para entender os símbolos da pronúncia. A segunda linha da Figura 1-1, apresenta os símbolos AFI para a pronúncia da palavra **avocat** (*advogado, abacate*).

Os símbolos e as abreviações não estão lá por serem bonitos! Se uma palavra está na lista de arcaicas, você não irá usá-la (a não ser que esteja traduzindo uma poesia do século XIV). Se um termo está destacado três vezes, indica que é uma gíria vulgar; obviamente, não vai querer usá-la com seu chefe. Como expliquei na seção anterior, é preciso pensar no uso adequado de cada palavra quando for checar a lista de palavras de sua tradução.

Interpretando figuras de linguagem e expressões idiomáticas

Ao consultar um dicionário bilíngue para saber o significado de uma palavra, é necessário entender se o termo está sendo usado literalmente ou de forma figurada. O francês e o português são idiomas ricos em figuras de linguagem, e sua tradução nem sempre é fácil. Veja a expressão: *O cara é quente*. Literalmente, significa que alguém está com febre – ou ele está usando muitas roupas quentes. De maneira figurada (informalmente), pode significar que ele está extremamente bem vestido, bonito. Se você quiser passar a expressão para o francês precisa entender o que ela significa dentro do contexto e eleger a melhor opção de acordo com esse significado. Quando você procurar a palavra, neste caso, *quente*, o significado literal normalmente é listado primeiro, seguido por alguns sentidos figurativos. Esse último terá uma notação como *fig.* (abreviação para *figurativo*). (Para constar, a tradução literal de *O cara está quente* é **Guy a chaud**, e a figurativa é **Guy est sexy**.)

Você também pode se deparar com a linguagem figurativa quando traduz para o português. A expressão francesa **connaître la musique** significa literalmente *conhecer a música,* como uma canção real. De modo figurativo significa *conhecer a rotina*. Você tem que pensar qual desses significados é o correto em português para o contexto em que você viu ou ouviu a expressão francesa.

Uma *expressão idiomática* é uma expressão que não pode ser traduzida literalmente para outro idioma porque uma ou mais palavras na expressão são usadas figurativamente. *Está chovendo canivetes.* Não significa realmente que canivetes estejam caindo do céu; isso significa apenas que está chovendo muito. Você não pode de maneira alguma olhar para as palavras individualmente e surgir com **Il pleut dês chats et des chiens** – não fará sentido. A expressão equivalente a *Está chovendo canivetes* em francês também é uma expressão idiomática: **Il pleut des cordes** (Literalmente: *Está chovendo cordas*).

Tradutores automáticos, tais como sites de tradução online, traduzem literalmente. É por isso que você nunca deve usá-los para traduzir alguma coisa que você planeja dizer a alguém ou escrever em uma carta. Eles são tudo de bom para ajudar você a ter uma ideia de como alguma coisa é dita – traduzindo numa língua que você entende.

Verificando seus resultados

Depois de você ter encontrado sua palavra ou expressão e ter considerado o contexto em que irá usá-la, o ideal é que você verifique o que encontrou. Eu sugiro que você use as seguintes ideias para verificar novamente se está usando o significado correto:

- **Pergunte a um nativo.** A melhor maneira para você verificar se está usando a palavra certa é perguntar a um nativo. Dicionários são ferramentas maravilhosas, mas não são infalíveis. Línguas mudam – particularmente a linguagem informal – e dicionários mudam constantemente. Mesmo se não mudassem, eles ainda não poderiam dizer a você que certa expressão ou maneira de usar uma palavra em particular "simplesmente não soa bem". Nativos são especialistas. Para encontrar um nativo, pergunte ao seu professor se ele conhece alguém. Se existe uma filial da Aliança Francesa perto de você, descubra um horário para um encontro. Ou você pode tentar um fórum online, como http://forums.about.com/ab-french (conteúdo em inglês).

- **Faça uma pesquisa inversa.** Uma das maneiras mais rápidas e fáceis de verificar se a palavra que você encontrou é a mais adequada, é fazer uma pesquisa inversa, que é quando você procura

Capítulo 1: Compreendendo as Partes do Discurso e Dicionários Bilíngues **17**

pela tradução que o dicionário acabou de dar. Por exemplo, se você procurar *raiva* na parte do dicionário que traz o português para o francês e encontrar que pode ser **colère** ou **fureur**, em seguida você pode procurar por essas duas palavras na parte do dicionário que traz o francês para o português. Você verá que **colère** quer dizer *raiva* e **fureur** quer dizer fúria, então isso indica que **colère** provavelmente é a melhor tradução para *raiva*.

Outra maneira de confirmar a tradução é procurar *raiva* em um dicionário de português e **colère** em um dicionário de francês e comparar as definições.

Resposta

Substantivos:

Eles representam as coisas concretas e abstratas das frases, quem e o que faz algo ou sofre alguma ação. Veja os exemplos: Je veux vraiment aller en France et visiter les musées célèbres (*Eu quero realmente ir à França e visitar os museus famosos*). França é um *substantivo* próprio – nome que se refere a uma pessoa, lugar ou coisa específicos e que sempre virá escrito com a letra inicial maiúscula. Outros nomes próprios são *Laura* (Eu!) e *Louvre*. A palavra "museus" está no plural, o que significa que é um nome contável, porque pode ser contado: um museu, dois museus, três museus, e assim por diante. Os substantivos coletivos, como grupo ou feixe, designam, com um único nome, várias coisas, pessoas, animais. Os substantivos incontáveis, como beleza ou medo, referem-se a coisas que não podemos contar. Os substantivos e os verbos (veja na seção "Verbos no centro do palco") são os elementos básicos na formação das sentenças. Os substantivos precisam dos verbos para contarem o que estão fazendo, e os verbos precisam dos substantivos dizendo quem ou o que está cometendo ou sofrendo a ação. Os nomes também podem ser substituídos por pronomes – veja em "Os pronomes: Substitutos dos nomes". Em francês, os substantivos podem ser masculinos ou femininos. O Capítulo 2 explica detalhadamente os substantivos franceses. Sublinhe todos os substantivos deste texto.

Artigos:

O artigo é uma parte específica do discurso que só pode ser usado com um substantivo. Existem três tipos de artigos em francês: *Artigos definidos: le, las, les (o, a, os, as) * Artigos indefinidos: un, une (*um/uma*), des (*uns/umas*) * Artigos partitivos: du, de la, des (*algum*). O artigo definido refere-se a alguma coisa específica: le livre (*o livro*), les idées (*as ideias*). Os indefinidos são inespecíficos: un homme (*um homem*), une chaise (*uma cadeira*), des idées (*umas ideias*). Os artigos partitivos designam parte de uma coisa: du pain (*um pouco de pão*), de la bière (*um pouco de cerveja*). (**Nota**: Em português, *algum* é classificado como pronome ou advérbio, não como artigo). O Capítulo 2 apresenta mais informações sobre os artigos em francês. Je veux vraiment aller en France et visiter les musées célèbres. (*Eu quero realmente ir à França e visitar os museus famosos*.) Sublinhe os artigos deste texto.

Verbos:

Os verbos expressam ação ou estado; eles mostram o que está acontecendo, como é a situação e se alguma música está tocando ao fundo disso tudo. Je veux vraiment aller en France et visiter les musées célèbres. (*Eu quero realmente ir à*

18 Parte I: Formação e Estrutura do Francês

França e visitar os museus famosos.) Os verbos são as partes mais variáveis do texto porque possuem todo tipo de forma, chamada conjugação, que nos ajuda a contar o que está acontecendo. Os verbos são classificados de acordo com a conjugação: * verbos regulares * verbos –er * verbos –ir * verbos –re * verbos com radicais diferentes * Verbos com ortografia diferente * verbos irregulares. Além disso, os verbos são conjugados de várias maneiras para nos informar sobre todo tipo de ação: * Tempo: conta quando a ação verbal aconteceu – Presente, Passado ou Futuro – e se foi completa (Pretérito) ou incompleta (Imperfeito). * Modo: mostra como o sujeito estava se sentindo na hora da ação – Indicativo, Imperativo, Condicional ou Subjuntivo.* Voz: indica a relação entre o sujeito e o verbo –se é ativa, passiva ou reflexiva. Veja no Capítulo 4 mais informações sobre a conjugação do tempo presente e, nos Capítulos 7, 8, 10, 11 e de 15 a 19, sobre tempos e modos. Sublinhe os verbos do texto.

Adjetivos:

Os adjetivos são ornamentos úteis do vocabulário que descrevem os nomes. Eles indicam as cores das coisas, se são novas ou velhas, sua forma, seu tamanho ou sua procedência. Je veux vraiment aller en France et visiter les musées célèbres. (*Eu quero realmente ir à França e visitar os museus famosos.*) Os adjetivos geralmente não são essenciais, como os verbos e os substantivos, porque eles apenas adicionam informações extras ao fato básico. Compare: *Meu irmão tem um carro* com *Meu irmão mais velho tem um carro vermelho* – a informação importante é que seu irmão tem um carro; o fato de ser mais velho e de que o carro é vermelho é só fachada. Os adjetivos são classificados como descritivos, porém aparecem também como: *Adjetivos demonstrativos: ce, cette (*este, esta*), ces (*estes, estas*) *Adjetivos indefinidos: quelques (*alguns, algumas*), certain (*certo*), plusieurs (*vários*) *Adjetivos interrogativos: quel (*qual*) *Adjetivos negativos: ne... aucun, ne... nul (*nada, nenhum*) *Adjetivos possessivos: mon (*meu*), ton (*teu*), son (*seu/ sua*). Os adjetivos franceses possuem masculino, feminino, singular e plural; logo, concordam com os substantivos. (No Capítulo 9, você encontra muitos detalhes interessantes sobre os adjetivos.) Sublinhe os adjetivos do texto.

Advérbios:

Como os adjetivos, os advérbios não são sempre essenciais, mas acrescentam alguma informação útil às palavras que modificam. No exemplo, o advérbio realmente modifica o verbo querer. Je veux vraiment aller en France et visiter les musées célèbres. (*Eu quero realmente ir à França e visitar os museus famosos.*) Muitos advérbios em português terminam em -mente e indicam como a ação está acontecendo: rapidamente, felizmente, duramente. A maioria desses advérbios são *advérbios de modo*. Outros tipos de advérbios: *Advérbios de frequência: jamais (*jamais*), souvent (*frequentemente*) *Advérbios de lugar: ici (*aqui*), partout (*em todo lugar*) *Advérbios de quantidade: très (*bastante*), beaucoup (*muito*) *Advérbios de tempo: avant (*antes*), demain (*amanhã*) *Advérbios interrogativos: quand (*quando*), où (*onde*) *Advérbios negativos: ne... pas (*não*), ne...jamais (*nunca*). Leia o Capítulo 9 por inteiro para entender melhor os advérbios franceses. Sublinhe os advérbios do texto.

Pronomes:

É fácil estudarmos os pronomes. Eles substituem os nomes, isto é, também se referem a pessoas, lugares, coisas e ideias, porém evitam que você repita as mesmas palavras toda hora. Por exemplo, você pode dizer: "Eu tenho uma irmã. Minha irmã tem um

Capítulo 1: Compreendendo as Partes do Discurso e Dicionários Bilíngues 19

gato. O gato tem pulgas, e as pulgas fazem o gato <u>se</u> coçar." Ouvir os nomes serem repetidos muitas vezes cansa. Um modo mais agradável de falar o mesmo seria: "<u>Eu</u> tenho uma irmã. <u>Ela</u> tem um gato. <u>Ele</u> tem pulgas, e <u>elas</u> o fazem <u>se</u> coçar." <u>Eu</u>, <u>ela</u>, <u>ele</u> e <u>elas</u> são *pronomes pessoais* porque possuem formas diferentes para cada *pessoa gramatical*. (<u>Você</u> pode ler sobre pessoa gramatical no Capítulo 4.) Je veux vraiment aller en France et visiter les musées célèbres. (*Eu quero realmente ir à França e visitar os museus famosos.*) Em francês, encontramos cinco tipos de pronomes pessoais: os apresentados aqui equivalem a <u>eu</u>/<u>mim</u>, <u>você</u>, ou <u>ele</u>/<u>o</u>/<u>lhe</u>. * Pronomes subjetivos: <u>je</u>, <u>tu</u>, <u>il</u> * Pronomes objetivos diretos: <u>me</u>, <u>te</u>, <u>le</u> * Pronomes objetivos indiretos: <u>me</u>, <u>te</u>, <u>lui</u> * Pronomes reflexivos: <u>me</u>, <u>te</u>, <u>se</u> * Pronomes acentuados: <u>moi</u>, <u>toi</u>, <u>lui</u> * O francês também possui uma série de *pronomes impessoais*; não são indelicados, mas não possuem formas diferentes para todas as pessoas. No entanto, <u>muitos</u> têm formas diferentes para o masculino, o feminino, o singular e o plural. Observe (***Nota***: Por enquanto, vou deixar as definições de lado): *Pronomes adverbiais: <u>y</u>, <u>en</u> * Pronomes demonstrativos: <u>celui</u>, <u>celle</u> * Pronomes indefinidos: <u>autre</u>, <u>certain</u> * Pronomes interrogativos: <u>quel</u>, <u>quelle</u> * Pronomes negativos: <u>aucun</u>, <u>personne</u> * Pronomes possessivos: <u>le mien</u>, <u>le tien</u> * Pronomes relativos: <u>qui</u>, <u>que</u>, <u>dont</u>. Explico o uso de pronomes em todo <u>este</u> livro. O Capítulo 2, por exemplo, fala dos pronomes possessivos e demonstrativos. O Capítulo 4 apresenta os pronomes subjetivos; o 5, os interrogativos, e assim por diante. Sublinhe os pronomes do texto.

Preposições:

A preposição é a palavra <u>da</u> sentença colocada <u>em</u> frente <u>de</u> um substantivo ou pronome <u>para</u> mostrar a relação <u>entre</u> uma palavra e outra. Quando, <u>por</u> exemplo, você vai <u>a</u> uma loja, volta <u>de</u> viagem ou tropeça <u>nos</u> sapatos largados <u>no</u> chão <u>sobre</u> uma toalha, a preposição lhe diz como esses verbos ou nomes combinam juntos. Os sapatos embaixo da toalha – não <u>em</u> cima, perto ou embrulhados nela. As preposições podem ter apenas uma palavra *(para, em, a, na, no, por, sobre)* ou um grupo de palavras *(perto de, em frente de, por cima de)*. Je veux vraiment aller <u>en</u> France et visiter les musées célèbres. (*Eu quero realmente ir <u>à</u> França e visitar os museus famosos.*) É difícil traduzir as preposições; talvez seja a parte mais difícil da frase. A preposição francesa <u>à</u>, <u>por</u> exemplo, normalmente significa <u>para, em, da,</u> <u>do</u>, mas pode ter também outros significados <u>em</u> certas expressões: *Destino: <u>Je vais</u> <u>à Paris</u>. (Eu vou <u>a</u> Paris.) *Local onde se encontra: <u>Je suis à la banque</u>/<u>à Londres</u>. (Eu estou <u>no</u> banco/<u>em</u> Londres) *Função**:** <u>un verre à vin (um copo de vinho, um</u> <u>copo para vinho)</u> ***Posse:** <u>C'est à moi</u>. (É meu, pertence <u>a</u> mim.) Entretanto, as preposições não estão em uma lista <u>para</u> serem decoradas; são termos gramaticais <u>com</u> várias funções, que devem ser estudadas e praticadas. O Capítulo 12 explica detalhadamente as preposições. Sublinhe as preposições <u>do</u> texto acima.

Conjunções:

Je veux vraiment aller en France <u>et</u> visiter les musées célèbres. (*Eu quero realmente ir à França <u>e</u> visitar os museus famosos.*) Elas aparecem de várias maneiras:*<u>Conjunções coordenadas</u>: as palavras como <u>e</u>, *<u>ou</u>* e *<u>mas</u>* unem frases semelhantes, como *eu gosto de café <u>e</u> chá*. Outros exemplos: *Ele não pode ler <u>ou</u> escrever; Nós queremos ir, <u>mas</u> não temos tempo*. Uma conjunção é coordenada <u>quando</u> você pode inverter a ordem das frases sem modificar o sentido. Não há diferença entre *Eu gosto de café <u>e</u> chá* e *Eu gosto de chá <u>e</u> café*. Também não há diferença de significado em: *Queremos ir, <u>mas</u> não temos tempo* e *Não temos tempo, <u>mas</u> queremos ir*. *<u>Conjunções subordinadas</u>:** tais quais <u>quando, que, logo</u> <u>que</u>. Unem duas orações, ou grupos de palavras, com um sujeito <u>e</u> um verbo. As

20 Parte I: Formação e Estrutura do Francês

conjunções indicam que a próxima oração está subordinada, isto é, depende da oração principal, como em: *Ele pensa que eu sou esperta* (posso ser ou não, mas ele acha isso); *Eu não sei quando eles chegarão* (eles vão chegar, mas não sei quando); *Ela saiu tão logo o telefone tocou* (o telefone tocou, e então ela saiu). Se você inverte as orações dos exemplos, depara-se com um significado sem sentido ou diferente. *Eu sou esperta que ele pensa* não faz sentido, e *O telefone tocou tão logo ela saiu* não é a mesma coisa que *Ela saiu tão logo o telefone tocou* – na verdade, é o oposto. Esse teste leva você a saber quais dessas conjunções são subordinadas em vez de coordenadas. (O Capítulo 14 examina mais detalhadamente as conjunções coordenadas e subordinadas.) Sublinhe as conjunções do texto acima.

Capítulo 2

Descobrindo Substantivos, Artigos e Possessivos

....

Neste Capítulo

▶ Compreensão de gênero e plural

▶ Uso dos artigos

▶ Como usar os demonstrativos: esse, este, aquele, aqueles

▶ Como tomar posse

....

*O*s *substantivos* são as pessoas, lugares e coisas em suas frases, *o que* ou *quem* faz algo necessário – ou que está sofrendo alguma ação feita por alguém ou alguma coisa – e *onde* tudo isso acontece. Estamos cercados por substantivos: este livro, essas palavras, minha redação, seus pensamentos.

Os substantivos podem ser específicos, gerais, próprios, próximos ou distantes, e se encontram tanto no singular quanto no plural. Em francês, como em português, todo substantivo é masculino ou feminino. Este capítulo explica o número e o gênero dos nomes franceses, além do uso dos pronomes possessivos e demonstrativos.

A Flexibilidade dos Gêneros: Substantivos Masculinos e Femininos

Um substantivo comum se refere a uma coisa apenas: um livro, o queijo, minha casa. Em francês, cada substantivo tem um *gênero* (**genre**): masculino ou feminino. Este capítulo dedica-se a detalhar o que você precisa saber sobre gêneros.

Determinação dos gêneros dos substantivos

Em francês, todos os substantivos possuem gênero. O gênero do nome determina qual artigo, adjetivo, pronome e, às vezes, particípio passado você tem de usar. Então, saber o gênero é vital para saber ler e escrever em francês. Dependendo do gênero, algumas palavras têm até significados diferentes – como **le mari** (*marido*) e **la mari** (*maconha*). Portanto, se, por exemplo, você estiver conversando com um policial, preste atenção para usar o artigo masculino quando contar que seu marido está em casa, porque, do contrário, poderá encontrar um mandato de busca esperando por você em casa! A maioria dos gêneros dos substantivos que se referem a pessoas são óbvios. **Homme** (*homem*), **garçon** (*menino*) e **serveur** (*garçom*) são masculinos, e **femme** (*mulher*), **fille** (*menina*) e **serveuse** (*garçonete*) são femininos. Entretanto, os animais e os objetos inanimados são diferentes (**poissonière** – feminino de *peixe* – e **poisson**, masculino). O gênero de animais e objetos é arbitrário, ou pelo menos é o que parece para a maioria dos falantes da Língua Portuguesa. Na maioria dos casos, não tem como saber qual o gênero, apenas olhando para a palavra; é preciso memorizar o gênero de cada uma para aprender.

A melhor maneira de se lembrar dos gêneros dos nomes é fazer uma lista deles incluindo os artigos para cada um (para detalhes, leia "Entendendo os Artigos e como Eles Indicam Gênero e Número", mais adiante, neste capítulo). Se possível, use artigos indefinidos, porque eles não mudam antes de vogais. Quando olhar a sua lista, o gênero dos artigos já indica o gênero dos substantivos. Então, verá que **un ordinateur** (*computador*) é masculino, devido ao artigo masculino, e que **une télévision** (*televisão*) é feminino.

Alguns finais de palavras são indicadores de masculino ou feminino. Palavras terminadas em **-age**, como em **message** (*mensagem*) e **mirage** (*miragem*), e **-eau**, como **manteau** (*casaco*) e **chapeau** (*chapéu*), geralmente são masculinas. Já a maioria das finalizadas com **-ion**, como **libération** e **possession**, e **-té**, tais como **liberté** (*liberdade*) e **égalité** (*igualdade*) são femininas. Porém, há exceções. Então, como centenas de palavras não terminam dessa forma, o melhor é ter uma lista de vocabulário com os artigos antes das palavras e estudá-la.

Passando para o feminino

Os substantivos que se referem a pessoas normalmente possuem uma forma "padrão" de masculino, que pode ser colocada no feminino (veja a Tabela 2-1 para exemplos). Como passar do masculino para o feminino:

- Para passar esse nomes para o feminino, basta acrescentar **-e** no final. Por exemplo: **un étudiant** (*aluno*) passa para **une étudiante** (*aluna*).

- Se o nome masculino terminar em **-en** ou **-on**, basta acrescentar por **-ne** para a forma feminina: **Un pharmacien** (*um farmacêutico*) vira **une pharmacienne**.

Capítulo 2: Descobrindo Substantivos, Artigos e Possessivos 23

✔ Os nomes terminados em **-er** mudam para **-ère** no feminino.

✔ Os nomes terminados em **-eur** fazem o feminino com **-euse** ou **-rice**.

✔ Os nomes que terminam em **-e** no masculino não mudam de forma no feminino (só os artigos que mudam para **une**, **la** ou **de la**)

Tabela 2-1	Substantivos Masculinos e Femininos	
Português	*Masculino*	*Feminino*
advogado	un avocat	une avocat**e**
eletricista	un électrici**en**	une électrici**enne**
chefe	un patr**on**	une patr**onne**
caixa	un caissi**er**	une caissi**ère**
vendedor	un vend**eur**	une vend**euse**
tradutor	un traduct**eur**	une traduct**rice**
turista	un tourist**e**	une tourist**e**

Substantivos comuns de dois gêneros

Um grande número de substantivos franceses possui apenas uma forma, sem ligação com o gênero da pessoa a que faz referência. Muitos nomes masculinos se referem a profissões que foram estereotipadas como masculinas, e o feminino ainda não encontrou seu lugar na língua, pelo menos na França. No Canadá e em outros países em que se fala o francês, a maioria das profissões possui um termo próprio no masculino e no feminino. Entretanto, a **Académie Française**, que regulamenta a "pureza" da língua francesa, não reconhece tais formas como pertencentes ao francês "correto".

Os seguintes substantivos são sempre masculinos:

✔ **un auteur** (*autor*)

✔ **un charpentier** (*carpinteiro*)

✔ **un écrivain** (*escritor*)

✔ **un gouverneur** (*governador*)

✔ **un ingénieur** (*engenheiro*)

✔ **un maire** (*prefeito*)

✔ **un médecin** (*médico*)

✔ **un ministre** (*ministro*)

✔ **un peintre** (*pintor*)

✔ **un plombier** (*encanador*)

✔ **un poète** (*poeta*)

✔ **un policier** (*policial*)

✔ **un pompier** (*bombeiro*)

✔ **un président** (*presidente*)

✔ **un professeur** (*professor*)

✔ **un sculpteur** (*escultor*)

✔ **un témoin** (*testemunha*)

24 Parte I: Formação e Estrutura do Francês

E esses são sempre femininos:

- **une brute** (*bruto/a*)
- **une connaissance** (*conhecimento*)
- **une dupe** (*trouxa*)
- **une idole** (*ídolo*)
- **une personne** (*pessoa*)
- **une vedette** (*estrela de cinema*)
- **une victime** (*vítima*)

Hora de trocar. Passe os substantivos masculinos para o feminino e os femininos para o masculino, mas preste atenção aos que possuem somente um gênero!

Q. un avocat

R. une avocate (*advogada*)

1. une boulangère _____
2. un professeur _____
3. une employée _____
4. un étudiant _____
5. une pharmacienne _____
6. un infirmier _____
7. une idole _____
8. un médecin _____
9. une vedette _____
10. un acteur _____

Parte Dois: Passando os Substantivos para o Plural

Além das formas masculinas e femininas, a maioria dos substantivos também possui singular e plural. A mudança de um substantivo singular para o plural em francês é muito semelhante à do português. Para passar para o plural, normalmente se acrescenta um **-s**, como **un homme** (*um homem*) para **deux hommes** (*dois homens*) e **la femme** (*a mulher*) para **les femmes** (*as mulheres*). O plural com final **s** é mudo, o que significa que o singular e o plural dessas formas são pronunciados da mesma forma. Mas pode-se dizer que o substantivo está no plural porque o artigo ou número mudam.

A Língua Francesa normalmente possui formas masculinas e femininas para nomes que se referem a pessoas, como **un ami** (*amigo*) e **une amie** (*amiga*), mas o francês é um pouco machista; então, isso não acontece quando se refere a um grupo de pessoas. Se for um misto de homens e mulheres, o que prevalece é o masculino plural: **des amis**. A única hora que você pode falar **des amies** é quando se refere a um grupo só de garotas, sem nenhum homem, como no português. Entretanto, se, por exemplo, 65 garotas

Capítulo 2: Descobrindo Substantivos, Artigos e Possessivos **25**

estiverem juntas com apenas um homem entre elas, você usa **des amis** (Não é justo, eu sei!). A mesma ideia se aplica se você estiver falando sobre uma pessoa que não conhece; um turista, por exemplo. Se você não sabe se é um homem ou uma mulher, usa o masculino padrão: **un touriste**.

Nesta seção, você aprenderá como formar o plural apenas adicionando **s** no final.

Outra forma de plural: Usando o "x"

Embora a maioria dos substantivos franceses faça plural apenas acrescentando **-s** no final da palavra, alguns nomes que sempre terminam com a mesma combinação fazem plural acrescentando letras **-x** no final. Veja os exemplos na Tabela 2-2.

Tabela 2-2	Modelos de Plural			
Português	_Francês no singular_	_Final de singular_	_Francês no plural_	_Final de plural_
trabalho	le trav**ail**	**-ail**	les trav**aux**	**-aux**
jornal	le journ**al**	**-al**	les journ**aux**	**-aux**
casaco	le mant**eau**	**-eau**	les mant**eaux**	**-eaux**
jogo	le j**eu**	**-eu**	les j**eux**	**-eux**

Plurais irregulares

Alguns substantivos franceses são irregulares porque não possuem uma forma no plural. Quando terminam em **-s, -x** ou **-z**, você não adiciona nada para fazer o plural; a forma do singular e a do plural são idênticas. Para ver a diferença entre o singular e o plural, você deve prestar atenção especial ao artigo. Ele indicará a diferença. (Veja mais sobre artigos na próxima seção.)

      le mois (_o mês_) fica **les mois** (_os meses_)

      le prix (_o preço_) fica **les prix** (_os preços_)

      le nez (_o nariz_) fica **les nez** (_os narizes_)

Algumas palavras francesas possuem plural irregular – veja a Tabela 2-3 e memorize as mais comuns.

Tabela 2-3	Plural Irregular	
Português	_Francês no singular_	_Francês no plural_
olho	**un oeil**	**des yeux**
madame	**madame**	**mesdames**
senhorita	**mademoiselle**	**mesdemoiselles**
senhor	**monsieur**	**messieurs**
céu	**le ciel**	**les cieux**

Parte I: Formação e Estrutura do Francês

Os plurais de **madame**, **mademoiselle** e **monsieur**, com adição de **-s** no final da palavra, que é o normal, também mudam as letras iniciais dos adjetivos possessivos (**mon** ou **ma**, que significam *meu* ou *minha*). Veja ainda neste capítulo mais informações na seção "Trabalhando com adjetivos possessivos".

Prática de plural: Passe os substantivos do singular para o plural.

Q. couteau

R. **couteaux** (*facas*)

11. garçon _____
12. fille _____
13. feu _____
14. pois _____
15. cheval _____
16. monsieur _____
17. ciel _____
18. madame _____
19. gaz _____
20. oeil _____

Entendendo os Artigos e como Eles Indicam Gênero e Número

Os *artigos* são palavrinhas que podem ser usadas somente com substantivos e com dois objetivos:

- apresentação de substantivos
- indicação de gênero e número de um substantivo

Há três tipos de artigos em francês: o definido, o indefinido e o partitivo. Esta seção explicará cada um desses tipos e identificará quando e como você deve usá-los ao escrever e falar em francês.

Estudo dos artigos definidos

Os *artigos definidos* indicam que o substantivo é específico. Em português, os artigos definidos são: *o, a, os, as*. Em francês, há três tipos de artigos definidos, que lhe dizem se o substantivo é masculino, feminino ou plural. Se estiver no singular, usa-se **le** ou **la**, de acordo com o gênero (**le** para masculino e **la** para feminino). Se o nome estiver no plural, o artigo é **les**, não importando o gênero.

Se o substantivo singular começar com vogal ou *h* mudo, os artigos definidos **le** ou **la** contraem-se em **l'**:

l'ami (*o amigo*)

l'avocate (*o advogado*)

l'homme (*o homem*)

O artigo definido em francês é geralmente usado para se referir a um substantivo específico, como em **le livre que j'ai acheté** (*o livro que comprei*). O artigo definido é usado para falar de uma coisa em geral, como em **J'aime le chocolat** (*Eu amo chocolate*).

Compreendendo os artigos indefinidos

Os *artigos indefinidos* se referem a coisas inespecíficas. Em português, os indefinidos são *um, uma, uns, umas*. Em francês, existem três: **un** (masculino), **une** (feminino) e **des** (masculino ou feminino plural). O uso de cada um dependerá do gênero e do número dos substantivos.

O uso dos artigos indefinidos franceses é basicamente igual ao uso em português – são usados em sentido genérico, como em **J'ai acheté une voiture** (*Eu comprei um carro*) ou **Je veux voir un film** (*Eu quero ver um filme*). Observe que **un** e **une** também podem significar *um*: **J'ai un frère** (*Eu tenho um irmão*).

O plural dos artigos indefinidos é **des**, usado tanto para o masculino quanto para o feminino: **J'ai des idées** (*Eu tenho umas ideias*). **Nous avons vu des oiseaux** (*Nós vimos uns pássaros*). Quando a frase é feita com o artigo indefinido negativo, o artigo muda para **de**, que significa *nenhum, nenhuma*.

   J'ai des questions (*Eu tenho umas dúvidas*).

   Je n'ai pas de questions (*Eu não tenho nenhuma dúvida*).

Veja mais informações sobre negação no Capítulo 6.

Entendendo os artigos partitivos

Os artigos partitivos são usados para se referirem a uma parte de coisas incontáveis. Não existem em português, e a melhor tradução para eles é "um pouco". São três artigos partitivos em francês: variando conforme o substantivo masculino (**du**), feminino (**de la**) ou plural (**des**).

É usado com comida, bebida e outras coisas incontáveis, como ar e dinheiro, e também com coisas abstratas, como paciência e inteligência. Se você come ou usa tal coisa por inteiro, e se ela for contável, então o artigo usado será o definido ou o indefinido. Compare o seguinte:

- **J'ai acheté du chocolat**. (*Eu comprei um pouco de chocolate* – 450 gramas.)

- **J'ai acheté le chocolat.** (*Eu comprei o chocolate* – que você gosta tanto ou que Jacques me disse.)

- **Je veux du gâteau.** (*Eu quero um pouco de bolo* – quer dizer, um pedaço ou parte do que está exposto na padaria.)

- **Je veux le gâteau.** (*Eu quero o bolo* – o bolo todo que está na padaria ou que Annette fez ontem.)

Parte I: Formação e Estrutura do Francês

Observe que o artigo partitivo feminino é composto de duas palavras: **de** e o artigo feminino **la**. O artigo masculino partitivo **du** é a contração de **de** mais o artigo masculino **le**, e **des** é a contração de **de** mais o artigo definido plural **les**.

Quando a palavra está no singular e começa com uma vogal ou com *h* mudo, o artigo partitivo **du** ou **de la** faz a contração **de l'**:

> **de l'oignon** (*um pouco de cebola*)
>
> **de l'eau** (*um pouco de água*)
>
> **de l'hélium** (*um pouco de hélio*)

Preencha as lacunas com o artigo certo. Considere o melhor artigo para preencher a frase, a forma mais correta de acordo com o gênero, o número e a primeira letra da palavra.

Q. Je n'aime pas _____ café.

R. Je n'aime pas **le** café. (*Eu não gosto de café.*)

21. J'ai acheté _____ oranges.
22. Il a _____ soeur.
23. Avez-vous _____ stylo?
24. _____ chat quit habite ici est mignon.
25. Je dois avoir _____ eau.
26. J'aime bien _____ histoire.
27. Il y a _____ fille à la porte.
28. J'aimerais _____ vin.
29. Je déteste _____ devoirs!
30. J'ai ajouté _____ huile.

Um Pouco Disso e Daquilo: Uso dos Pronomes Demonstrativos

Você usa os adjetivos e pronomes demonstrativos quando quer falar de algo específico, tal qual *esse*, *este*, *aquele*, *aquelas*. Os *adjetivos demonstrativos* são usados com substantivos; já os *pronomes demonstrativos* são usados para substituir os substantivos. Tudo isso está explicado nesta seção.

Capítulo 2: Descobrindo Substantivos, Artigos e Possessivos   **29**

Adjetivos demonstrativos

Os adjetivos demonstrativos aparecem junto aos substantivos para indicar sobre qual deles você está falando – como no exemplo *este livro é mais interessante do que aquele*, em que os pronomes adjetivos *este* e *aquele* deixam claro que o livro que você está segurando, *este* livro, é mais interessante que *aquele* livro, um dos que estão sobre a mesa, ou o que alguém está segurando.

Como outros adjetivos franceses, os demonstrativos possuem formas diferentes de acordo com o gênero e o número dos substantivos usados. Também possuem formas diferentes com substantivos masculinos indicados com *h* mudo ou vogal – veja a Tabela 2-4

Tabela 2-4	Adjetivos Demonstrativos	
Gênero	*Singular (esse/aquele)*	*Plural (esses/aqueles)*
Masculino	**ce**	**ces**
Masculino + vogal	**cet**	**ces**
Feminino	**cette**	**ces**

Observe estes exemplos:

Masculino: **Ce livre est intéressant**. (*Esse livro é interessante.*)

Masculino + vogal: **Qui a écrit cet article?** (*Quem escreveu este/ aquele artigo?*)

Masculino + h mudo): **Cet homme est grand**. (*Esse/aquele homem é alto.*)

Feminino: **Cette maison est bleue.** (*Essa/aquela casa é azul.*)

Ce, **cet** e **cette** indicam *este*, *esse* ou *aquele*. O francês não tem outra palavra para fazer essa distinção. Você entende pelo contexto, mas, se não compreender, basta adicionar o sufixo **-ci** (*aqui*) e **-là** (*lá*) no final do substantivo:

Ce livre-ci est intéressant. (*Esse livro [aqui] é interessante.*)

Ce livre-là est stupide. (*Aquele livro [lá] é idiota.*)

O plural dos adjetivos demonstrativos **ces** pode indicar *estes/estas/esses/ essas* ou *aqueles/aquelas*. Mais uma vez, você pode adicionar **-ci** e **-là** para ficar mais claro, se necessário.

Ces maisons sont vertes. (*Essas/aquelas casas são verdes.*)

Ces maisons-ci sont grises. (*Essas casas [aqui] são cinzas.*)

Ces maisons-là sont jaunes. (*Aquelas casas [lá] são amarelas.*)

Em francês, há apenas um plural de adjetivo demonstrativo. **Ces** é usado para todos os plurais: masculino, masculino + vogal / *h* mudo e feminino.

Pronomes demonstrativos

Os pronomes demonstrativos em francês são similares aos adjetivos demonstrativos, mas não são usados *com* substantivos. Ao contrário, eles são usados *no lugar dos substantivos*. Em francês, existem quatro pronomes demonstrativos, pois formas diferentes são necessárias para masculino, feminino, singular e plural: **celui**, **celle**, **ceux** e **celles**. Veja na Tabela 2-5.

Tabela 2-5	Pronomes Demonstrativos	
Gênero	Singular	Plural
Masculino	celui	ceux
Feminino	celle	celles

Um pronome demonstrativo substitui um adjetivo demonstrativo + substantivo e, como o adjetivo demonstrativo, pode indicar quão perto se encontra um objeto. A melhor maneira de aplicá-los é remover ambos – o pronome demonstrativo e o substantivo – e substituí-los por um pronome demonstrativo. Se for masculino plural, como **cet homme** (*esse homem*), substitui por pronome masculino singular: **celui** (*esse*). Para o nome feminino plural, como **ces filles** (*essas garotas*), usar o pronome feminino plural: **celles** (*essas*).

Tanto **celui** quanto **celle** significam *este/esta/esse/essa* ou *aquele/aquela*, e **ceux** e **celles** *estes/estas/esses/essas* ou *aqueles/aquelas*. Também podem ser usados os sufixos **-ci** ou **-là** para determinar se é *este/esta/esse/essa* ou *aquele/aquela* e *estes/estas/esses/essas* ou *aqueles/aquelas*.

> **Quel livre veux-tu, celui-ci ou celui-là?** (*Que livro você quer, esse [aqui] ou aquele [lá]?*)

> **J'aime cette lampe-là mieux que celles-ci**. (*Eu gosto daquele abajur [lá] mais do que desses [aqui].*)

Observe que ambas as frases usam adjetivos demonstrativos (**cette lampe-là**) e pronomes demonstrativos (**celles-ci**).

O pronome demonstrativo também pode ser usado com a preposição **de** + uma palavra ou frase que indique quem possui ou de onde é:

> **Je voudrais acheter des vêtements qui sont aussi jolis que ceux de Pauline**. (*Quero comprar roupas tão bonitas quanto as de Pauline.*)

Demonstre seu conhecimento preenchendo corretamente as lacunas com pronome demonstrativo ou adjetivo demonstrativo:

Q. J'aime _____ manteau.

R. J'aime **ce** manteau. (*Eu gosto desse casaco.*)

31. Je pense que cette maison-ci est plus jolie que _____ -là.

32. Je veux _____ chien.

33. Préfères-tu le fromage de Vermont ou bien _____ de Wisconsin?

Capítulo 2: Descobrindo Substantivos, Artigos e Possessivos **31**

34. Je connais _____ homme.

35. Je cherche un film – _____ que nous avons regardé ensemble.

36. J'ai acheté _____ vêtements.

37. Tes idées sont plus viables que _____ de Marc.

38. Je n'aime pas _____ idée.

39. Tu peux utiliser mon ordinateur; – c'est _____ -ci.

40. Je ne connais pas _____ femmes.

Possessivos: Canalizando o Espírito de Posse

Não, os possessivos não têm nada a ver com possessão– pelo menos neste livro! Estou falando sobre estruturas gramaticais usadas para indicar quem possui alguma coisa. Quando você quer deixar claro que o que é meu é meu e o que é seu é meu, precisa saber usar os possessivos.

Em francês, temos três maneiras de expressar posse: adjetivos possessivos, pronomes possessivos e o possessivo **de**. Eles equivalem aos pronomes e adjetivos possessivos em português. Esta seção explica tudo sobre eles.

Uso do possessivo "de"

Em francês, usamos **de** para indicar de quem é alguma coisa.

> **la maison de Michel** (*a casa de Michel*)
>
> **les chaussures de Sylvie** (*os sapatos de Sylvie*)
>
> **l'idée de l'étudiant** (*a ideia do aluno*)
>
> **la chambre de mes soeurs** (*o quarto das minhas irmãs*)

Trabalhando com adjetivos possessivos

Os adjetivos possessivos aparecem em frente aos substantivos para indicar a quem eles pertencem. São usados no francês da mesma forma que em português: no masculino, no feminino, no plural e no singular. Para a forma correta, é preciso usá-los no mesmo gênero e número em que o substantivo se encontra. Para dizer *minha casa*, você precisa saber que **maison** (*casa*) é feminino e singular, e assim usar o adjetivo na mesma forma: **ma maison**. Veja as diferentes formas dos adjetivos possessivos franceses na Tabela 2-6.

Parte I: Formação e Estrutura do Francês

Tabela 2-6	Adjetivos Possessivos		
Português mas/fem	*Masculino*	*Feminino*	*Plural*
meu/minha	**mon**	**ma**	**mes**
teu/tua	**ton**	**ta**	**tes**
seu/sua	**son**	**sa**	**ses**
nosso/nossa	**notre**	**notre**	**nos**
vosso/vossa	**votre**	**votre**	**vos**
dele/dela	**leur**	**leur**	**leurs**

Sujeitos singulares

Os adjetivos possessivos para primeira, segunda e terceira pessoas do singular têm três formas. Dependendo do gênero, do número e da primeira letra do substantivo, são usados como na Tabela 2-7.

Em francês, como em português, o gênero das coisas possuídas determina se vamos usar **son** ou **sa**: *Sua irmã* é traduzido para **sa soeur** porque **soeur** está no feminino. *Seu (dele ou dela) irmão* é traduzido para **son frère** porque **frère** é masculino. Mas se você precisar ser claro sobre *dele* ou *dela* você pode adicionar **à lui** ou **à elle**: **C'est son frère à lui** (É irmão dele) e **C'est son frère à elle** (É irmão dela).

Tabela 2-7	Adjetivos Possessivos do Sujeito Singular		
Masculino	*Feminino*	*Antes de vogal*	*Plural*
mon frère (*meu irmão*)	**ma soeur** (*minha irmã*)	**mon idole** (*meu ídolo*)	**mes amis** (*meus amigos*)
ton frère (*teu irmão*)	**ta soeur** (*tua irmã*)	**ton idole** (*teu ídolo*)	**tes amis** (*teus amigos*)
son frère (*seu/irmão*)	**sa soeur** (*sua irmã*)	**son idole** (*seu ídolo*)	**ses amis** (*seus/suas amigos/\ migas*)

Você só pode usar **ma**, **ta** e **sa** com substantivos femininos começados por uma consoante ou um *h* aspirado. Quando um substantivo feminino começa com uma vogal ou um *h* mudo, você tem que usar os adjetivos masculinos (**mon**, **ton** ou **son**).

Sujeitos no plural

O sujeito na primeira, segunda ou terceira pessoa do plural aceita apenas duas formas de adjetivos possessivos: singular e plural. Não importa se o substantivo a ser possuído é masculino ou feminino – ou se começa com uma vogal ou consoante. Veja a Tabela 2-8.

Capítulo 2: Descobrindo Substantivos, Artigos e Possessivos **33**

Tabela 2-8	Plural dos Sujeitos de Adjetivos Possessivos
Singular	*Plural*
notre père (*nosso pai*)	**nos amis** (*nossos amigos*)
votre père (*vosso pai*)	**vos amis** (*vossos amigos*)
leur père (*pai deles*)	**leurs amis** (*amigos deles*)

Certifique-se de seu conhecimento dos possessivos passando as frases do português para o francês, usando o possessivo **de** ou um adjetivo possessivo.

Q. A caneta do Jean.

R. **Le stylo de Jean**.

41. Minha casa _____

42. O livro de Marie-Louise _____

43. Teu computador _____

44. A escola de Benoît _____

45. Nossos amigos _____

46. O carro de Jean-Pierre _____

47. O quarto deles _____

48. A vítima do acidente _____

49. Os filhos da irmã dele _____

50. O apartamento do pai dela _____

Compreendendo os pronomes possessivos: Seu, meu e nosso

Os pronomes possessivos são como os adjetivos, só que usados no lugar dos nomes, e não junto a eles.

Em francês, há diferentes formas de pronomes possessivos, como em português. Dessa maneira, os sujeitos no singular possuem quatro diferentes formas: masculino e feminino no singular e plural. Porém, os sujeitos (**nós**, e **eles**) têm apenas três, porque os pronomes possessivos plurais são os mesmos, independente do gênero. Veja Tabela 2-9.

Tabela 2-9		Pronomes Possessivos		
Português Masc./fem.	*Masculino Singular*	*Feminino Singular*	*Masculino Plural*	*Feminino Plural*
meu/minha	**le mien**	**la mienne**	**les miens**	**les miennes**
teu/tua	**le tien**	**la tienne**	**les tiens**	**les tiennes**
seu/sua	**le sien**	**la sienne**	**le siens**	**les siennes**
nosso/nossa	**le nôtre**	**la nôtre**	**les nôtres**	**les nôtres**
vosso/vossa	**le vôtre**	**la vôtre**	**les vôtres**	**les vôtres**
deles/delas	**le leur**	**la leur**	**les leurs**	**les leurs**

Observe que cada pronome possessivo começa com um artigo definido e que, embora os pronomes possessivos **nous** e **vous** tenham circunflexo **(le nôtre, le vôtre)**, os adjetivos possessivos não o têm **(notre, votre)**. Algumas frases com pronomes possessivos:

> **J'ai trouvé un stylo... c'est le vôtre?** *(Achei uma caneta... é a sua?)*
>
> **As-tu tes clés? Je ne peux pas trouver les miennes.** *(Está com as suas chaves? Eu não acho as minhas.)*
>
> **Cette maison est jolie, mais je préfère la tienne.** *(Essa casa é bonita, mas prefiro a tua.)*
>
> **Si ta voiture ne marche pas, tu peux emprunter la nôtre.** *(Se o teu carro não funcionar, podemos emprestar o nosso.)*

Somente com os adjetivos possessivos, os pronomes na terceira pessoa do singular são formados de acordo com o gênero dos substantivos substituídos, não de acordo com o gênero do sujeito. **Le sien, la sienne, les sien** e **les siennes podem significar seu, sua**; **Le sien est là-bas.** (O seu / a sua está lá fora).

_____ Capítulo 2: Descobrindo Substantivos, Artigos e Possessivos **35**

Respostas

1. **un boulanger** (*um padeiro*)

2. **un professeur** (*um professor* – sempre masculino)

3. **un employé** (*um empregado*)

4. **une étudiante** (*uma aluna*)

5. **un pharmacien** (*um farmacêutico*)

6. **une infirmière** (*uma enfermeira*)

7. **une idole** (*um ídolo* – sempre feminino em francês)

8. **un médecin** (*um médico* – sempre masculino em francês)

9. **une vedette** (*uma estrela de cinema* – sempre feminino em francês)

10. **une actrice** (*uma atriz*)

11. **garçons** (*meninos*)

12. **filles** (*meninas*)

13. **feux** (*fogos*)

14. **pois** (*bolas*)

15. **chevaux** (*cavalos*)

16. **messieurs** (*senhores*)

17. **cieux** (*céus*)

18. **mesdames** (*senhoras*)

19. **gaz** (*gases*)

20. **yeux** (*olhos*)

21. J'ai acheté **des** oranges. ou J'ai acheté **les** oranges. (*Comprei algumas laranjas. ou Comprei as laranjas.*)

22. Il a **une** soeur. (*Ele tem uma irmã.*)

23. Avez-vous **un** stylo? (*Você tem uma caneta?*)

24. **Le** chat qui habite ici est mignon. (*O gato que mora aqui é fofo.*)

25. Je dois avoir **de l'**eau. (*Eu preciso beber um pouco de água.*)

26. J'aime bien **l'**historie. (*Eu amo história.*)

36 Parte I: Formação e Estrutura do Francês

27 Il y a **une** fille à la porte. (*Tem uma garota na porta.*)

28 J'aimerais **du** vin. (*Gostaria de um pouco de vinho.*)

29 Je déteste **les** devoirs! (*Eu detesto dever de casa!*)

30 J'ai ajouté **de l'**huile. (*Eu acrescentei um pouco de óleo.*)

31 Je pense que cette maison-ci est plus jolie que **celle**-là. (*Eu acho essa casa mais bonita do que aquela.*)

32 Je veux **ce** chien. (*Eu quero esse cachorro.*)

33 Préfères-tu le fromage de Vermont ou bien **celui** de Wisconsin? (*Você prefere o queijo de Vermont ou o de Wisconsin?*)

34 Je connais **cet** homme. (*Eu conheço esse/aquele homem.*)

35 Je cherche un film – **celui** que nous avons regardé ensemble. (*Estou procurando um filme – aquele a que assistimos juntos.*)

36 J'ai acheté **ces** vêtements. (Comprei essas/aquelas roupas.)

37 Tes idées sont plus viables que **celles** de Marc. (*Tuas ideias são mais viáveis que aquelas do Marc.*)

38 Je n'aime pas **cette** idée. (*Eu não gosto dessa/daquela ideia.*)

39 Tu peux utiliser mon ordinateur – c'est **celui**-ci. (*Você pode usar meu computador – é esse aqui.*)

40 Je ne connais pas **ces** femmes. (*Eu não conheço essas/aquelas mulheres.*)

41 **ma maison** (*minha casa*)

42 **le livre de Marie-Louise** (*o livro de Marie-Louise*)

43 **ton ordinateur** (*teu computador*)

44 **l'école de Benoît** (*a escola de Benoît*)

45 **nos amis** (*nossos amigos*)

46 **la voiture de Jean-Pierre** (*o carro de Jean-Pierre*)

47 **leur chambre** (*o quarto deles*)

48 **l'accident de la victime** (*a vítima do acidente*)

49 **les enfants de sa soeur** (*os filhos da irmã dele*)

50 **l'appartement de son père** (*o apartamento do pai dela*)

Capítulo 3

Dicas para Números, Datas e Horas

Neste Capítulo

▶ O estudo dos números cardinais e ordinais

▶ Uma conversa sobre dias, meses e anos

▶ A contagem das horas e dos minutos

Os números são essenciais e úteis à língua. Além de serem usados para uma simples contagem, são necessários para marcarmos datas, horas, preços, números de telefones, endereços e muito mais! Antes de marcarmos qualquer compromisso, sabermos quanto algo custa, fazermos uma compra em grande quantidade ou trocarmos números de telefones com amigos, precisamos conhecer os números. Porém, isso é apenas metade da batalha, a outra metade é escrevê-los, porque exige de nós que saibamos soletrar e abreviar bem. Este capítulo explica os números cardinais e ordinais e o calendário em francês, além de nos ensinar a colocar tudo junto, para falarmos as datas e as horas.

Usando Números

Antes de fazermos qualquer coisa com os números, precisamos conhecê-los. Os números em francês possuem características especiais que podem ser pegadinhas para quem fala outro idioma. Saber falar é bem diferente de escrevê-los. Mesmo para quem acha que tem um sólido conhecimento dos números, esta seção vai iluminar vários pontos importantes sobre os números cardinais e ordinais, para você não fazer feio na hora de escrever.

Números cardinais: 1, 2, 3

Os números *cardinais* são feitos para contagens, e, dentre eles, os menores são os mais fáceis. Mesmo já sabendo alguns, é necessário memorizá-los como fazemos com qualquer outra lista de vocabulário. Observe a seguinte relação dos números de 0 a 19:

- **zéro** (0)
- **un, une** (1)
- **deux** (2)
- **trois** (3)
- **quatre** (4)
- **cinq** (5)
- **six** (6)
- **sept** (7)
- **huit** (8)
- **neuf** (9)
- **dix** (10)
- **onze** (11)
- **douze** (12)
- **treize** (13)
- **quatorze** (14)
- **quinze** (15)
- **seize** (16)
- **dix-sept** (17)
- **dix-huit** (18)
- **dix-neuf** (19)

Quando chegar nos números da casa dos 20, você deverá iniciar a junção de algarismos, como em português. Por exemplo, 23 é 20 (**vingt**) seguido de 3 (**trois**), unidos por um hífen: vinte e três – **vingt-trois**. O processo é o mesmo para todos os números até 69, exceto para 21, 31, 41, 51 e 61. Para estes, substitua o hífen pela palavra **et** (*e*). Veja a lista de alguns números:

- **vingt** (20)
- **trente** (30)
- **quarante** (40)
- **cinquante** (50)
- **soixante** (60)
- **vingt et un** (21)
- **trente et un** (31)
- **quarente et un** (41)
- **cinquante et un** (51)
- **soixante et un** (61)
- **vingt-deux** (22)
- **trente-deux** (32)
- **quarante-deux** (42)
- **cinquante-deux** (52)
- **soixante-deux** (62)

Após o número 69, é necessário certo conhecimento de matemática. Para falar setenta em francês, por exemplo, é preciso dizer **soixante-dix**, que significa "sessenta-dez". Setenta e um é "sessenta e onze" (**soixante et onze**), 72 é "sessenta-doze" (**soixante-douze**), e assim por diante, até 79 – "sessenta-dezenove" (**soixante-dix-neuf**). Os números de 80 a 90 são, de fato, estranhos – também precisam da multiplicação. O termo francês para 80 é **quatre-vingts** – "quatro vintes". Então, 81 é **quatre-vingt-un**, 82 é **quatre-vingt-deux**, blá... blá... blá... 89 é **quatre-vingt-neuf**, e 90 é **quatre-vingt-dix**. Os números na casa dos 90 continuam como os 70s, adicionando dez ao número: 91 – **quatre-vingt-onze**, 92 – **quatre-vingt-douze**, e assim por diante. Observe que o 80 é o único número que tem **s** na palavra **vingts**. Você pode checar todos esse números em toda a sua glória na lista abaixo:

Capítulo 3: Dicas para Números, Datas e Horas *39*

✔ **soixante-dix** (70)	✔ **quatre-vingts** (80)	✔ **quatre-vingt-dix** (90)
✔ **soixante et onze** (71)	✔ **quatre-vingt-un** (81)	✔ **quatre-vingt-onze** (91)
✔ **soixante-douze** (72)	✔ **quatre-vingt-deux** (82)	✔ **quatre-vingt-douze** (92)
✔ **soixante-treize** (73)	✔ **quatre-vingt-trois** (83)	✔ **quatre-vingt-treize** (93)
✔ **soixante-quatorze** (74)	✔ **quatre-vingt-quatre** (84)	✔ **quatre-vingt-quatorze** (94)
✔ **soixante-quinze** (75)	✔ **quatre-vingt-cinq** (85)	✔ **quatre-vingt-quinze** (95)
✔ **soixante-seize** (76)	✔ **quatre-vingt-six** (86)	✔ **quatre-vingt-seize** (96)
✔ **soixante-dix-sept** (77)	✔ **quatre-vingt-sept** (87)	✔ **quatre-vingt-dix-sept** (97)
✔ **soixante-dix-huit** (78)	✔ **quatre-vingt-huit** (88)	✔ **quatre-vingt-dix-huit** (98)
✔ **soixante-dix-neuf** (79)	✔ **quatre-vingt-neuf** (89)	✔ **quatre-vingt-dix-neuf** (99)

No francês falado na França, não existe uma palavra única para 70, 80 e 90, mas, em alguns outros países onde se fala francês, existe. Na Suíça, por exemplo, *setenta* é **septante**, *oitenta* é **huitante** ou **octante** e *noventa* é **nonante**. Na Bélgica, usam-se **septante**, **quatre-vingts** e **nonante**.

Se você passou nos cálculos dos 70s aos 90s, **félicitations** (*parabéns*)! O resto dos números franceses é mais direto. Aqui, aparecem dois detalhes para os quais devemos ter atenção:

✔ **Plurais**: todos os números grandes – exceto **mille** (*mil*) – terminam em **s** quando maior do que um em uma quantia.

✔ **Billion**: a palavra **billion** é um *falso cognato* (uma palavra que possui grafia semelhante à do português, mas tem significado diferente). Em francês, um bilhão é **milliard**; **un billion** significa *um trilhão* em português.

A lista a seguir apresenta o singular e o plural dos números grandes. Observe que **cent** e **mille** não são precedidos por artigos: **J'ai cent dollars** significa *Eu tenho cem dólares*.

✔ **cent** = 100	✔ **deux cents** = 200
✔ **mille** = 1.000	✔ **deux mille** = 2.000
✔ **un million** = 1.000.000	✔ **deux millions** = 2.000.000

Parte I: Formação e Estrutura do Francês

> ✔ **un milliard** = 1.000.000.000
> ✔ **un billion** = 1.000.000.000.000
> ✔ **deux milliards** = 2.000.000.000
> ✔ **deux billions** = 2.000.000.000.000

Estude os números franceses e faça algumas contas. Para cada número abaixo, liste o antecessor e o sucessor.

Q. un

R. **zéro, deux** (*zero, dois*)

1. six _____
2. dix _____
3. treize _____
4. dix-neuf _____
5. trente _____
6. quarante et un _____
7. cinquante-neuf _____
8. soixante-dix _____
9. quatre-vingt-un _____
10. quatre-vingt-dix-neuf _____

Entendendo os números ordinais

Suponha que você precise dizer a alguém que trabalha no 17° andar ou que pretende chegar em primeiro lugar no **Tour de France** ao próximo ano(andou praticando, hein?). Nesse caso, você vai precisar dos números *ordinais*, que lhe permitem ordenar as coisas. Os números ordinais são formados acrescentando o sufixo **-ième** ao cardinais (veja mais detalhes na seção seguinte). *Terceiro*, por exemplo, é **troisième**. Os números ordinais podem ser abreviados com um sobrescrito **e**, desta forma: 3ᵉ.

Ao convertermos cardinais para ordinais, precisamos fazer uma nova mudança na ortografia antes da adição do sufixo. Os números como o **quatre** e o **onze** perdem o **e**: **quatrième** (*quarto*), **onzième** (*décimo-primeiro*). No final de **cinq** colocamos o **u**: **cinquième** (*quinto*). E, no **neuf**, o **f** muda para **v**, desta forma: **neuvième** (*nono*).

O único número ordinal que não termina em **-ième** é *primeiro* (1°). Ele possui forma diferente do seu cardinal **un** (*um*) e é o único que possui dois gêneros: o masculino **premier**, com abreviação 1ᵉʳ, e o feminino **première**, 1ᵉʳᵉ. (Veja no Capítulo 2 mais detalhes sobre gêneros.)

A Tabela 3-1 apresenta os números cardinais e ordinais de um a dez.

Capítulo 3: Dicas para Números, Datas e Horas

Tabela 3-1   Números Ordinais

Número	Abreviação	Cardinal	Ordinal	Abreviação
primeiro	1º	un, une	premier, première	1er, 1ère
segundo	2º	deux	deuxième	2e
terceiro	3º	trois	troisième	3e
quarto	4º	quatre	quatrième	4e
quinto	5º	cinq	cinquième	5e
sexto	6º	six	sixième	6e
sétimo	7º	sept	septième	7e
oitavo	8º	huit	huitième	8e
nono	9º	neuf	neuvième	9e
décimo	10º	dix	dixième	10e

O resto dos números ordinais segue o mesmo padrão, exceto alguns, como 21º, 31º, e assim por diante, que possuem o formato: *dezena* + **et** + **unième**: **vingt et unième**, **trente et unième**, etc.

Certifique-se de que você já sabe ordenar! Converta cada cardinal em ordinal com sua abreviatura:

Q. trois

R. **troisième, 3e** (*terceiro*)

11. dix _____

12. sept _____

13. un _____

14. trente _____

15. quarante-quatre _____

16. cinquante et un _____

17. soixante-douze _____

18. quatre-vingt-onze _____

19. quatre-vingt-dix-neuf _____

20. cent _____

Faça Seu Calendário: Dias, Meses e Datas

Você tem planos? Conhecer o calendário francês, saber os dias, ajuda na hora de fazer anotações, desmarcar compromissos, planejar saídas, evitando acidentalmente ter de trabalhar no fim de semana. Aqui, ensinamos os dias da semana, os meses do ano e todas as datas do calendário. Depois de ler esta parte, você pode ter certeza que seus amigos franceses nunca se esquecerão do seu aniversário de novo.

Todos os sete: Conheça os dias da semana

A maioria dos dias da semana termina em **-di**, exceto o domingo, que começa com essas duas letras.

Em francês, a semana começa na segunda, não no domingo.

Aqui, temos os **jours de la semaine** (*dias da semana*)

- **lundi** (*segunda-feira*)
- **mardi** (*terça-feira*)
- **mercredi** (*quarta-feira*)
- **jeudi** (*quinta-feira*)
- **vendredi** (*sexta-feira*)
- **samedi** (*sábado*)
- **dimanche** (*domingo*)

Para perguntar em qual dia da semana estamos, diga **Quel jour sommes-nous?** ou **Quel jour est-ce?** A resposta para qualquer uma das duas frases pode ser: **Nous sommes**, **On est**, ou **C'est** seguido do dia da semana como em **C'est mardi** (*É terça-feira*).

Para contar que algo aconteceu em certo dia, basta falar o dia sem preposição nem artigo: **Je suis allé à la banque vendredi**, que significa *eu fui ao banco na sexta-feira*.

Quando algo acontece sempre certo dia toda semana, fale o dia sem o artigo definido: **Je vais à la banque le vendredi**, que significa *Eu vou ao banco todas as sextas-feiras*.

Algumas palavras úteis relacionadas aos dias e às semanas:

- **hier** (*ontem*)
- **aujourd'hui** (*hoje*)
- **demain** (*amanhã*)
- **la semaine passée** (*semana passada*)
- **cette semaine** (*esta semana*)
- **la semaine prochaine** (*na próxima semana*)

Uma dúzia mesmo: Identifique os meses

Alguns meses em francês têm escrita semelhante aos meses em português, mas, mesmo assim, você precisa prestar bastante atenção nas diferenças. Quando escrever uma carta a um amigo no Senegal ou um e-mail de negócios na Suíça, precisa ter certeza de estar escrevendo corretamente. A lista abaixo apresenta os meses do ano, que assim como os dias da semana, não são escritos em letras maiúsculas:

- **janvier** (*janeiro*)
- **mars** (*março*)
- **mai** (*maio*)
- **juillet** (*julho*)
- **septembre** (*setembro*)
- **novembre** (*novembro*)
- **février** (*fevereiro*)
- **avril** (*abril*)
- **juin** (*junho*)
- **août** (*agosto*)
- **octobre** (*outubro*)
- **décembre** (*dezembro*)

Quando algo aconteceu ou acontecerá em determinado mês, use a preposição **en**: **J'ai acheté ma voiture en juin.** (*Comprei meu carro em junho.*)

Dia, mês e ano: Pensando em datas e encontros

Sejam encontros, festas, voos com destino a Côte d'Azur para um fim de semana, enfim, todo evento ocorre em uma data marcada. Bem, toda vez que você quiser convidar alguém ou for convidado, precisa saber falar as datas. Além dos dias da semana e dos meses do ano (ver na seção anterior), você deve, em primeiro lugar, saber perguntar: **Quelle est la date?** (*Qual é a data?*).

Para responder a essa questão, diga **C'est**, **On est** ou **Nous sommes**, seguidos de **le** + *número cardinal* + *mês* + *ano (opcional)*. Observe que o dia vem antes do mês e deve ser precedido do artigo definido **le**. Por exemplo, diga **C'est le 3 [trois] mai** (*3 de maio*) ou **On est le 22 [vingt-deux] février 2008 [deux mille huit]** (*22 de fevereiro de 2008*).

Os números cardinais são sempre usados para datas em francês, exceto quando é o primeiro dia do mês; para esse dia, é usado o ordinal: **C'est le 1ᵉʳ [premier] décembre** (*primeiro de dezembro*). A forma abreviada para datas também obedece à ordem dia/mês/ano; então para **le 25 novembre 1999** usa-se **25/11/1999**. O dia sempre vem antes do mês; sendo assim, **12/10/77** é o mesmo que **le 12 octobre 1977**.

44 Parte I: Formação e Estrutura do Francês

Seu amigo não consegue saber as datas; está sempre um dia atrasado. Quando ele falar alguma data, diga a correta.

Q. C'est lundi.

R. **Non, c'est mardi**. (*Não, é terça-feira.*)

21. On est le 5 octobre. _____

22. Nous sommes vendredi. _____

23. C'est le 19 avril. _____

24. On est mardi. _____

25. Nous sommes le 30 septembre. _____

26. C'est samedi. _____

27. On est le 1ᵉʳ juin. _____

28. Nous sommes mercredi. _____

29. C'est le 31 décembre. _____

30. On est jeudi. _____

Compreendendo as Diferenças de Tempo

Quando se escreve ou se fala em francês, saber as horas é importante; senão, você vai desperdiçar mais da metade do dia, perder o horário dos trens, o encontro para o almoço. Como prevenir tais catástrofes? Bem, primeiro é preciso saber perguntar as horas: **Quelle heure est-il?**

Em francês, para expressar as horas, as pessoas usam o formato de 24 horas, o formato militar (mas sem uniformes). As horas da parte da manhã vão de 1 a 12; da tarde e noite, de 13 a 24. Para converter para um relógio de 12 horas, subtraia 12 de qualquer hora maior do que 12.

Para dizer a hora, diga **Il est** seguido dos números, a palavra **heure(s)** e qualquer outro modificador que descreva os minutos. Por exemplo: se for 7 da manhã, diga **Il est sept heures**; se for 2 da tarde, **Il est quatorze heures**. E, quando for 1 da manhã, **Il est une heur – au lit!** (*É uma da manhã – vá pra cama!*).

Agora é necessário o uso de modificadores. Modifique os minutos com números cardinais (veja na seção intitulada "*Números Cardinais: 1,2,3"*). Acrescente os cardinais adicionando-os depois das **heures.** Exemplo: 1h20 é **une heure vingt**. Depois dos 30 minutos, escolha adicionar minutos para a hora ou subtraí-los da próxima com **moins** (*menos*). Então, 2h40 também é **deux heures quarante** ou **trois heures moins vingt.**

Algumas frases sobre as horas são similares ao português, como ____ e meia, em francês **et demie.** Para *quinze minutos* depois da hora, use **et quart,** ou **moins le quart**, *menos um quarto da hora*, para dizer *quinze minutos para a próxima hora*.

Capítulo 3: Dicas para Números, Datas e Horas **45**

Il est une heure moins le quart. (*É uma hora menos um quarto* [12h45].)

Il est une heure et quart ou **Il est une heure quinze.** (*É uma hora e um quarto ou é uma hora e quinze* [1h15].)

Il est une heure et demie ou **Il est une heure trente.** (*É uma e meia* [1h30].)

Observe que **moins le quart** requer o artigo **le**, mas **et quart**, não.

Observe que, como no português, o francês também tem palavras especiais para 12h/24h.

✔ **midi** (*meio-dia*)

✔ **minuit** (*meia-noite*)

Observe que o adjetivo **demi** está no masculino porque **midi** e **minuit** são masculinos, diferentes de hora, que é feminino, e portanto, toma a forma feminina **demie**. Veja, no Capítulo 9, mais informações sobre concordância do adjetivo.

Il est midi et demi. (*São 12:30h*) – Literalmente: *É meio-dia e trinta.*

A abreviação das horas em francês tem um **h** para abreviar **heures**, como também é usado em português.

14h

8h30

Observe a Tabela 3-2 com todas as informações sobre as horas:

Tabela 3-2	Horas em francês	
Hora	*Heure*	*Abréviation*
meia-noite	minuit	0h
1h	une heure	1h
2h	deux heures	2h
3h	trois heures	3h
4h15	quatre heures et quarte quatre heures quinze	4h15
5h30	cinq heures et demie cinq heures trente	5h30
6h45	sept heures moins le quart	6h45
meio-dia	midi	12h
13h	treize heures	13h
14h	quatorze heures	14h
15h	quinze heures	15h
16h05	seize heures cinq	16h05
17h17	dix-sept heures dix-sept	17h17
18h55	dix-neuf heures moins cinq	18h55

Se precisar saber o horário de determinada conferência, diga **À quelle heure est la conférence?** (*A que horas é a conferência?*). Para responder, comece com o evento e, depois, adicione **est à** e a hora: **La conférence est à midi.** (*A conferência é ao meio-dia.*)

Na secretaria, seu trabalho é agendar os compromissos de todos e providenciar uma cópia do planejamento da semana. Cristiane perdeu a cópia dela, mas se lembra dos compromissos, exceto dos horários. Para cada pergunta, responda com uma frase completa, escrevendo os horários mostrados na agenda da semana abaixo.

lundi	mardi	mercredi	jeudi	vendredi
	8h30 - rendez-vous avec Martin			8h45 - conférence de presse
9h10 - téléconférence			9h50 - réunion syndicale	
11h50 déjeuner avec Mme LeBlanc		12h - déjeuner avec Paul et Claire		12h40 déjeuner avec Sophie
	16h - Étienne arrive			16h55 - Vol à Genève
		18h30 - Le Mariage de Figaro		18h - Dîner à La Lune

Q. À quelle heure est le rendez-vous avec Martin?

R. **Le rendez-vous avec Martin est à huit heures et demie.** (*O encontro com Martin é às 8h30.*)

31. À quelle heure est le dîner à La Lune?

_____

32. À quelle heure est le déjeuner avec Paul et Claire?

_____

33. À quelle heure est le vol à Genève?

_____

34. À quelle heure est la réunion syndicale?

_____

_____ **Capítulo 3: Dicas para Números, Datas e Horas** **47**

35. À quelle heure est *Le Mariage de Figaro*?

_____

36. À quelle heure est l'arrivée d'Étienne?

_____

37. À quelle heure est la conférence de presse?

_____

38. À quelle heure est le déjeuner avec Mme LeBlanc?

_____

39. À quelle heure est le la téléconférence?

_____

40. À quelle heure est le déjeuner avec Sophie?

_____

Respostas

1 **cinq, sept** (*cinco, sete*)

2 **neuf, onze** (*nove, onze*)

3 **douze, quatorze** (*doze, quatorze*)

4 **dix-huit, vingt** (*dezoito, vinte*)

5 **vingt-neuf, trente et un** (*vinte e nove, trinta e um*)

6 **quarante, quarante-deux** (*quarenta, quarenta e dois*)

7 **cinquante-huit, soixante** (*cinquenta e oito, sessenta*)

8 **soixante-neuf, soixante et onze** (*sessenta e nove, setenta e um*)

9 **quatre-vingts, quatre-vingt-deux** (*oitenta, oitenta e dois*)

10 **quatre-vingt-dix-huit, cent** (*noventa e oito, cem*)

11 **dixième, 10e** (*décimo, 10°*)

12 **septième, 7e** (*sétimo, 7°*)

13 **premier, 1er** (*primeiro, 1°*)

14 **trentième, 30e** (*trigésimo, 30°*)

48 Parte I: Formação e Estrutura do Francês

15 **quarante-quatrième, 44ᵉ** (*quadragésimo quarto, 44º*)

16 **cinquante et unième, 51ᵉ** (*quinquagésimo primeiro, 51º*)

17 **soixante-douzième, 72ᵉ** (*setuagésimo [ou septuagésimo] segundo, 72º*)

18 **quatre-vingt-onzième, 91ᵉ** (*nonagésimo primeiro, 91º*)

19 **quatre-vingt-dix-neuvième, 99ᵉ** (*nonagésimo nono, 99º*)

20 **centième, 100ᵉ** (*centésimo, 100º*)

21 **Non, on est le 6 octobre.** (*Não, é 6 de outubro.*)

22 **Non, nous sommes samedi.** (*Não, é sábado.*)

23 **Non, c'est le 20 avril.** (*Não, é 20 de abril.*)

24 **Non, on est mercredi.** (*Não, é quarta-feira.*)

25 **Non, nous sommes le 1ᵉʳ octobre.** (*Não, é 1º de outubro.*)

26 **Non, c'est dimanche.** (*Não, é domingo.*)

27 **Non, on est le 2 juin.** (*Não, é 2 de junho.*)

28 **Non, nous sommes jeudi.** (*Não, é quinta-feira.*)

29 **Non, c'est le 1ᵉʳ janvier.** (*Não, é 1º de janeiro.*)

30 **Non, on est vendredi.** (*Não, é sexta-feira.*)

31 **Le dîner à La Lune est à dix-huit heures.** (*O jantar no La Lune é às 18h.*)

32 **Le déjeuner avec Paul et Claire est à midi.** (*O almoço com Paul e Claire é ao meio-dia.*)

33 **Le vol à Genève est à dix-sept heures moins cinq.** (*O voo para Genebra é às 16h55.*)

34 **La réunion syndicale est à dix heures moins dix.** (*A reunião sindical é às 9h50.*)

35 ***Le Mariage de Figaro* est à dix-huit heures et demie.** (As Bodas de Figaro *é às 18h30.*)

36 **L'arrivée d'Étienne est à seize heures.** (*Étienne chega às 16h.*)

37 **La conférence de presse est à neuf heures moins le quart.** (*A conferência da imprensa é às 8h45.*)

38 **Le déjeuner avec Mme LeBlanc est à midi moins dix.** (*O almoço com Madame LeBlanc é às 11h50.*)

39 **La téléconférence est à neuf heures dix.** (*A teleconferência é às 9h10.*)

40 **Le déjeuner avec Sophie est à midi quarante/treize heures moins vingt.** (*O almoço com Sophie às 12:40h.*)

Parte II
Aqui e Agora: Escrevendo no Tempo Presente

A 5ª Onda   Por Rich Tennant

"Talvez da próxima vez você aprenda os verbos negativos em francês, antes de mandar fazer um terno em Paris."

Nesta parte...

Esta parte situa você no momento. O tempo Presente é a forma mais comum dos verbos. O Capítulo 4 explica como conjugar e usar vários tipos diferentes de verbos no Presente. Logo você saberá falar bem o que está fazendo agora. Quer saber o que os outros estão fazendo? Leia as perguntas no Capítulo 5! Quando não quiser fazer determinada coisa, aprenda a negar no Capítulo 6. Já no Capítulo 7, introduzo o Infinitivo e o Particípio, duas formas existentes tanto em francês quanto em português. E, no Capítulo 8, você aprenderá a se expressar usando o Subjuntivo.

Capítulo 4
Aqui Mesmo, Agora Mesmo: O Tempo Presente

Neste Capítulo

▶ Compreensão dos pronomes pessoais do caso reto
▶ Uso do Presente
▶ Reconhecendo os diferentes tipos de verbos
▶ Conjugação de verbos franceses

Aqui está a sua chance de entender o Presente, o contato com o que está acontecendo e como são as coisas. O Presente é o tempo verbal francês mais comum, mas também é o mais complicado; ele descreve o que está acontecendo, a rotina das pessoas ou como é a situação do momento. Em francês, tanto o Presente (*eu canto*) quanto o Composto (*eu estou cantando*) são traduzidos no tempo Presente: **je chante**.

Para enfatizar algo que está acontecendo agora, use a construção **être en train de**: **Je suis en train de chanter.** (*Eu estou cantando.*)

É fácil o uso do Presente em francês; o difícil é escolher a forma certa do verbo, porque as conjugações são diferentes para verbos regulares, irregulares, radicais diferentes e de ortografia diferente. O capítulo mostra as conjugações dos verbos, mas, primeiro, dá uma noção sobre os sujeitos das frases.

Compreendendo os Pronomes Pessoais do Casco Reto, Quando e como Conjugá-los

O sujeito é a pessoa, o lugar ou a coisa que faz a ação da frase. Na sentença *meu cachorro tem pulgas*, por exemplo, *meu cachorro* é o sujeito. O *pronome pessoal do caso reto* substitui o sujeito; então, se o sujeito já foi mencionado, pode ser substituído por *ele* quando se referir de novo ao cachorro.

Os pronomes pessoais existem tanto em francês quanto em português; cada um tem sua própria *conjugação* ou forma verbal. Na conjugação verbal, cada pronome pessoal representa um nome e fica no mesmo número e na mesma *pessoa gramatical* – o papel do sujeito no contexto. Os pronomes pessoais podem estar tanto no plural quanto no singular, bem como na primeira (quem fala), segunda (a quem se destina) ou terceira pessoas (todos os outros). A Tabela 4-1 mostra os pronomes para seu melhor entendimento.

Tabela 4-1	Pronomes Pessoais Franceses e Seus Equivalentes em Português	
	SINGULAR	**PLURAL**
1ª pessoa	je (*eu*)	nous (*nós*)
2ª pessoa	tu (*tu, você*)	vous (*vocês*)
3ª pessoa	il (*ele*)	Ils (*eles*)
	elle (*ela*)	elles (*elas*)
	on (*a gente*)	

Nota: em situações formais, **vous** pode ser singular. Para mais detalhes, confira a seção "Tu ou vous: A segunda pessoa".

Como em português, o francês tem uma conjugação verbal diferente para cada pessoa. Esta seção dá uma boa aula sobre pronomes, que irá ajudá-lo a usá-los corretamente.

Je ou nous: A primeira pessoa

Je é a primeira pessoa do singular. Equivale a *eu* em português. O **je** é escrito com letra maiúscula somente no início da frase.

    Je suis brésilienne. (*Eu sou brasileira*).

    Demain, je vais en France. (*Amanhã, eu irei à França.*)

Observe que, quando o **je** é seguido por uma palavra iniciada por vogal ou **h** mudo, usa-se a contração **j'**: **Maintenant, j'habite en Californie.** (*Agora, eu moro na Califórnia.*)

Nous é a primeira pessoa do plural e significa *nós*. É usado da mesma forma que em português.

    Nous allons en France. (*Nós vamos à França.*)

    Nous mangeons à midi. (*Nós comemos ao meio-dia.*)

Capítulo 4: Aqui Mesmo, Agora Mesmo: O Tempo Presente **53**

Tu ou vous: A segunda pessoa

Tu e **vous** significam *tu*, *vós* ou *você(s)*.

✔ **Tu** é singular e informal; usamos quando falamos com alguém que conhecemos bem – como um membro da família, um amigo, um colega de turma – uma criança ou um animal.

✔ **Vous** é plural e formal. Deve ser usado:

- Quando você conversa com alguém que não conhece muito e deseja demonstrar respeito, como, por exemplo, um professor, doutor ou chefe;

- E toda vez que estiver conversando com mais de uma pessoa, muito conhecida ou não.

Se não estiver seguro sobre o que deve usar, se **tu** ou **vous,** melhor é optar por **vous**, por ser mais respeitoso. Normalmente, é usado **vous** para apresentar alguém a alguém que você conheceu, a não ser que seja um amigo íntimo. Depois de apresentado, já amigo, o normal é a pessoa pedir que seja tratada por **tu** dizendo algo como **On peut se tutoyer.** (*Podemos usar tu um com o outro.*) Em português, temos a mesma reação em relação aos pronomes de tratamento *senhor* e *senhora*; pedimos sempre que sejamos tratados informalmente por *você*. Usar **tu** sem permissão da pessoa pode ser muito ofensivo, mas os franceses compreendem quando se trata de estrangeiros falando francês.

Tu peux commencer maintenant. (*Você pode começar agora.*)

Vous êtes en retard. (*Você está atrasado.*)

Il, elle ou on: A terceira pessoa do singular

Il e **elle** significam *ele* e *ela* respectivamente. (Mais detalhes no Capítulo 2.)

Il a deux soeurs. (*Ela tem duas irmãs.*)

Où est mon livre? Il est sur la table. (*Onde está meu livro? Está sobre a mesa.*)

Elle veut travailler ici. (*Ela quer trabalhar aqui.*)

Je vois la voiture. Elle est dans la rue. (*Eu vejo o carro. Ele está na rua.*)

On é um pronome indefinido que literalmente significa *um*. Mas **on** também pode significar *você*, *pessoas em geral* ou *nós*, informalmente:

On ne doit pas dire cela. (*Ninguém deve dizer isso.*)

On ne sait jamais. (*Você nunca sabe.*)

On ne fait plus attention. (*As pessoas não prestam mais atenção.*)

On va partir à midi. (*Nós vamos partir ao meio-dia.*)

Ils ou elles – a terceira pessoa do plural

Ils e **elles** significam *eles* e *elas*. **Ils** é usado para:

- Grupos de homens ou nomes masculinos.
- Grupos mistos de homens e mulheres.
- Substantivos masculinos e femininos juntos.

Elles é usado para grupos de mulheres ou substantivos femininos. Mesmo se houver apenas um homem em um grupo de mil mulheres, você tem de usar **ils**.

> **Paul et David (ils) habitent à Bruxelas.** (*Paul e David [eles] moram em Bruxelas.*)
>
> **Où sont mes livres? Ils sont dans ta chambre**. (*Onde estão os meus livros? Eles estão no quarto.*)
>
> **Lise, Marie-Laure, Robert et Anne (ils) partent ensemble**. (*Lise, Marie-Laure, Robert e Anne [eles] vão partir juntos.*)
>
> **Ma mère et ma soeur (elles) aiment danser.** (*Minha mãe e minha irmã [elas] gostam de dançar.*)
>
> **Je vois tes clés. Elles sont sur mon bureau.** (*Eu vi suas chaves. Elas estão na minha mesa.*)

Você trabalha em uma empresa de publicidade e está escrevendo para um colega sobre a ideia de um produto chamado **la Sandwichière** (a sanduicheira). Escolha o melhor pronome e verbo para completar as frases:

Q. Marc, _____ (je suis, il est) prêt à commencer.

R. **je suis** (eu estou)

1. Michel, _____ (j'ai, il a) une idée pour une nouvelle publicité. _____ (Peux-tu, Pouvez-vous) m'aider? _____ (Nous pouvons, Vous pouvez) travailler ensemble.

2. Voici mon idée. Il y a un père, une mère et un enfant dans la cuisine. Le père dit à sa femme, _____ (veux-tu, voulez-vous) quelque chose à manger?

3. _____ (Il répond, Elle répond, On répond): Oui, et _____ (je pense, tu penses, il pense, nous pensons) que David a faim aussi.

4. David dit à ses parents: Oui, moi aussi – _____ (peux-tu, pouvez-vous) me faire un sandwich?

5. _____ (Ils répondent, Elles répondent): Non, _____ (tu peux, vou pouvez) le faire. _____

_____Capítulo 4: Aqui Mesmo, Agora Mesmo: O Tempo Presente **55**

(J'ai, Nous avons) acheté une Sandwichière – _____
(il est, elle est, on est) tellement simple qu'un enfant peut faire son
propre sandwich.

A Vertente Comum: Conjugando Verbos Regulares

Os verbos regulares são conjugados da mesma forma. Então, quando
aprender a conjugar um, poderá conjugar todos – um pacote perfeito de
combinação! Quando os verbos ainda não estão conjugados, aparecem no
Infinitivo (a forma encontrada nos dicionários), e os verbos regulares são
classificados pelo seu final no Infinitivo: **-er, -ir** e **-re.** Nesta seção, veremos
como conjugá-los.

Os verbos regulares mais comuns: -er

Os verbos franceses com terminação **-er** são os mais usados. Para conjugá-los,
basta retirar o final **-er** da palavra, e você encontrará o *radical* do verbo; depois,
adicione os finais: **-e**, **-es**, **-e**, **-ons**, **-ez** ou **-ent**. A tabela a seguir conjuga o verbo
parler *(falar)*:

parler *(falar)*	
je parl**e**	nous parl**ons**
tu parl**es**	vous parl**ez**
il/elle/on parl**e**	ils/elles parl**ent**
Je **parle** français. (*Eu falo francês.*)	

Milhares de verbos franceses terminam com **-er**. Aqui segue uma lista dos
mais comuns:

- **aimer** *(gostar, amar)*
- **chercher** *(procurar)*
- **danser** *(dançar)*
- **détester** *(odiar, detestar)*
- **donner** *(dar)*
- **jouer** *(brincar, jogar, tocar)*
- **penser** *(pensar)*
- **regarder** *(olhar)*
- **travailler** *(trabalhar)*
- **trouver** *(achar)*

Outra terminação comum de verbo regular: -ir

Os verbos com final **-ir** estão em segundo lugar na tabela dos mais comuns.
Para conjugá-los, remova o final **-ir** e acrescente os finais: **-is**, **-is**, **-it**, **-issons**,
-issez e **-issent**. Aqui, mostramos como conjugar o verbo **finir** *(acabar)*.

Parte II: Aqui e Agora: Escrevendo no Tempo Presente

finir (*acabar*)	
je fin**is**	nous fin**issons**
tu fin**is**	vous fin**issez**
il/elle/on fin**it**	ils/elles fin**issent**
Il **finit** le dessin. (*Ele está terminando o desenho.*)	

Você encontra centenas de verbos regulares com final **-ir**. Veja alguns deles abaixo:

- **avertir** (*avisar*)
- **bâtir** (*construir*)
- **choisir** (*escolher*)
- **établir** (*estabelecer*)
- **grandir** (*crescer*)

- **réagir** (*reagir*)
- **remplir** (*encher*)
- **réunir** (*encontrar*)
- **réussir** (*suceder*)
- **vieillir** (*envelhecer*)

Terceiro tipo de verbo regular: -re

Os verbos terminados em **-re** refinam a lista de verbos regulares. Para conjugá-los, acrescente **-s**, **-s**, nada, **-ons**, **ez** e **-ent**. Aqui, apresentamos a conjugação do verbo **perdre** (*perder*):

perdre (*perder*)	
je perd**s**	nous perd**ons**
tu perd**s**	vous perd**ez**
il/elle/on perd	ils/elles perd**ent**
Nous **perdons** du poids. (*Nós estamos perdendo peso.*)	

A Língua Francesa tem dúzias de verbos regulares terminados em **-re**, incluindo os seguintes:

- **attendre** (*esperar*)
- **défendre** (*defender*)
- **descendre** (*descer*)
- **entendre** (*ouvir*)
- **étendre** (*esticar*)

- **fondre** (*derreter*)
- **prétendre** (*reivindicar, exigir, reclamar*)
- **rendre** (*devolver*)
- **répondre** (*responder*)
- **vendre** (*vender*)

Teste se entendeu bem os verbos regulares em francês, conjugando-os de acordo com o pronome indicado:

Q. Je _____ (jouer)

R. Je **joue** (*Eu jogo*)

Capítulo 4: Aqui Mesmo, Agora Mesmo: O Tempo Presente **57**

6. J'_____ (aimer) 16. vous _____ (remplir)
7. tu _____ (chercher) 17. ils _____ (réunir)
8. il _____ (donner) 18. j'_____ (attendre)
9. nous _____ (penser) 19. tu _____ (descendre)
10. vous _____ (travailler) 20. on _____ (entendre)
11. ils _____ (trouver) 21. nous _____ (rendre)
12. je _____ (bâtir) 22. vous _____ (répondre)
13. tu _____ (choisir) 23. elles _____ (vendre)
14. elle _____ (établir) 24. je _____ (détester)
15. nous _____ (réagir) 25. nous _____ (vieillir)

Preservando a Pronúncia com Verbos que Mudam a Ortografia

Verbos com a ortografia diferente são os que possuem as mesmas terminações dos verbos regulares (citados na seção anterior), mas, por razões de pronúncia, têm uma pequena diferença na ortografia na hora de conjugar. Em francês, há dois tipos de verbos com ortografias diferentes: os que terminam com **-cer** e com **-ger**. Esta seção irá ajudá-lo a conjugá-los.

Estudo de verbos com -cer

Em francês, a letra **c** tem dois sons: um forte como o **c** de carvão e um som suave como o **c** de cenoura. O c francês é:

- Forte quando precedido das vogais *a, o* ou *u*
- Suave quando precedido por *e, i* ou *y*

O *c* dos verbos com final *-cer* é suave porque precede *e*, o que significa que será suave em todas as conjugações. Por exemplo, o verbo **prononcer** (*pronunciar*), que é conjugado como um verbo regular com final **-er**, é uma exceção. Na primeira pessoa do plural, **nous, prononcer** deveria ter um *o* depois do *c*, para ter uma pronúncia forte. Para evitar isso, o **c** muda para **ç**. Então, fica assim: **nous prononçons**, e o c soa suave, como no Infinitivo e em outras conjugações. Veja mais na tabela de verbos abaixo.

Parte II: Aqui e Agora: Escrevendo no Tempo Presente

prononcer (pronunciar)	
je prononce	nous prononçons
tu prononces	vous prononcez
il/elle/on prononce	ils/elles prononcent
Tu **prononces** bien. (*Sua pronúncia é boa.* Literalmente: *Você pronuncia bem.*)	

Há muitos verbos com final **-cer** em francês, incluindo os seguintes:

- ✔ **annoncer** (*anunciar*)
- ✔ **avancer** (*avançar*)
- ✔ **balancer** (*balançar*)
- ✔ **commencer** (*começar*)
- ✔ **dénoncer** (*denunciar*)

- ✔ **divorcer** (*divorciar*)
- ✔ **effacer** (*apagar*)
- ✔ **influencer** (*influenciar*)
- ✔ **lancer** (*atirar*)
- ✔ **remplacer** (*trocar*)

Estudo de verbos com -ger

Como a letra *c*, o *g* também tem dois sons em francês: um forte, como *g* de galo, e um suave, como de massagem. O *g* francês é:

- ✔ Forte quando precedido por *a, o,* ou *u*
- ✔ Suave quando precedido por *e, i* ou *y*

O *g* no final de verbos **-ger** é suave; logo, permanecerá suave em todas as conjugações. Por exemplo, o verbo **bouger** (*mexer*) é conjugado como um verbo regular com final **-er**, exceto na sua forma **nous**, onde, para evitar o *g* forte é acrescentado *e:* **boungeons**, para suavizá-lo, como no Infinitivo e nas outras conjugações.

bouger (mexer)	
je bouge	nous bougeons
tu bouges	vous bougez
il/elle/on bouge	ils/elles bougent
Ils **bougent** beaucoup. (*Eles estão se mexendo muito.*)	

Em francês, há dúzias de verbos com final **-ger**, incluindo estes:

- ✔ **arranger** (*arranjar*)
- ✔ **changer** (*trocar*)
- ✔ **corriger** (*corrigir*)
- ✔ **déménager** (*mudar de casa*)
- ✔ **déranger** (*perturbar*)

- ✔ **diriger** (*direcionar*)
- ✔ **exiger** (*exigir*)
- ✔ **loger** (*alojar*)
- ✔ **manger** (*comer*)
- ✔ **voyager** (*viajar*)

Dissecando as Estruturas dos Verbos

Verbos que mudam o radical têm a mesma terminação dos verbos regulares com final **-er**, mas com dois radicais diferentes. Existem cinco tipos com diferentes radicais, mas a regra é a mesma para todos: a conjugação dos verbos com os pronomes **nous** e **vous** mantém o mesmo radical do Infinitivo menos **-er**, e a forma singular e a terceira do plural mudam seus radicais. Esta seção mostra claramente esses cinco tipos.

Para ajudar você a lembrar quais mudam seus radicais, desenhe uma linha em volta deles.

Debatendo verbos terminados em -yer

Verbos com final **-yer** possuem dois radicais:

- Um radical regular com **y** para a conjugação de **nous** e **vous**
- Um irregular com **i** no lugar do **y** para as outras conjugações

Aqui, conjuguei o verbo **employer** (*empregar*)

employer (*empregar*)	
j'emplo**ie**	nous emplo**yons**
tu emplo**ies**	vous emplo**yez**
il/elle/on emplo**ie**	ils/elles/ emplo**ient**
Tu **emploies** bien ton temps. (*Você usa bem seu tempo.*)	

Há dúzias de verbos com final **-yer**, tais quais:

- **balayer** (*varrer*)
- **effrayer** (*assustar*)
- **ennuyer** (*aborrecer*)
- **envoyer** (*enviar*)
- **essayer** (*tentar*)
- **essuyer** (*limpar*)
- **nettoyer** (*limpar*)
- **payer** (*pagar*)
- **tutoyer** (*tratar por **tu***)
- **vouvoyer** (*tratar por **você***)

O radical muda para os verbos com final **-oyer** e **-uyer**, porém, para aqueles com final **-ayer**, essa troca é opcional. O verbo **payer** pode ser conjugado com ou sem mudança no radical: **Je paie** ou **je paye**; ambas as formas estão corretas.

Entendendo verbos terminados em -eler

Os verbos com final **-eler** têm um radical regular com um único **l** na conjugação de **nous** e **vous** e um radical irregular com dois **l** (**ll**) para as outras conjugações. O exemplo abaixo conjuga o verbo **épeler** (*soletrar*).

Parte II: Aqui e Agora: Escrevendo no Tempo Presente

épeler (*soletrar*)	
j'épelle	nous épelons
tu épelles	vous épelez
il/elle/on épelle	ils/elles épellent
Vous **épelez** trop lentement. (*Você soletra muito devagar.*)	

Os verbos com final **-eler** são poucos:

> ✔ **appeler** (*chamar*)

> ✔ **rappeler** (*chamar de volta*)

> ✔ **renouveler** (*renovar*)

Os verbos **geler** (*congelar*), e **peler** (*descascar*) não seguem esse modelo de duplicação do **l**. Para conjugá-los, dê uma olhada na seção "Observando verbos com final **-e*er**", mais adiante nesta seção.

Concentrando-se em verbos com terminação -eter

Os verbos terminados com **-eter** possuem radical regular, mas com apenas um **t** na conjugação de **nous** e **vous** e dois **t (tt)** para as outras conjugações. Veja como conjugar **jeter** (*atirar*).

jeter *(atirar/jogar)*	
je jette	nous jetons
tu jettes	vous jetez
il/elle/on jette	ils/elles jettent
Elle **jette** Marc à l'eau. (*Ela está jogando água no Marco.*)	

Os verbos terminados com **-eter** mais comuns são:

> ✔ **feuilleter** (*folhear*)

> ✔ **hoqueter** (*soluçar*)

> ✔ **projeter** (*projetar*)

> ✔ **rejeter** (*rejeitar*)

O verbo **acheter** (*comprar*) é uma exceção; é conjugado como os verbos terminados com **-e*er.** Veja na próxima seção.

Capítulo 4: Aqui Mesmo, Agora Mesmo: O Tempo Presente *61*

*Observando verbos com final -e*er*

Os verbos terminados com **-e*er** possuem um **e** átono no Infinitivo, seguido por uma consoante como **n** ou **v**. Esses verbos conjugados têm radical regular com **e** átono e um radical irregular com **è** tônico. No verbo **mener** (*levar, conduzir*) abaixo, você poderá observar isso:

mener (*levar*)	
je mène	nous menons
tu mènes	vous menez
il/elle/on mène	ils/elles mènent
Ils **mènent** le chien. (*Eles estão passeando com o cachorro.*)	

Em francês, há muitos verbos comuns com final **-e*er** (incluindo exceções como **-eler** e **-eter**, mencionadas no capítulo anterior). Entre eles, temos:

- **acheter** (*comprar*)
- **amener** (*levar*)
- **élever** (*elevar*)
- **emmener** (*pegar, tirar*)
- **enlever** (*remover*)

- **geler** (*congelar*)
- **lever** (*levantar*)
- **peler** (*descascar*)
- **peser** (*pesar*)
- **promener** (*andar*)

*Lidando com verbos com final -é*er*

Os verbos terminados com **-é*er** possuem radical regular mantendo o acento agudo **é** para **nous** e **vous**, e irregular que muda o acento para grave **è**. O exemplo a seguir conjuga o verbo **gérer** (*gerenciar/gerir*).

gérer (*gerenciar/gerir*)	
je gère	nous gérons
tu gères	vous gérez
il/elle/on gère	ils/elles gèrent
Nous **gérons** le projet. (*Estamos gerenciando o projeto.*)	

Alguns verbos terminados em **-é*er:**

- **célébrer** (*celebrar*)
- **compléter** (*completar*)
- **considérer** (*considerar*)
- **espérer** (*esperar*)
- **modérer** (*moderar*)

- **posséder** (*possuir*)
- **préférer** (*preferir*)
- **répéter** (*repetir*)
- **suggérer** (*sugerir*)
- **tolérer** (*tolerar*)

Parte II: Aqui e Agora: Escrevendo no Tempo Presente

Enquanto escrevia notas de advertências para seus empregados, seu computador "pirou", e todos os verbos conjugados ficaram no Infinitivo! Preencha as lacunas com a conjugação correta para cada verbo em parênteses:

Q. vous _____ (tolérer)

R. **tolérez**

```
Attention
Memo à David et Philippe :

Je m' (26) _____ (appeler) Anne et je (27) _____
(gérer) la section B7. Les autres gérants et moi
(28) _____ (changer) notre politique de courriel.
Vous (29) _____ (envoyer) souvent des messages
personnels, et nous (30) _____ (considérer) que
c'est une infraction de vos contrats. Nous (31) _____
(commencer) à surveiller vos ordinateurs ; si vous
(32) _____ (répéter) cette activité, nous ne
(33) _____ (renouveler) pas vos contrats.
J' (34) _____ (espérer) que vous (35) _____
(essayer) de ne plus écrire à vos amis quand vous
travaillez.
```

```
Attention
Memo à Sylvie :

Nous (36) _____ (rejeter) ta note de frais. Quand tu
(37) _____ (voyager), tu (38) _____ (payer) trop pour
des hôtels trois étoiles. Nous (39) _____ (exiger) que nos
employés se (40) _____ (loger) dans des hôtels deux
étoiles. Même si tu (41) _____ (préférer) les hôtels de
luxe, nous (42) _____ (suggérer) que tu (43) _____
(considérer)les frais et que tu te (44) _____ (modérer).
```

Capítulo 4: Aqui Mesmo, Agora Mesmo: O Tempo Presente **63**

```
Attention
Memo à Georges :

Il y a deux problèmes. D'abord, tu ne     (45) _____
(compléter) pas ton travail I tu n'   (46) _____   (épeler) pas
bien et tu ne  (47) _____  (corriger) pas tes erreurs. Nous
te (48) _____ (diriger) de relire ce que tu   (49) _____
(projeter) dans les meetings. De surcroît, te   (50) _____
(rappeler) — tu que nous n'  (51) _____  (employer) pas de
femmes de service ? Nous    (52) _____   (enlever) les tableaux
blancs parce que tu les    (53) _____   (effacer) mais tu ne les
(54) _____ (nettoyer) pas.
```

Os Rebeldes: Conjugando Verbos Irregulares

Como se já não bastassem todos os verbos regulares que a língua francesa tem, ela possui inúmeros verbos irregulares. Infelizmente, ainda não sei nenhuma forma de decorá-los todos de uma vez, mas os verbos irregulares não podem ser excluídos da nossa existência. Por isso, a única maneira é praticar as conjugações até fixá-las naturalmente.

Para conjugar melhor os verbos, tente este exercício rápido. Escolha um verbo e pratique escrevendo e recitando as conjugações para cada pronome. Reserve dez minutos por dia para fazer isso e logo você saberá as conjugações naturalmente.

Essa seção apresenta vários tipos de verbos irregulares para você treiná-los.

Em tempo: Verbos como o venir

Venir (*vir*), **tenir** (*segurar*) e outros são conjugados mudando o radical e a terminação. No singular e na terceira pessoa do plural, o **e** muda para **ie**; não muda para **nous** e **vous**. (Como nos verbos com mudança de radical, você pode se lembrar das pessoas que mudam os radicais desenhando uma linha ao redor da forma singular e da terceira pessoa do plural de **venir** e **tenir**.) Depois, acrescente no final **-s**, **-s**, **-t**, **-ons**, **-ez** e **-nent**. A melhor maneira de entender essa explicação é olhando o verbo já conjugado, memorizá-lo e usá-lo.

venir (*vir*)	
je v**iens**	nous ven**ons**
tu v**iens**	vous ven**ez**
il/elle/on v**ient**	ils v**iennent**
Il **vient** dans deux heures. (*Ele chega em duas horas.*)	

64 Parte II: Aqui e Agora: Escrevendo no Tempo Presente

Outros verbos seguem essa mesma conjugação, como **contenir** (*conter*), **maintenir** (*manter*) e **revenir** (*voltar*).

Sair... e Apagar: Verbos como sortir e dormir

Dormir (*dormir*) e muitos outros verbos que terminam com **-tir**, como **sortir** (*sair*), são conjugados como os regulares com final **-re**, exceto na terceira pessoa do singular. Na terminação singular, a consoante é retirada e também o final **-ir**, e é acrescentado **-s**, **-s** ou **-t**. Já no plural, apenas sai o **-ir** e acrescenta-se **-ons**, **-ez** e **-ent**.

sortir (*sair*)	
je sor**s**	nous sort**ons**
tu sor**s**	vous sort**ez**
il/elle/on sor**t**	ils/elles sort**ent**
Nous **sortons** ce soir. (*Nós sairemos hoje à noite.*)	

Outros verbos obedecem a essa mesma conjugação como o verbo **mentir** (*mentir*), **sentir** (*sentir/cheirar*) e **partir** (*partir*).

Oferecendo e abrindo: Verbos como offrir e ouvrir

Os verbos terminados em **-frir** e **-vrir,** como **offrir** (*oferecer*) e **ouvrir** (*abrir*), são irregulares e conjugados da mesma forma que os regulares terminados com **-er**. Basta retirar o final **-ir** para achar o radical e acrescentar os finais: **-e**, **-es**, **-e**, **-ons**, **-ez** e **-ent**.

Cheque alguns exemplos abaixo:

ouvrir (*abrir*)	
j'ouvr**e**	nous ouvr**ons**
tu ouvr**es**	vous ouvr**ez**
il/elle/on ouvr**e**	ils/elles ouvr**ent**
Elles **ouvrent** la porte. (*Elas estão abrindo a porta.*)	

Outros verbos similares: **découvrir** (*descobrir*), **couvrir** (*cobrir*) e **souffrir** (*sofrer*).

Levar: Verbos como prendre

Prendre (*levar/pegar*) e seus derivados são conjugados normalmente como regulares terminados em **-re** nas formas singulares (**-s**, **-s**, nada). Já no plural, cai o **d**, e a terceira pessoa recebe um **n** extra; essas formas regulares levam finais **-ons**, **-ez** e **-ent**. Veja como ficam:

Capítulo 4: Aqui Mesmo, Agora Mesmo: O Tempo Presente **65**

prendre (*tomar/pegar/tirar fotos*)	
je prend**s**	nous pre**nons**
tu prend**s**	vous pre**nez**
il/elle/on prend	ils/elles pre**nnent**
Tu **prends** beaucoup de photos. (*Você tira muitas fotos.*)	

Verbos similares como **apprendre** (*aprender*), **comprendre** (*entender*) e **surprendre** (*surpreender*) são conjugados da mesma forma.

Bater e pôr: Verbos como battre e mettre

Os verbos terminados com **-ttre**, como o **battre** (*bater*) e o **mettre** (*pôr*), bem como todos os seus derivados, retiram o **t** da conjugação no singular. Todas as conjugações usam os mesmos finais que os regulares **-re**: **-s**, **-s**, nada, **-ons**, **-ez** e **-ent.**

battre (*bater*)	
je ba**ts**	nous batt**ons**
tu ba**ts**	vous batt**ez**
il/elle/on bat	ils /elles batt**ent**
Ils **battent** toujours l'autre équipe. (*Eles sempre batem no outro time.*)	

Outros verbos similares conjugados da mesma forma são o **admettre** (*admitir*), **promettre** (*prometer*) e **transmettre** (*transmitir*).

Habilidades e desejos: Pouvoir e vouloir

As conjugações de **pouvoir** (*poder*) e **vouloir** (*querer*) são semelhantes. Ambos mudam os radicais e as terminações irregulares. Veja nas Tabelas a seguir:

pouvoir (*poder*)	
je p**eux**	nous p**ouvons**
tu p**eux**	vous p**ouvez**
il/elle/on p**eut**	ils/elles p**euvent**
Tu **peux** partir. (*Você pode ir.*)	

vouloir (*querer*)	
je v**eux**	nous v**oulons**
tu v**eux**	vous v**oulez**
il/elle/on v**eut**	ils/elles/v**eulent**
Elles **veulent** danser. (*Elas querem dançar.*)	

Ver para crer: voir, c'est croire

Voir (*ver*) e **croire** (*crer*) são conjugados do mesmo modo. Observe:

voir (*ver*)	
je **v**ois	nous **v**oyons
tu **v**ois	vous **v**oyez
il/elle/on **v**oit	ils/elles **v**oient
Nous **v**oyons le volcan. (*Nós vemos o vulcão.*)	

croire (*crer*)	
je **cr**ois	nous **cr**oyons
tu **cr**ois	vous **cr**oyez
il/elle/on **cr**oit	ils/elles **cr**oient
Il **cr**oit à Père Noël. (*Ele acredita em Papai Noel.*)	

Escreva a conjugação correta dos verbos entre parênteses:

Q. Je _____ (partir) à midi.

R. Je **pars** à midi. (*Parto ao meio-dia.*)

55. Je ne _____ (comprendre) pas.

56. Il _____ (vouloir) manger.

57. Vous _____ (pouvoir) venir.

58. Je _____ (dormir) en classe.

59. _____-tu (sortir) chaque soir?

60. Ils _____ (ouvrir) la fenêtre même quand il fait froid.

61. Nous _____ (prendre) beaucoup de notes.

62. Elle _____ (mettre) trop d'argent sur les vêtements.

63. Si tu _____ (croire) que c'est juste, d'acord.

64. _____ - vous (voir) l'hôtel?

Lutando contra os verbos irregulares raros

Alguns importantes verbos franceses possuem uma conjugação sem igual. Apesar de serem os mais usados, eles não têm nada em comum. Conjugue-os e estude-os. (À medida que você aumenta seu vocabulário, use esses verbos para, por exemplo, falar sobre coisas legais que você possui, conversar

Capítulo 4: Aqui Mesmo, Agora Mesmo: O Tempo Presente 67

sobre onde seu vizinho está indo ou apenas para dizer o que outras pessoas precisam fazer.) Faça sempre isso, e logo as conjugações sairão da sua boca e de sua caneta naturalmente.

avoir (ter)	
j'ai	nous avons
tu as	vous avez
il/elle/on a	ils/elles ont
J'ai une idée. (Eu tenho uma ideia.)	

être (ser)	
je suis	nous sommes
tu es	vous êtes
il/elle/on est	ils/elles sont
Tu es très intelligent. (Você é muito inteligente.)	

aller (ir)	
je vais	nous allons
tu vas	vous allez
il/elle/on va	ils/elles vont
Nous allons en France. (Nós vamos para a França.)	

faire (fazer)	
je fais	nous faisons
tu fais	vous faites
il/elle/on fait	ils/elles font
Il fait le lit. (Ele está [fazendo] arrumando a cama.)	

devoir (dever)	
je dois	nous devons
tu dois	vous devez
il/elle/on doit	ils/elles doivent
Vous devez essayer. (Você deve tentar.)	

savoir (saber)	
je sais	nous savons
tu sais	vous savez

68 Parte II: Aqui e Agora: Escrevendo no Tempo Presente

il/elle/on **sait**	ils/elles **savent**
Elles **savent** nager. (*Elas sabem nadar.*)	

dire (*dizer*)	
je **dis**	nous **disons**
tu **dis**	vous **dites**
il/elle/on **dit**	ils/elles **disent**
Tu **dis** des mensonges. (*Você diz mentiras*)	

boire (*beber*)	
je **bois**	nous **buvons**
tu **bois**	vous **buvez**
il/elle/on **boit**	ils/elles **boivent**
Elle **boit** trop. (*Ela bebe muito.*)	

vivre (*viver*)	
je **vis**	nous **vivons**
tu **vis**	vous **vivez**
il/elle/on **vit**	ils/elles **vivent**
Nous **vivons** ensemble. (*Nós [vivemos] moramos juntos.*)	

Capítulo 4: Aqui Mesmo, Agora Mesmo: O Tempo Presente 69

Traduza essas frases para o francês:

Q. Nós estamos aqui.

R. **Nous sommes ici.**

65. Vocês fazem muitas perguntas. _____

66. Nós bebemos muito vinho. _____

67. Eu tenho de abrir a porta. _____

68. Nós vamos para a Bélgica. _____

69. Eles sabem a resposta. _____

70. Ela tem um problema. _____

Respostas

1	Michel, **j'ai** une idée pour une nouvelle publicité. **Peux-tu** m'aider? **Nous pouvons** travailler ensemble. (*Michel, eu tenho uma ideia para um novo anúncio. Pode me ajudar? Podemos trabalhar juntos.*)
2	Voici mon idée. Il y a un père, une mère et un enfant dans la cuisine. Le pére dit à sa femme, **veux-tu** quelque chose à manger? (*Eis aqui minha ideia. Um pai, uma mãe e uma criança estão na cozinha. O pai diz à mulher: "Quer comer alguma coisa?".*)
3	**Elle répond:** Oui, et **je pense** que David a faim aussi. (*Ela responde: sim, e acho que o David também está com fome.*)
4	David dit à ses parents: "Oui, moi aussi – **pouvez-vous** me faire un sandwich?". (*David diz aos pais: "Sim, eu também estou. Pode me fazer um sanduíche?".*)
5	**Ils répondent**: Non, **tu peux** le faire. **Nous avons** acheté une Sandwichière – **elle est** tellement simple qu'un enfant peut faire son propre sandwich. (*Eles respondem: Não, você faz. Nós compramos uma sanduicheira – ela é tão simples que até uma criança pode fazer seu próprio sanduíche.*)
6	**j'aime** (*Eu amo*)
7	tu **cherches** (*você está procurando*)
8	il **donne** (*ele dá*)
9	nous **pensons** (*nós pensamos*)
10	vous **travaillez** (*vós trabalhais*)

70 Parte II: Aqui e Agora: Escrevendo no Tempo Presente _____

11 ils **trouvent** (*eles acham*)

12 je **bâtis** (*eu construí*)

13 tu **choisis** (*você escolhe*)

14 elle **établit** (*ela está se estabelecendo*)

15 nous **réagissons** (*estamos reagindo*)

16 vous **remplissez** (*vocês estão enchendo*)

17 ils **réunissent** (*eles estão se encontrando*)

18 j'**attends** (*eu estou esperando*)

19 tu **descends** (*nós descemos*)

20 on **entend** (*alguém ouve*)

21 nous **rendons** (*nós voltamos*)

22 vous **répondez** (*vocês respondem*)

23 elles **vendent** (*elas vendem*)

24 je **déteste** (*eu odeio*)

25 nous **vieillissons** (*nós estamos envelhecendo*)

Capítulo 4: Aqui Mesmo, Agora Mesmo: O Tempo Presente **71**

Attention
Memo à David et Philippe :

Je m'(26) **appelle** Anne et je (27) **gère** la section B7.
Les autres gérants et moi (28) **changeons** notre politique
de courriel. Vous (29) **envoyez** souvent des messages
personnels, et nous (30) **considérons** que c'est une
infraction de vos contrats. Nous (31) **commençons** à
surveiller vos ordinateurs ; si vous (32) **répétez**
cette activité, nous ne (33) **renouvelons** pas vos
contrats. J'(34) **espère** que vous (35) **essayez** maintenant
de ne plus écrire à vos amis quand vous travaillez.

(Meu nome é Anne e eu gerencio a seção 7. O outro gerente e eu mudamos a política de e-mails.
Vocês frequentemente enviam e-mails pessoais e consideramos isso fora do nosso contrato.
Estamos vigiando seus computadores; se voltarem a repetir essa atitude, não renovaremos seus
contratos. Espero que não escrevam mais para os amigos durante o trabalho.)

Attention
Memo à Sylvie :

Nous (36) **rejetons** ta note de frais. Quand tu
(37) **voyages**, tu (38) **paies** (or **payes**) trop pour des
hôtels trois étoiles. Nous (39) **exigeons** que nos
employés se (40) **logent** dans des hôtels deux étoiles.
Même si tu (41) **préfères** les hôtels de luxe, nous
(42) **suggérons** que tu (43) **considères** les frais et que tu
te (44) **modères**.

(Nós rejeitamos suas notas de despesas. Quando você viaja, paga muito caro por um hotel três
estrelas. Nós insistimos que nossos empregados se hospedem em hotéis duas estrelas. Se você
prefere hotéis luxuosos, sugerimos que pense na conta e modere seus gastos.)

72 Parte II: Aqui e Agora: Escrevendo no Tempo Presente

```
Attention
Memo à Georges :

Il y a deux problèmes. D'abord, tu ne (45) complètes pas
ton travail — tu n'(46) épelles pas bien et tu ne
(47) corriges pas tes erreurs. Nous te (48) dirigeons de
relire ce que tu (49) projettes dans les meetings. De
surcroît, te (50) rappelles-tu que nous n'(51) employons
pas de femmes de service ? Nous (52) enlevons les
tableaux blancs parce que tu les (53) effaces mais tu ne
les (54) nettoies pas.
```

(Há dois problemas. Em primeiro lugar, você não terminou seu trabalho – você não escreve bem nem corrige seus erros. Nós o devolvemos a você para reler o que projetou na reunião. Além disso, você se lembra de que não temos faxineiras? Estamos removendo os quadros brancos porque você os apaga, mas não os limpa.)

55 Je ne **comprends** pas. (*Eu não entendo.*)

56 Il **veut** manger. (*Ele quer comer.*)

57 Vous **pouvez** venir. (*Você pode vir.*)

58 **Je dors** en classe. (*Eu durmo na aula.*)

59 **Sors-**tu chaque soir? (*Você sai toda noite?*)

60 Ils **ouvrent** la fenêtre même quand il fait froid. (*Eles abrem a janela mesmo quando está frio.*)

61 Nous **prenons** beaucoup de notes. (*Nós temos muitas despesas.*)

62 Elle **met** trop d'argent sur les vêtements. (*Ela gasta muito com roupas.*)

63 Si tu **crois** que c'est juste, d'acord. (*Se você acha justo, tudo bem.*)

64 **Voyez**- vous l'hôtel? (*Você vê o hotel?*)

65 **Vous avez beaucoup de questions**.

66 **Nous buvons beaucoup de vin**.

67 **Je dois ouvrir la porte**.

68 **Nous allons en Belgique**.

69 **Ils savent la réponse**.

70 **Elle a un problème**.

Capítulo 5
Formação de Perguntas e Respostas

Neste Capítulo

▶ Formular perguntas e respostas
▶ Pedir informações
▶ Responder perguntas

Todo mundo sabe que ser um bom ouvinte é importante mas, se precisar ter uma conversa séria, não pode ficar apenas olhando os outros tagarelarem – é preciso contribuir também! As perguntas são fundamentais para se ter uma boa conversa ou escrever uma carta, e saber formulá-las ajuda a melhorar bastante tanto a fala quanto a escrita em francês. Quando você trocar correspondências com seu amigo em Bruxelas e seu colega em Montreal, não os deixe falar o tempo todo – faça algumas perguntas também.

Nos textos franceses, os pontos de interrogação e exclamação, as vírgulas, os dois pontos, **guillemets** (as aspas), o ponto final e o ponto e vírgula devem ser precedidos por um espaço. Quando digitá-los, não os deixe escapar para a linha seguinte – ou, então, troque o idioma no seu processador de textos para o francês, e ele fará isso automaticamente.

Este capítulo explica como fazer diferentes tipos de perguntas e respondê-las, além de fornecer o vocabulário necessário para isso.

Oui ou Non: Perguntas (Frases Interrogativas) Afirmativas e Negativas

Se tudo o que você precisa é de um simples *sim* ou *não*, então fazer perguntas em francês não poderia ser mais fácil. Em francês, você pode perguntar de várias maneiras, dependendo do tipo de conversa ou da carta que você quer escrever. Na maioria das vezes, pode escolher entre uma pergunta menos formal – **est-ce que** – e uma mais formal. Esta seção irá ajudá-lo a decidir e ensinará como usar cada tipo de pergunta.

Perguntas informais

Usar **est-ce que** (Literalmente: *é isso?*) é o modo mais fácil de perguntar. Tudo o que você precisa fazer é colocar **est-ce que** no começo de qualquer frase afirmativa e um ponto de interrogação no final. Quando seguido por palavra que começa com vogal, como **il**, **elle** e **on**, **est-ce** contrai para **est-ce-qu'**. Observe alguns exemplos:

> **Est-ce que tu es prêt ?** (*Está pronto?*)
>
> **Est-ce que vous avez mangé ?** (*Já comeu?*)
>
> **Est-ce que David sait nager ?** (*David sabe nadar?*)
>
> **Est-ce qu'elle parle français ?** (*Ela fala francês?*)
>
> **Est-ce qu'on a de l'argent ?** (*Nós temos dinheiro?*)

Est-ce que é informal – e raramente escrito; é usado principalmente para falar. Outra maneira comum de perguntar informalmente na fala ou na escrita é apenas colocando um ponto de interrogação no final da frase, como **Tu veux venir avec nous?** (*Você quer vir conosco?*). Entretanto, essa estrutura é muito informal; portanto, nunca deve ser usada para qualquer comunicação oficial ou relacionada a negócios. Empregar a inversão (hipérbato) é a melhor maneira para se fazer uma pergunta em uma situação formal.

Quando você estiver certo de que a resposta da sua pergunta será sim, pode alinhavar o final da frase afirmativa com **n'est-ce pas** (Literalmente: *não é?*): **Tu viens avec nous, n'est-ce pas ?** (*Você vem conosco, não vem?*). Esta também é informal.

Transforme em frases interrogativas com **est-ce que.**

Q. Elle est intéressante.

R. **Est-ce qu'elle est interessante ?** (*Ela é interessante?*)

1. Vous voulez étudier. _____

2. Tu vas commencer maintenant. _____

3. Vous avez faim. _____

4. Il travaille ici. _____

5. Elle veut voyager _____

6. Tu es heureux. _____

7. Nous allons marcher. _____

8. Elle habite au Sénégal. _____

Perguntas formais com inversão (hipérbato)

Inversão (hipérbato) é um pouco mais complicada do que os métodos informais de frases interrogativas. Enquanto **est-ce que** pode ser usado para qualquer pergunta, a inversão já não se usa com substantivos; só com pronomes pessoais. O uso da inversão é a melhor opção para se falar de negócios, conversar com o chefe ou em entrevistas de emprego, porque é muito formal.

Para perguntar usando a inversão, você inverte a ordem do pronome pessoal e do verbo, e os junta com um hífen.

Est-tu prêt ? (*Você está pronto?*)

Sait-il nager ? (*Ele sabe nadar?*)

Somente os pronomes podem ser invertidos; os sujeitos não. Então, quando a pergunta tem um substantivo como sujeito, **Pierre** ou **le chat** (o gato), por exemplo, você substitui o sujeito por um pronome pessoal ou começa a pergunta com o sujeito, seguido por pronome e verbo invertidos.

Pierre est-il prêt ? (*Pierre está pronto?*)

Le chat sait-il nager ? (*O gato sabe nadar?*)

Quando o verbo termina em vogal e é seguido pelo pronome da terceira pessoa do singular, acrescenta-se **t** entre o verbo e o pronome:

Parle-t-elle français ? (*Ela fala francês?*)

A-t-on de l'argent ? (*Você tem dinheiro?*)

Transforme cada uma das afirmações em perguntas com inversão.

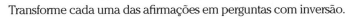

Q. Il est beau.

R. **Est-il beau ?** (*Ele é bonito?*)

    9. Tu as un chien. _____

   10. Vous êtes prêts. _____

   11. Vous devez partir. _____

   12. Elle travaille ici. _____

   13. Elles aiment danser. _____

   14. Tu es triste. _____

   15. Nous sommes en retard. _____

   16. Ils habitent en France. _____

Perguntas Iniciadas com Quem, O Que, Qual, Quando, Onde, Por Que e Como

Há três tipos de perguntas em francês, e é necessário você entender as diferenças entre elas para formular frases interrogativas:

- **Advérbios interrogativos**: Usados para obter informações sobre algum acontecimento. O francês tem cinco advérbios interrogativos importantes:

  - **comment** (como)
  - **combien (de)** (quanto)
  - **quand** (quando)
  - **où** (onde)
  - **pourquoi** (por que)

  Comment significa *como*, assim como em **Comment as-tu fait ça ?** (*Como você fez isso?*). Entretanto, se for usado sozinho, **Comment ?**, significa *O que?* – usado quando você precisa que alguém repita o que falou.

  Quand significa *quando*, e a resposta pode ser uma data ou hora: **Quand vas-tu en France ? Dans deux semaines.** (*Quando você vai à França? Em duas semanas.*) Se quiser saber a hora em que alguma coisa vai acontecer, use **à quelle heure** (*a que horas*). **Quelle** é um adjetivo interrogativo, sobre o qual falarei mais tarde.

- **Pronomes interrogativos**: Eles perguntam *quem* ou *o que* e, porque são pronomes, nós os usamos antes de substantivos. *Quem* em francês é fácil – normalmente o mais usado é o **qui**. *O que* já é mais complicado: se está no começo da frase, é usado **que**; se for depois de uma preposição, é usado **quoi** (veja mais detalhes sobre preposições no Capítulo 12). Além disso, se *o que* estiver com significado de *qual*, é usado o adjetivo interrogativo, que veremos no próximo item.

  Em geral, **que** significa *o que*, e **qui** geralmente quer dizer *quem*, mas nem sempre. **Que** e **qui** também podem ser o sujeito ou o objeto da pergunta. Veja mais detalhes na próxima seção.

- **Adjetivos interrogativos**: Estes são, talvez, as palavras interrogativas mais difíceis. Em francês, você não pode usar **que** antes de substantivo; precisa usar **quel** para perguntar a alguém sobre escolhas entre duas ou mais coisas: **Quelle chemise préfères-tu ?**

  Quel é um adjetivo; precisa concordar em gênero e número com o substantivo que está sendo modificado:

  - Masculino singular: **quel homme** (*que/qual homem*)

Capítulo 5: Formação de Perguntas e Respostas

- Feminino singular: **quelle femme** (*que/qual mulher*)
- Masculino plural: **quels hommes** (*que/quais homens*)
- Feminino plural: **quelles femmes** (*que/quais mulheres*)

Perguntas com "est-ce que"

Os advérbios e adjetivos interrogativos seguidos de **est-ce que** são empregados no início das frases interrogativas. Em seguida entram o sujeito e o verbo. Não se esqueça de que **quel** tem de ser seguido por um substantivo e concordar em gênero e número.

Où est-ce tu vas ? (*Aonde você vai?*)

Combien d'argent est-ce que vous avez ? (*Quanto dinheiro você tem?*)

Pourquoi est-ce qu'il aime le jazz ? (*Por que ele gosta de jazz?*)

Quand est-ce que Laure va arriver ? (*Quando Laura chega?*)

Quel livre est-ce que tu veux ? (*Qual livro você quer?*)

Quando usar *quem* ou *o que*, **est-ce que** fica mais complicado. **Que + est-ce que** deve ser contraído para **qu'est-ce que**. E, se a pergunta tiver *quem* ou *o que* como objeto da questão, aplica-se a regra básica: **Qu'est-ce que tu veux faire ?** (*O que você quer fazer?*). Entretanto, se *quem* ou *o que* forem sujeitos da questão, troca-se **est-ce que** por **est-ce qui**, como em **Qu'est-ce qui se passe ?** (*O que está acontecendo?*) ou **Qui est-ce qui veut m'aider ?** (*Quem quer me ajudar?*). Observe que **qui** não é contraído com **est-ce** ou qualquer outra palavra.

Nos exemplos anteriores, a palavra que vem antes de **est-ce que** ou **est-ce qui** determina o significado. Se for **qui**, quer saber "*quem?*". No caso de a primeira palavra for **que**, você quer saber "*O quê?*". A palavra que aparece depois de **est-ce** indica se a anterior é o sujeito ou o objeto da frase. Quando a palavra **qui** encontra-se no final, o sujeito é a palavra inicial; quando **que** está no final, a inicial é o objeto.

Quando não tiver certeza se a palavra é o sujeito ou o objeto, tente lembrar disto: pegue a pergunta *O que você quer fazer?*, mude para *Você quer fazer o quê?* E ficará mais fácil ver o sujeito e o objeto da frase interrogativa. A Tabela 5-1 mostra bem esta questão.

Tabela 5-1	Pronomes Interrogativos com Est-ce Que	
Pronomes	*Sujeito da Interrogativa*	*Objeto da Interrogativa*
Quem	Qui est-ce qui (ou Qui)	Qui est-ce que
O que	Qu'est-ce qui	Qu'est-ce que

As frases interrogativas também podem ser preposicionadas antes de *quem* e *o que*, mas trocando **que** por **quoi**.

Parte II: Aqui e Agora: Escrevendo no Tempo Presente

À qui est-ce que tu écris ? *(Para quem está escrevendo?)*

De quoi est-ce que vous parlez ? *(De que você está falando?)*

À quelle heure est-ce que tu pars ? *(A que horas você parte?)*

Seu chefe enviou um memorando importante, porém você derramou café nele, e algumas palavras estão ilegíveis. Para cada lacuna abaixo, preencha com uma interrogativa com **est-ce que**, que lhe dará a resposta que precisa para preencher o documento.

Q. _____ va commencer un nouveau projet.

R. **Qui est-ce qui** va commencer un nouveau projet ? (*Quem vai começar um novo projeto?*)

NOTE DE SERVICE

À tous les employés :
De la part du chef :

Il s'agit de ▓▓▓▓▓
(17)

Il y aura ▓▓▓▓▓ employés sur l'équipe.
(18)

L'équipe sera basée à ▓▓▓▓▓
(19)

Elle travaillera avec ▓▓▓▓▓
(20)

Elle va faire ▓▓▓▓▓
(21)

Il faut commencer demain parce que ▓▓▓▓▓
(22)

L'équipe doit se rassembler à ▓▓▓▓▓ heures . . .
(23)

. . . dans le bureau ▓▓▓▓▓
(24)

Le ▓▓▓▓▓ est très important.
(25)

Le projet durera ▓▓▓▓▓ mois.
(26)

Perguntas com inversão (hipérbato)

Para formar frases interrogativas com inversão (hipérbato), basta colocar a palavra interrogativa no começo e inverter a posição do verbo com o sujeito.

Capítulo 5: Formação de Perguntas e Respostas

Embora a maioria das frases interrogativas possa ser formada com **est-ce que** ou inversão, algumas perguntas comuns são praticamente feitas com inversão. Veja uma lista das frases interrogativas mais comuns na Tabela 5-2.

Tabela 5-2	Frases Interrogativas com Inversão Mais Comuns
Português	*Francês*
Você fala francês/português?	**Parles-tu français/portugais ?** ou **Parlez-vous français/portugais ?**
Como vai você?	**Comment vas-tu ?** ou **Comment allez-vous ?**
Quantos anos você tem?	**Quel âge as-tu ?** ou **Quel âge avez-vous ?**
Como está o tempo?	**Quel temps fait-il ?**
Que dia é hoje?	**Quel jour sommes-nous ?**
Qual é o seu nome?	**Comment t'appelles-tu ?** ou **Comment vous appelez-vous ?**
Que horas são?	**Quelle heure est-il ?**
Aonde você vai?	**Où vas-tu ?** ou **Où allez-vous ?**
Quem é?	**Qui est-ce ?**

Respondendo a Perguntas

Saber perguntar é apenas metade da batalha. Como seria a nossa comunicação só com perguntas, sem respostas? Seria retórico? Que bem faria? Já estou aborrecendo você? Então, entendeu. É preciso também responder às perguntas – e também entender as respostas das outras pessoas. Esta seção dá uma visão global de como responder a diferentes perguntas.

Respostas afirmativas ou negativas com sim/não

Responder a perguntas com sim ou não é bem fácil; basta dizer **oui** (*sim*) ou **non** (*não*).

> **Est-ce que tu es prêt ? Oui.** (*Você está pronto? Sim.*)

> **Avez-vous mangé ? Non.** (*Já comeu? Não.*)

A pergunta também pode ser repetida como uma afirmação, depois dizer sim ou não.

> **Oui, je suis prêt.** (*Sim, eu estou pronto.*)

> **Oui, elle parle français.** (*Sim, ela fala francês.*)

O idioma francês possui outra palavra para sim: **si**, que é usado quando alguém pergunta na negativa, mas você quer responder na afirmativa. Se alguém diz: "Você não gosta de nadar?", e você, de fato, gosta, em francês apenas diz **si**. Por exemplo: **N'aimes-tu pas nager ? Si**. (Confira no Capítulo 6 mais informações sobre frases interrogativas negativas e respostas negativas.)

É claro que nem todas as perguntas merecem apenas um *sim* ou *não*. Veja algumas respostas úteis a seguir:

- **oui** (*sim*)
- **si** (*sim* – para respostas de frases na negativa)
- **bien sûr** (*claro*)
- **non** (*não*)
- **pas du tout** (*nem sempre*)

- **pas encore** (*ainda não*)
- **peut-être** (*talvez*)
- **je ne sais pas** (*não sei*)
- **ça m'est égal** (*eu não ligo, não me importo*)

Respondendo a perguntas em geral

Responder às perguntas, em geral, é mais complicado do que apenas dizer sim ou não, porque precisamos responder com a informação que nos foi perguntada.

Quelle heure est-il ? Il est midi. (*Que horas são? É meio-dia.*)

Comment t'appelles-tu ? Je m'appelle Jean. (*Qual é o seu nome? Meu nome é Jean.*)

Algumas palavras nos ajudam a responder. (Veja o Capítulo 3 para mais detalhes sobre horas e datas.)

- **à** (*no, na, em*)
- **c'est**, **on est** (*é* – para datas)
- **il est** (*é* – para horas)
- **parce que** (*porque*)
- **pendant** (*por* – horas)

Tente responder às seguintes perguntas em francês. Por serem pessoais, não há respostas certas ou erradas, mas você pode ler algumas possibilidades na seção Respostas para ter certeza de que as suas estão na forma correta. (Para informações em sentenças negativas, por favor, veja o Capítulo 6).

Capítulo 5: Formação de Perguntas e Respostas   *81*

Q. Comment vous appelez-vous ?

R. **Je m'appelle Laura.** (*Meu nome é Laura.*)

27. Est-ce que vous habitez en France ? _____

28. Est-ce que vous aimez voyager ? _____

29. Où est-ce que vous travaillez ? _____

30. Qu'est-ce que vous aimez faire le samedi ? _____

31. Savez-vous nager ? _____

32. Quelle musique aimez-vous ? _____

33. Qui est votre meilleur ami ? _____

34. Quelle est la date de votre anniversaire ? _____

35. Combien de frères et de soeurs avez-vous ? _____

82 Parte II: Aqui e Agora: Escrevendo no Tempo Presente

Respostas:

1 **Est-ce que vous voulez étudier ?** (*Você quer estudar?*)

2 **Est-ce que tu vas commencer maintenant ?** (*Você vai começar agora?*)

3 **Est-ce que vous avez faim ?** (*Você está com fome?*)

4 **Est-ce qu'il travaille ici ?** (*Ele trabalha aqui?*)

5 **Est-ce qu'elle veut voyager ?** (*Ela quer viajar?*)

6 **Est-ce que tu es heureux ?** (*Você está feliz?*)

7 **Est-ce que nous allons marcher ?** (*Nós vamos caminhar?*)

8 **Est-ce qu'elle habite au Sénégal ?** (*Ela mora no Senegal?*)

9 **As-tu un chien ?** (*Você tem um cachorro?*)

10 **Êtes-vous prêts ?** (*Você está pronto?*)

11 **Devez-vous partir ?** (*Você tem de partir?*)

12 **Travaille-t-elle ici ?** (*Ela trabalha aqui?*)

13 **Aiment-elles danser ?** (*Elas gostam de dançar?*)

14 **Es-tu triste ?** (*Você está triste?*)

15 **Sommes-nous en retard ?** (*Nós estamos atrasados?*)

16 **Habitant-ils en France ?** (*Eles moram na França?*)

Capítulo 5: Formação de Perguntas e Respostas   *83*

NOTE DE SERVICE

Á tous les employés :

De la part du chef :

(17) De quoi est-ce qu'il s'agit ? (Do que se trata?) (18)
Combien d'employés est-ce qu'il y aura sur l'équipe ?
(Quantos empregados terá a equipe?) (19) Où est-ce que
l'équipe sera basée ? (Onde a equipe ficará? / Onde será a
base da equipe?) (20) Avec quoi OU qui est-ce qu'elle
travaillera ? (Com o que OU quem ela trabalhará?) (21)
Qu'est-ce qu'elle va faire ? (O que ela fará?) (22) Pourquoi
est-ce qu'il faut commencer demain ? (Por que é preciso
começar amanhã?) (23) À quelle heure OU Quand est-ce que
l'équipe doit se rassembler ? (A que horas OU quando a
equipe deve se encontrar?) (24) Dans quel bureau est-ce
qu'elle doit se rassembler ? (Em que escritório ela deve se
encontrar?) (25) Qu'est-ce qui est très important ? (O que é
muito importante?) (26) Combien de mois est-ce que le projet
durera ? (Por quantos meses o projeto durará?)

---

27   **Oui, je habite en France** ou **Non, je n'habite pas en France.** (*Sim, eu moro na França* ou *Não, eu não moro na França.*)

28   **Oui, j'aime voyager.** (*Sim, eu gosto de viajar.*)

29   **Je travaille à IBM/dans une banque.** (*Eu trabalho na IBM / em um banco.*)

30   **Le samedi j'aime aller à la plage.** (*Eu gosto de ir à praia aos sábados.*)

31   **Oui, je sais nager.** (*Sim, eu sei nadar.*)

32   **J'aime la musique classique/le rap.** (*Eu gosto de música clássica / rap.*)

33   **Henri est mon meilleur ami.** (*Henri é o meu melhor amigo.*)

34   **Mon anniversaire est le 10 septembre.** (*Meu aniversário é dia 10 de setembro.*)

35   **J'ai deux frères et une soeur** ou **Je n'ai pas de frères.** (*Eu tenho dois irmãos e uma irmã* ou *Eu não tenho nenhum irmão ou irmã.*)

84 Parte II: Aqui e Agora: Escrevendo no Tempo Presente

Capítulo 6

Apenas Diga "Não": Forma Negativa

Neste Capítulo

▶ Compreensão das frases negativas

▶ Uso de palavras negativas

▶ Respostas para perguntas e frases negativas

esmo uma pessoa que sabe apenas dizer sim, às vezes precisa dizer não; caso contrário, um dia vai se dar conta de que, por exemplo, concordou em visitar um amigo no deserto do Mali ou aceitou passar um fim de semana trabalhando sem ganhar horas extras. Em francês, negar algo é tão chato quanto em português. Além disso, para negar em francês, é preciso usar duas palavras. Neste capítulo, veremos explicações sobre as maneiras de negar – concordar ou discordar – quando alguém diz algo negativo para você.

O Uso dos Advérbios Negativos

Além do curto e doce **não**, os advérbios negativos são as construções mais comuns usadas como negação em frases interrogativas e negativas. Em francês, usamos, pelo menos, duas palavras para negar, e uma delas é sempre **ne**. Esta seção apresenta os advérbios negativos e outras opções para negar.

O advérbio negativo mais comum: Ne... pas

Em francês, o equivalente ao *não*, como em *Eu não canto* é o **ne**... **pas**. Estas duas palavras vêm junto ao verbo – o **ne** é colocado antes do verbo, e o **pas**, depois. Quando houver **ne** + vogal ou h mudo, usa-se **n'**:

Je ne suis pas prêt. (*Eu não estou pronto.*)

Elle n'est pas là. (*Ela não está lá.*)

Quando há dois verbos em uma sentença, como em uma construção de futuro próximo (veja no Capítulo 18), coloca-se **ne. . . pas** entre eles.

Il ne va pas travailler. (*Ele não vai trabalhar.*)

Tu ne dois pas venir. (*Você não precisa vir.*)

Em tempos compostos como o **passé composé** (veja no Capítulo 15), o advérbio negativo acompanha o verbo auxiliar e o particípio passado vem depois do **pas**:

Elles ne sont pas arrivées. (*Elas não chegaram.*)

Je n'ai pas mangé. (*Eu não comi.*)

Em frases interrogativas com inversão (Capítulo 5), o **ne... pas** acompanha o verbo invertido e o sujeito:

Ne viennent-ils pas ? (*Não estão vindo?*)

N'as-tu pas faim ? (*Não estão com fome?*)

Ne... pas não pode ser usado com interrogativas com **est-ce que**. Quando se tem certeza de que a resposta é *sim*, usa-se no final da frase **n'est-ce pas ?** (*não é?* ou *não é assim?*) Por exemplo: **Tu as faim, n'est-ce pas ?** significa *Você está com fome, não está?*

Quando a frase negativa for reflexiva com pronomes oblíquos ou adverbiais (Capítulo 13), eles são inseridos antes do verbo. Nesse caso, o **ne** precede tudo, e o **pas**, depois do verbo – como sempre:

Je ne te crois pas. (*Eu não acredito em você.*)

Tu ne me l'as pas donné. (*Você não o entregou a mim.*)

No francês informal, o **ne** é deixado de lado, e o **pas** passa a ser negativo.

Je ne sais pas. → **Je sais pas.** (*Eu não sei.*)

Il ne veut pas étudier. → **Il veut pas étudier.**
(*Ele não quer estudar.*)

Não se esqueça de que os artigos partitivos (**du**, **de**, **la**, **des**) e os artigos infinitivos (**un**, **une**, **des**) mudam para **de** depois da negação. (Veja o Capítulo 2 para mais informações sobre artigos)

J'ai un frère. → **Je n'ai pas de frère.** (*Eu tenho um irmão.* → *Eu não tenho nenhum irmão.*)

Outros advérbios negativos

Embora **ne... pas** seja o advérbio negativo mais comum, outros são bem úteis. Dê uma olhada nos seguintes:

Capítulo 6: Apenas Diga "Não": Forma Negativa 87

- ne... jamais (*nunca*)
- ne... nulle part (*em lugar nenhum*)
- ne... pas du tout (*absolutamente*)
- ne... pas encore (*ainda não*)
- ne... pas que (*não só*)
- ne... pas toujours (*nem sempre*)
- ne... plus (*nunca mais*)
- ne... que (*apenas*)

Todos os advérbios seguem as mesmas regras que o **ne... pas**, com **ne** precedendo o verbo conjugado e com **plus**, **jamais** ou qualquer outro depois.

Elle ne ment jamais. (*Ela nunca mente.*)

Je ne suis pas encore prêt. (*Eu não estou pronta ainda.*)

Nous n'avons que 5 euros. (*Nós temos apenas 5 euros.*)

No francês informal, do mesmo modo que no **ne... pas**, pode-se retirar o **ne** com outros advérbios negativos.

Je ne fume plus. → **Je fume plus**. (*Eu não fumo mais.*)

Je n'y suis jamais allé. → **J'y suis jamais allé.** (*Eu nunca fui lá.*)

Cuidado ao retirar **ne**, porque o advérbio pode ficar com sentido diferente na forma afirmativa. Por exemplo, **plus** pode significar *mais* quando não está sendo usado com **ne**; logo, certifique-se de estar acrescentando todas as informações necessárias para alcançar seu objetivo.
Na forma interrogativa, **jamais** sem **ne** significa *já*, como em **As-tu jamais vu ce film ?** (*Você já viu esse filme?*)

Reescreva essas frases na forma negativa usando advérbios negativos:

Q. J'ai faim. (ne... pas)

R. Je **n'ai pas** faim. (*Eu não estou com fome.*)

1. Elle parle français. (ne...pas) _____

2. Il est allé en France. (ne… jamais) _____

3. Je peux travailler. (ne... plus) _____

4. Veux-tu partir? (ne... pas) _____

5. Ils ont fait. (ne... rien) _____

6. Elle le veut. (ne... pas du tout) _____

7. J'ai un frère. (ne... que) _____

8. Il est en retard. (ne… pas toujours) _____

Uso de Adjetivos, Pronomes e Conjunções na Forma Negativa

Os advérbios são as palavras negativas mais comuns na estrutura da língua francesa, mas só são usados para negação de verbos. Se quiser negar outra parte do discurso, como os substantivos, é necessário usar adjetivos, pronomes e conjunções negativas – palavras que acrescentam uma pitada de negatividade. Esta seção aponta quando e como usar tais palavras.

Adjetivos negativos

Assim como os advérbios negativos, os adjetivos negativos em francês também têm duas partes. Em vez de negar o verbo, negam os substantivos, limitando-os ou recusando-os. Mas seu posicionamento é praticamente o mesmo que para os advérbios negativos: **ne** antecede o verbo conjugado e a segunda parte sucede o verbo.

- **ne... aucun/aucune** (*não, nenhum, nenhuma, nada*)
- **ne... nul/nulle** (*nulo/nula*)
- **ne...pas un/une** (*nenhum/nenhuma*)
- **ne...pas un seul/une seule** (*nem um único/uma única*)

Como outros adjetivos franceses, os negativos concordam em gênero com os substantivos. Entretanto, os adjetivos negativos não ficam nunca no plural.

Embora haja quatro diferentes adjetivos negativos, eles praticamente significam a mesma coisa, *não* ou *nenhum*, com exceção do **ne... pas un seul**, que é mais forte que os outros – *nem um único*. Mas existe uma diferença para empregá-los no texto.

Para substantivos contáveis, só é usado **ne... pas un** e **ne... pas un seul**, tais como livros, empregados, casas etc., e, para os incontáveis, como inteligência, dinheiro etc., usa-se **ne... nul**. Já o adjetivo negativo **ne... aucun** é usado com ambos, contáveis e incontáveis.

>**Je n'ai pas une idée.** (*Não tenho uma ideia. / Não tenho nenhuma ideia.*)
>
>**Il ne connaît pas un seul bon resto.** (*Ele não conhece nem um único bom restaurante.*)
>
>**Ils n'ont nulle foi.** (*Eles não têm nenhuma fé.*)
>
>**Je n'ai aucune solution**. (*Não tenho nenhuma solução. / Não tenho uma solução.*)
>
>**Il ne connaît aucun bon café.** (*Ele não conhece nem um único bom café.*)
>
>**Ils n'ont aucune intégrité**.(*Eles não têm nenhuma integridade.*)

Capítulo 6: Apenas Diga "Não": Forma Negativa

No português, quando queremos formular uma frase com o verbo haver no sentido de existir, este é impessoal; portanto, deve ser sempre empregado na terceira pessoa do singular (Exemplo: *Há livros* ou *Não há livros*). A expressão equivalente em francês é **il y a**. Então, quando é usado um adjetivo negativo em francês, o verbo fica na terceira pessoa do singular, e o substantivo seguido de adjetivo negativo é sempre no singular:
Il n'y a aucun livre; Il n'y a pas un livre.

Normalmente, quando a frase tem um artigo indefinido (**un** ou **une**), para você colocá-la na forma negativa, troque o artigo por **de**. Se for um advérbio negativo **ne... pas un**, continue com o artigo indefinido, a fim de manter o aspecto negativo da declaração – de que não há nenhum (ou nem um único). Compare estas frases:

Il n'a pas d'amis. (*Ele não tem amigos.*)

Il n'a pas un ami. (*Ele não tem nenhum amigo, nem mesmo um único.*)

Uma frase pode ser iniciada com um adjetivo negativo; para isso, basta colocar a segunda parte do adjetivo no começo, seguido do substantivo, depois **ne** e o verbo.

Nul argent ne sera remboursé. (*Nenhum dinheiro será reembolsado.*)

Aucun bruit ne parvenait à mes oreilles. (*Nenhum som chega aos meus ouvidos.*)

Você está fazendo um levantamento no escritório e se dá conta de que falta tudo! Para cada item listado, diga que não há nenhum. Note que mais de um adjetivo negativo é possível para cada resposta.

Q. des crayons

R. **Il n'y a pas un crayon / Il n'y a aucun crayon.** (*Não há um único lápis.*)

9. des stylos _____

10. du papier _____

11. des chemises _____

12. des agrafes _____

13. de la mine de crayon _____

14. des timbres _____

15. du café _____

Pronomes negativos

Os pronomes e adjetivos negativos são parecidos. De fato, todos os adjetivos também podem ser usados como pronomes. A diferença entre eles é que os adjetivos negativos são usados *com* substantivos, e os pronomes, são usados *no lugar* dos substantivos.

Os pronomes negativos franceses são:

- ✔ **ne... aucun/aucune (de)** (*nenhum [de], nenhuma [de], nada*)
- ✔ **ne... nul/nulle** (*nulo/nula*)
- ✔ **ne... pas un/une (de)** (*nenhum [de] /nenhuma [de]*)
- ✔ **ne...pas un seul/une seule (de)** (*nem um único [de] /uma única [de]*)
- ✔ **ne... personne** (*ninguém*)
- ✔ **ne... rien** (*nada*)

Como os outros pronomes, os negativos concordam em gênero com os substantivos que estão sendo substituídos. Os pronomes negativos **ne... pas un** e **ne... pas un seul** só são usados com substantivos contáveis; já o pronome negativo **ne... aucun** pode ser usado tanto com nomes contáveis quanto com incontáveis. Esses três pronomes negativos podem ser usados de duas maneiras:

- ✔ seguidos de **de** + alguma informação adicional sobre o que está sendo negado;
- ✔ com um *antecedente* (um substantivo a que você se referiu anteriormente) e o pronome **en** (**en**, que substitui **de** + o substantivo, explicado no Capítulo 13).

  Je n'aime aucune de ces idées. (*Não gosto de nenhuma das ideias.*)

  Pas un des employés n'est arrivé. (*Nenhum dos empregados chegou.*)

  Il a trois voitures et je n'en ai pas une seule. (*Ele tem três carros e eu não tenho nem um único.*)

Ne... nul e **ne... personne** significam *nenhum/nenhuma*, **ne... rien** quer dizer *nada*.

  Personne n'est venu à la fête. (*Ninguém veio à festa.*)

  Rien ne m'inspire. (*Nada me inspira.*)

Observe que o pronome **personne** (*ninguém*) é sempre masculino, diferente de **une personne** (*uma pessoa*) que é sempre feminino.

Nota: **Ne... nul** significa *não, nenhum* como adjetivo negativo e *nenhum* como pronome.

  Je n'ai nulle idée. (*Eu não tenho nenhuma ideia.*)

Capítulo 6: Apenas Diga "Não": Forma Negativa

Nul n'est prophète en son pays. (*Nenhum homem é um profeta em seu país.*)

Os pronomes negativos podem ser sujeito, objeto direto ou objeto preposicionado (indireto).

✔ Sujeito: **Personne n'est venu.** (*Ninguém veio.*)

✔ Objeto direto: **Je ne connais personne**. (*Eu não conheço ninguém.*)

✔ Objeto preposicionado: **Je ne parle à personne.** (*Eu não estou falando com ninguém.*)

Você pode modificar os pronomes negativos com **d'entre + nous/vous/ eux/elles**, que significam *nós/vós/eles*.

Aucun d'entre nous ne peut y aller. (*Nenhum de nós pode ir.*)

Nul d'entre eux n'est innocent. (*Nenhum dentre eles é inocente.*)

Muitas perguntas podem ser respondidas apenas com pronomes negativos.

Combien d'enfants avez-vous? Aucun. (*Quantos filhos você tem? Nenhum.*)

Qui as-tu vu à la fête? Personne. (*Quem você viu na festa? Ninguém?*)

A Tabela 6-1 mostra os Pronomes Negativos em Oposição aos Indefinidos

Tabela 6-1		Pronomes Negativos e Indefinidos	
Pronomes Negativos	**Português**	**Pronomes Indefinidos**	**Português**
ne... aucun(e), ne... pas un(e)	*nenhum(a)*	**quelques**	*alguns/algumas*
ne... personne	*ninguém*	**quelqu'un**	*alguém*
ne... rien	*nada*	**quelque chose**	*qualquer coisa*

Seus colegas são muito fofoqueiros! Responda a todos com um pronome negativo.

Q. Qu´est-ce que tu as fait hier?

R. **Je n'ai rien fait hier.** (*Eu não fiz nada ontem.*)

16. Qui était au téléphone ? _____

17. Combien de frères as-tu ? _____

18. Qu'est-ce que tu aimes faire ? _____

19. Connais-tu des vedettes ? _____

92 Parte II: Aqui e Agora: Escrevendo no Tempo Presente _____

20. Que vas-tu faire demain? _____

21. Qui habite à côté de toi ? _____

22. Combien de tes amis parlent français? _____

23. As-tu une voiture? _____

Conjunções negativas

O francês tem apenas uma conjunção negativa: **ne... ni... ni**, que significa *nem ... nem*. É usada como as outras expressões negativas; o **ne** antes de verbo e **ni** antes de substantivos, pronomes, adjetivos ou do verbo que está sendo negado.

> **Hier, mon appartement n'avait ni eau ni électricité.** (*Ontem, meu apartamento não tinha nem água nem luz.*)

> **Ni toi ni moi ne pouvons savoir.** (*Nem eu nem você podemos saber.*)

O **ni** pode ser usado mais de duas vezes em uma lista.

> **Ni Paul ni Timothée ni Jean-Marc n'aiment voyager.** (*Nem Paul nem Timothée nem Jean-Marc gostam de viajar.*)

Ni também é usado em algumas expressões sem verbos:

- ✔ **ni l'un ni l'autre** (*nem um nem outro*)
- ✔ **ni moi non plus** (*nem eu / eu também não*)
- ✔ **ni plus ni moins** (*nem mais nem menos*)

O contrário de **ne... ni... ni** é também **ou... ou** ou **soit... soit**

> **Ou toi ou moi devons commencer.** (*Ou eu ou você devemos começar.*)

Respondendo às Perguntas na Forma Negativa

As perguntas e afirmações negativas nem sempre são necessariamente corretas; muitas vezes, você concorda e, às vezes, não. Responder a questões negativas corretamente pode ser um pouco confuso, mas o modo correto de responder a esse tipo de questão é explicado nesta seção.

Respondendo com "não"

Quando você concorda com uma pergunta negativa ou com uma declaração negativa, pode responder apenas com **non** ou repetir a pergunta confirmando a frase.

Tu n'as pas soif ? Non, (je n'ai pas soif.) (*Você não está com sede? Não, [não estou com sede]*).

Pierre n'est pas prêt. Non, (il n'est pas prêt.) (*Pierre não está pronto. Não, [ele não está pronto]*).

A resposta também pode ser com advérbios, adjetivos, pronomes e conjunções negativas ou com uma expressão como **c'est vrai** (*é verdade*) ou **exact** (*exatamente, certo*).

Le nouveau chef n'est pas sympa. Non, pas du tout. (*O novo chefe não é muito simpático. Não, nem um pouco.*)

Nicolas et François ne sont jamais à l'heure. C'est vrai./Non, ni l'un ni l'autre. (*Nicolas e François nunca chegam na hora. É verdade./ Não, nenhum dos dois [deles].*)

É claro que também podemos usar várias construções negativas para responder negativamente a questões afirmativas (veja no Capítulo 5).

Respondendo com "sim"

Em francês, quando alguém pergunta ou diz algo negativo com o qual você não concorda, basta uma única palavra: **si**, que deixa subentendido que você quis dizer *sim*; não é necessário completar a resposta, a não ser que queira.

N'est-il pas prêt ? Si (il est prêt). (*Ele não está pronto? Sim [ele está pronto].*)

Tu ne veux pas savoir. Si (je veux savoir). (*Você não quer saber. Sim [eu quero saber].*)

Ton frère n'est pas beau. (*Seu irmão não é bonito.*)

– **Non !** (*Não [ele não é]!*)

– **Si !** (*Sim! [ele é]!*)

Em português, existe apenas uma palavra para *sim,* mas, em francês, há duas: **oui** e **si**. O **oui** é usado para dizer *sim* em perguntas normais, e o **si**, para dizer *sim* em perguntas negativas. Observe que *si* nunca é contraído; é diferente do *si* (*se*), que contrai com **il**: **s'il** (*se ele*).

Responda a essas perguntas com respostas completas, usando a informação entre parênteses. Se a pergunta tiver **tu** ou **vous**, use **je** ou **nous** para a resposta.

Q. Sais-tu la réponse ? (não)

R. **Non, je ne sais pas la réponse.** (*Não, eu não sei a resposta.*)

24. Veux-tu nager ? (sim) _____

25. Vont-ils voyager ensemble ? (não) _____

94 Parte II: Aqui e Agora: Escrevendo no Tempo Presente _____

26. N' a-t-elle pas une suggestion ? (sim) _____

27. Ne lis-tu pas ? (nunca) _____

28. Ne peut-il pas travailler ? (sim) _____

29. N'aimes-tu pas danser ? (absolutamente) _____

30. Il ne va jamais arriver ! (sim) _____

Respostas:

1   Elle **ne parle pas** français. (*Ela não fala francês.*)

2   Il **n'est jamais** allé en France. (*Ele nunca foi à França.*)

3   Je **ne peux plus** travailler. (*Eu não posso mais trabalhar.*)

4   **Ne veux-tu pas** partir ? (*Você não quer ir?*)

5   Ils **n'ont rien** fait. (*Eles não fazem nada.*)

6   Elle **ne le veut pas du tout.** (*Ela não quer isso de modo nenhum.*)

7   Je **n'ai qu'un** frère. (*Eu só tenho um irmão.*)

8   Il **n'est pas toujours** en retard. (*Ele não está atrasado.*)

9   **Il n'y a pas un stylo. / Il n'y a aucun stylo.** (*Não há nenhuma caneta.*)

10   **Il n'y a pas nul papier. / Il n'y a aucun papier.** (*Não tem nenhum papel.*)

11   **Il n'y a pas une chemise. / Il n'y a aucune chemise.** (*Não tem nenhuma pasta.*)

12   **Il n'y a pas une agrafe. / Il n'y a aucune agrafe.** (*Não tem um único clipe.*)

13   **Il n'y a nulle mine de crayon. / Il n'y a aucune mine de crayon.** (*Não tem nenhum lápis.*)

14   **Il n'y a pas un timbre. / Il n'y a aucun timbre.** (*Não tem nenhum selo.*)

15   **Il n'y a nul café. / Il n'y a aucun café.** (*Não tem nenhum café.*)

16   **Personne n'était au téléphone.** (*Ninguém estava ao telefone.*)

17   **Je n'en ai aucun. / Je n'en ai pas un**. (*Eu não tenho nenhum.*)

18   **Je n'aime rien faire .** (*Eu não gosto de fazer nada.*)

Capítulo 6: Apenas Diga "Não": Forma Negativa   *95*

19   **Je n'en connais aucune. / Je n'en connais pas une.** (*Não conheço nenhum.*)

20   **Je ne vais rien faire demain.** (*Eu não vou fazer nada amanhã.*)

21   **Personne n'habite à côté de moi.** (*Ninguém mora perto de mim.*)

22   **Aucun de mes amis ne parle français.** (*Nenhum dos meus amigos fala francês.*)

23   **Je n'en ai aucune. / Je n'en ai pas une.** (*Eu não tenho nenhum.*)

24   **Oui, je veux nager.** (*Sim, eu quero nadar.*)

25   **Non, ils ne vont pas voyager ensemble.** (*Não, eles não vão viajar juntos.*)

26   **Si, elle a une suggestion.** (*Sim, ela tem uma sugestão.*)

27   **Non, je ne lis jamais.** (*Não, eu não leio nunca.*)

28   **Si, il peut travailler.** (*Sim, ele pode trabalhar.*)

29   **Non, je n'aime pas du tout danser.** (*Não, eu não gosto de dançar de modo algum.*)

30   **Si, il va arriver.** (*Sim, ele vai chegar.*)

96 Parte II: Aqui e Agora: Escrevendo no Tempo Presente

Capítulo 7

"Ser" ou "Sido", Eis a Questão: Infinitivo e Particípio Presente

. . . .

Neste Capítulo

▶ Reconhecer Infinitivos (Infinitif)

▶ Conjugar Particípio Presente (Participe Présent)

. . . .

Os verbos no Infinitivo e no Particípio Presente são *impessoais*, mas isso não quer dizer que não tenham amigos; significa que possuem somente uma forma – não são conjugados para cada pessoa, como é feito com outros tempos e modos. Em português, o Infinitivo é formado pelo radical + vogal temática + r. Em francês, é apenas uma única palavra, e o Particípio Presente termina com **-ant**.

Este capítulo explica como reconhecer os Infinitivos dos verbos, a formação do Particípio Presente e como usá-los.

Como Usar o Infinitivo

O **Infinitivo** é a forma básica do verbo, sem conjugação. Quando não se sabe o que significa um verbo, o mesmo é procurado no dicionário pela sua forma no Infinitivo. Ao fazer a conjugação de um verbo, você geralmente a inicia com o Infinitivo.

Em francês, o Infinitivo tem terminação **-er**, **-ir** ou **-re**: **aller**, **choisir**, **entendre.** A terminação é usada para classificar os verbos em grupos que possuem a mesma conjugação (veja no Capítulo 4).

Além de usar o Infinitivo como base para conjugar muitas formas verbais, você também pode usá-lo como um verbo ou substantivo. Esta seção mostrará isto a você.

Com verbos: Expressando ação

O Infinitivo em francês é, normalmente, usado como verbo. O verbo é conjugado concordando com o sujeito da frase (como em **je veux** ou **il faut**) e, depois, seguido pelo Infinitivo (como **aller** ou **réserver**):

Je veux aller en France. (*Eu quero ir à França.*)

Il faut réserver à l'avance. (*Você tem de reservar com antecedência.*)

A preposição a ser usada com os verbos em francês, quando necessária, vai depender da conjugação do verbo. Não se usa **de** com o verbo **partir** (*partir*), mas o **décider** (*decidir*) pede preposição **de**. Da mesma forma, **hésiter** (*hesitar*) é seguido de **à**, mas, ao contrário, **vouloir** (*querer*) não precisa de preposição. Veja, no Capítulo 12, explicações sobre os verbos preposicionados.

Em francês, os verbos **pouvoir** e **devoir** são seguidos pelo Infinitivo:

Peux-tu nager ? (*Você sabe nadar?*)

Je dois travailler. (*Eu tenho de trabalhar.*)

Quando o Infinitivo é um verbo pronominal (um verbo, que precisa do pronome reflexivo – veja no Capítulo 11), o pronome reflexivo concorda com o sujeito, como em **Je dois me lever** (*Eu tenho de me levantar*) ou **Vas-tu t'habiller ?** (*Você vai se vestir?*).

Em francês, o Infinitivo também é usado para *comandos impessoais*, como indicações ou instruções. (O Capítulo 10 explica mais sobre diferentes maneiras de dar ordens.)

Marcher lentement. (*Andar devagar.*)

Agiter avant l'emploi. (*Agitar bem antes de usar.*)

Substantivos: No papel de sujeito

Quando o Infinitivo é o sujeito da frase em francês, fica sempre na conjugação da terceira pessoa do singular. Observe que os verbos no Infinitivo dessas frases são equivalentes aos em português:

Avoir des amis est importante. (*Ter amigos é importante.*)

Pleurer ne sert à rien. (*Chorar não faz bem.*)

Voir, c'est croire. (*Ver para crer.*)

O Infinitivo é a única forma que pode ser usada como sujeito, como também acontece no português. Todos os outros verbos precisam de sujeito, por exemplo: **J'ai des amis** (*Eu tenho amigos.*). **Je** é o sujeito e **avoir**, o verbo conjugado.

Capítulo 7: "Ser" ou "Sido", Eis a Questão: Infinitivo e Particípio Presente

Embora o Infinitivo possa ser usado como substantivo, ele é invariável, isto é, não pode ser usado no plural, nem com adjetivos ou com artigos. Entretanto, muitos são legítimos substantivos; significa que, então, podem ser modificados com artigos, adjetivos e plural. (Veja, na Tabela 7-1, alguns exemplos comuns.)

Tabela 7-1   Substantivos Infinitivos Franceses

Verbo Francês	Verbo Português	Substantivo Francês	Substantivo Português
dèjeuner	almoçar	le déjeuner	o almoço
devoir	dever	le devoir	o dever
dîner	jantar	le dîner	o jantar
être	ser	l'être	o ser (humano)
goûter	provar/lanchar	le goûter	o lanche
pouvoir	poder	le pouvoir	o poder
rire	rir	le rire	o riso
savoir	saber	le savoir	o conhecimento
sourire	sorrir	le sourire	o sorriso

O Infinitivo também é usado após preposições, como no exemplo: **sans attendre** (*sem atender*) e **avant de manger** (*antes de comer*). Em francês, a preposição **à** + um Infinitivo sempre significa *para*: **à vendre** (*para vender*) e **à louer** (*para alugar*).

Ordem das palavras nas frases com Infinitivo

Quando a frase possui um verbo conjugado seguido de Infinitivo, preste atenção onde vai colocar os outros elementos da frase. Por exemplo: pronomes adverbiais e objetos como **le** e **y** sempre aparecem antes do Infinitivo, e não do verbo conjugado. (Ver mais no Capítulo 13).

Je peux le faire. (*Eu posso fazer isso.*)

Il va nous téléphoner. (*Ele vai nos telefonar.*)

Nas frases negativas (ver Capítulo 6) com Infinitivo, preste atenção ao negar: está negando o verbo principal conjugado ou o Infinitivo? Tem de negar o principal e a estrutura ao redor dele.

Il n'aime pas lire. (*Ele não gosta de ler.*)

Je ne peux pas trouver mon portefeuille. (*Eu não consigo achar minha carteira.*)

Seu chefe escreveu uma série de regras para o escritório, e o seu trabalho é traduzi-las para o francês.

Q. Todos devem seguir essas regras.

R. **Tout le monde doit suivre ces directives.**

1. Ser pontual (à l'heure) é essencial.

2. Se atrasar (en retard)...

3. ... é necessário ligar para a recepcionista.

4. Ele deve informar seu departamento sobre o fato.

5. Almoçar ao meio-dia é necessário.

6. Os empregados não podem fazer telefonemas pessoais.

7. Se você gosta de trabalhar aqui...

8. ... você deve prestar atenção.

9. Se você quiser sair cedo (tôt)...

10. ... você deve pedir ao gerente.

Apresentando o Particípio Presente

Em francês, o Particípio Presente termina com **-ant**. É uma forma verbal encontrada sobretudo na língua escrita. O Particípio Presente tem todas as características de um verbo: ele pode ser Gerúndio, pode ter um sujeito (um nome ou um pronome), um complemento (de objeto circunstancial), ser colocado na forma negativa etc. Além disso, pode ser usado nos tempos Presente, Passado e Futuro.

Em francês, o Particípio Presente é *variável* – quer dizer: possui masculino, feminino, singular e plural quando é empregado como adjetivo ou substantivo, e é *invariável* quando é verbo ou Gerúndio. Nesta seção, explico como formá-lo e usá-lo.

Capítulo 7: "Ser" ou "Sido", Eis a Questão: Infinitivo e Particípio Presente 101

Formação do Particípio Presente

Para quase todos os verbos, junta-se a terminação **-ant** ao radical da primeira pessoa do plural (**nous**), retirando o **-ons**. Veja a Tabela 7-2.

Tabela 7-2	Formação do Particípio Presente	
Infinitivo	*Substantivo*	*Particípio Presente*
parler *(conversar/falar)*	parl**ons**	parl**ant** *(falando)*
choisir *(escolher)*	choisiss**ons**	choisiss**ant** *(escolhendo)*
entendre *(escutar)*	entend**ons**	entend**ant** *(escutando)*
aller *(ir)*	all**ons**	all**ant** *(indo)*
commencer *(começar)*	commenç**ons**	commenç**ant** *(começando)*
voir *(ver)*	voy**ons**	voy**ant** *(vendo)*

Essa regra possui apenas três exceções, as quais fazem terminação com **-ant**, mas não são formadas pela terceira pessoa do plural (**nous**).

> ✔ **avoir** *(ter)*: **ayant**

> ✔ **être** *(ser)*: **étant**

> ✔ **savoir** *(saber)*: **sachant**

O Particípio Presente dos verbos pronominais (ver Capítulo 11) é precedido pelo pronome reflexivo:

> ✔ **se lever** *(levantar-se)*: **se levant**

> ✔ **se coucher** *(deitar-se)*: **se couchant**

> ✔ **s'habiller** *(vestir-se)*: **s'habillant**

Observe que o pronome reflexivo sempre concorda com o sujeito:

> **En me levant, j'ai vu fleurs**. (*Ao me levantar, eu vi as flores.*)

> **Nous parlions en nous habillant.** (*Nós conversamos enquanto nos vestíamos.*)

Uso do Particípio Presente

Em francês, usamos o Particípio Presente como adjetivo, substantivo, verbo ou Gerúndio. A próxima seção mostra o Particípio Presente em diversas situações.

Particípio Presente como adjetivo

Em francês, o Particípio Presente é usado como qualquer outro adjetivo, junto ao substantivo, concordando em gênero e número com ele, e modificando-o. Lembre-se de que, para o feminino, adicionamos **-e** nos adjetivos **-s** no plural. (Veja mais informações no Capítulo 9).

Parte II: Aqui e Agora: Escrevendo no Tempo Presente

> **un livre intéressant** (*um livro interessante*)
>
> **une soucoupe volante** (*um disco voador*)
>
> **des appartements charmants** (*alguns apartamentos encantadores*)
>
> **des tables pliantes** (*algumas mesas dobráveis*)

Não se pode transformar qualquer verbo francês em adjetivo. É melhor sempre checar o adjetivo no dicionário.

Substantivos que são Particípio Presente

Alguns verbos no Particípio Presente são usados como substantivos. Como tal, o Particípio Presente possui formas diferentes no masculino, feminino, singular e plural. As regras para a formação do feminino e plural são as mesmas usadas com outros substantivos: **assistant** é masculino, **assistante** é feminino, **assistants** é masculino plural e **assistantes**, feminino plural. (Veja, no Capítulo 2, mais informações sobre substantivos.)

> **un assistant, une assistante** (*um/uma assistente*)
>
> **un dirigeant, une dirigeante** (*um dirigente*)
>
> **un étudiant, une étudiante** (*um/uma aluno/a*)
>
> **un participant, une participante** (*um/a participante*)
>
> **un survivant, une survivante** (*um/a sobrevivente*)

Veja, na Tabela 7-3, alguns exemplos de substantivos e Infinitivos franceses:

Tabela 7-3	Substantivos e Infinitivos Franceses	
Substantivo Português	*Substantivo Francês*	*Infinitivo*
a dança	la danse	danser
a pesca	la pêche	pêcher
a caça	la chasse	chasser
a leitura	la lecture	lire
a corrida	la course	courir
o tabagismo	le tabagisme	fumer
a natação	la natation	nager
a escrita	l'écriture	écrire

> **J'aime la pêche** ou **J'aime pêcher**. (*Amo a pesca / Amo pescar*)
>
> **L'écriture est difficile** ou **Écrire est difficile**. (*A escrita é difícil / Escrever é difícil.*)

O Particípio Presente francês é mais raro, e seu uso como substantivo é limitado. Se tiver dúvidas sobre um verbo qualquer, se pode ser usado como substantivo em uma frase, não use; provavelmente pode estar errado.

Capítulo 7: "Ser" ou "Sido", Eis a Questão: Infinitivo e Particípio Presente

Verbos: Ações usando Particípio Presente

Em francês, o Particípio Presente é usado em uma ação que está acontecendo ao mesmo tempo de outra. Para isto, use o Particípio Presente seguido de um adjetivo ou outra informação descritiva:

> **Étant fatigué, il voulait rentrer**. (*Por estar cansado, ele quis ir pra casa.*)
>
> **J'ai vu un homme marchant très vite.** (*Eu vi um homem andando muito rápido.*)

Quando dois substantivos se encontram em uma mesma frase, como no segundo exemplo, o significado do Particípio Presente pode ser ambíguo. Eu estava andando rápido ou o homem? Para evitar confusão, analise se quer modificar o sujeito ou o objeto da frase. Se for o sujeito, use o **Gérondif** (explicado nessa seção), como em **En marchant très vite, j'ai vu un homme** (Ao andar rapidamente, eu vi um homem.). Se for o objeto, use **qui** (quem) + o verbo, como em **J'ai vu un homme qui marchait très vite** (*Eu vi um homem andando rapidamente.*). Observe que o verbo **marchait** está no Imperfeito porque explica o que estava acontecendo quando algo aconteceu. Leia sobre o Imperfeito no Capítulo 16.

Determine se os particípios presentes nestas frases são adjetivos, substantivos ou verbos e, portanto, se devem concordar. Circule a forma correta do Particípio Presente e escreva a sua função no espaço em branco.

Q. C'est une idée (choquant/choquante).

R. C'est une idée **choquante. adjetivo** (*É uma ideia chocante.*)

11. Mes (assistant/assistants) ne travaillent pas le lundi._____

12. Tous les invités (assistant/assistants) à la réception sont tombés malades._____

13. La fille (habitant/habitante) à côté est très sympa._____

14. Les (habitant/habitants) de cette ville n'aiment pas les étrangers.____

15. Il a une voix (chantant/chantante)._____

16. J'ai entendu un dame (chantant/chantante) dans la douche._____

17. Il m'a raconté une histoire (amusant/amusante)._____

18. Il a raconté des histoires, (amusant/amusantes) tous les enfantes.____

19. J'espère que les (gagnant/gagnants) seront contents._____

20. Quels étaient les numéros (gagnant/gagnants) ?_____

Expressando ações simultâneas com o Gérondif

O **Gérondif** (Gerúndio) em francês é o Particípio Presente precedido por **en**, que significa *ao*. Como o Gerúndio modifica outro verbo, é necessário agir como advérbio (veja, no Capítulo 9, mais informações sobre os advérbios franceses). Para usar o Particípio Presente como **Gérondif**, basta acrescentar **en** no início do verbo e qualquer outra informação descritiva no final.

> **En quittant le bâtiment, j'ai vu mon frère.** (*Ao sair do prédio, eu vi meu irmão.*)

> **Je l'ai fait en rêvant de mes vacances.** (*Fiz sonhando com minhas férias.*)

> **En me brossant les dents, j'ai avalé du dentifrice.** (*Ao escovar meus dentes, engoli um pouco de pasta de dente.*)

Em francês, o **Gérondif** é formado com **en** + o verbo + **-ant** no final; é usado para ações que estão acontecendo simultaneamente.

Pode-se acrescentar **tout** antes do **Gérondif** para se obter outros efeitos:

- ✓ Enfatizar a simultaneidade do **Gérondif** e do verbo principal.

- ✓ Contrastar os significados do **Gérondif** e do verbo principal.

Observe os exemplos:

> **Je me suis habillé tout en mangeant.** (*Eu me visto comendo [ao mesmo tempo].*)

> **Tout en acceptant ton invitation, je ne te pardonne pas.** (*Eu não te perdoo, mesmo aceitando seu convite.*)

Os verbos no Particípio Presente (veja a seção anterior) e no **Gérondif** são invariáveis – nunca mudam de gênero ou número para concordar com nada. As diferenças entre eles são que o **Gérondif** recebe **en** e modifica apenas um verbo, enquanto o Particípio Presente pode também modificar um substantivo.

> **J'ai vu une fille lisant le journal.** (*Eu vi uma garota [que estava] lendo o jornal.*) O Particípio **lisant** modifica o nome (substantivo) **fille**.

> **J'ai vu une fille en lisant le journal.** (*[Enquanto eu estava] Lendo o jornal, eu vi a garota.*) O **Gérondif, en lisant,** modifica o verbo **ai vu**; indica que uma ação aconteceu enquanto outra estava acontecendo.

Traduza cada frase para o francês. Atenção nas diferenças do uso de Particípio Presente ou Infinitivo. Estude bem o **Passé Composé** e o **Imparfait** nos Capítulos 15 e 16 antes fazer este exercício, porque você precisará deles para fazer algumas das traduções.

Capítulo 7: "Ser" ou "Sido", Eis a Questão: Infinitivo e Particípio Presente *105*

Q. Eu gosto de dançar.

R. J'aime danser.

21. Enquanto eu almoçava, eu assistia à TV._____

22. Ele odeia pescar._____

23. Viajar é caro._____

24. Partiremos ao meio-dia._____

25. Você gosta de correr?_____

26. Eles ficaram trabalhando o dia inteiro._____

27. Ele se desculpou por ter de ir._____

28. Usando o computador..._____

29. ...você economiza muito tempo._____

30. Vocês estavam dirigindo?_____

31. Caçar é perigoso._____

32. Estou tentando entender._____

33. Eu te vi lendo o jornal._____

34. Pode nos ajudar?_____

35. Enquanto eu trabalhava, pensava sobre minha decisão._____

106 Parte II: Aqui e Agora: Escrevendo no Tempo Presente

Respostas

1 Ser pontual é essencial. **Être à l'heure est essentiel.**

2 Se atrasar... **si vou allez en retard...**

3 ... é necessário ligar para a recepcionista. **...il faul téléphoner au réceptionniste.**

4 Ele deve informar seu departamento sobre o fato. **Il peut informer votre département de ce fait.**

5 Almoçar ao meio-dia é necessário. **Manger à midi est requis.**

6 Os empregados não podem fazer telefonemas pessoais. **Les employés ne peuvent pas faire d'appels personnels.**

7 Se você gosta de trabalhar aqui... **Si vou aimez travailler ici...**

8 ... você deve prestar atenção. **... vou devez faire attention.**

9 Se você quiser sair cedo (**tôt**)... **Si vous voulez partir tôt...**

10 ... você deve pedir ao gerente. **... vous pouvez demander au directeur.**

11 Mes **assistants** ne travaillent pas le lundi. (*Meus assistentes não trabalham às segundas-feiras.*) Substantivo

12 Tous les invites **assistant** à la réception sont tombés malades. (*Todos os convidados presentes na recepção ficaram doentes.*) Verbo

13 La fille **habitant** à côté est très sympa. (*A garota que mora na porta ao lado é muito bonita.*) Verbo

14 Les **habitants** de cette ville n'aiment pas les étrangers. (*Os habitantes desta cidade não gostam de estranhos.*) Substantivo

15 Il a une voix **chantante**. (*Ele tem uma voz alegre.*) Adjetivo

16 J'ai entendu un dame **chantant** dans la douche. (*Eu ouvi uma mulher cantando no chuveiro.*) Verbo

17 Il m'a raconté une histoire a**musante**. (*Ele me contou uma história divertida.*) Adjetivo

18 Il a raconté des histories, **amusant** tous les enfantes. (*Ele contou histórias, divertindo todas as crianças.*) Verbo

19 J'espère que les **gagnants** seront contents. (*Espero que os vencedores estejam felizes.*) Substantivo

20 Quels étaient les numéros **gagnants** ? (*Quais foram os números vencedores?*) Adjetivo

Capítulo 7: "Ser" ou "Sido", Eis a Questão: Infinitivo e Particípio Presente **107**

21 **En déjeunant, j'ai regardé la télé.** *(Enquanto eu almoçava, assistia à TV.)* Em francês, a palavra *enquanto* pede **Gérondif**.

22 **Il déteste pêcher / la pêche.** *Ele odeia pescar.*

23 **Voyager est cher.** *Viajar é caro.*

24 **Nous partons à midi.** *Partiremos ao meio-dia.*

25 **Aimes-tu /Aimez-vous courir / la course ?** *Você gosta de correr?*

26 **Ils travaillaient pendant toute la journée.** *Eles trabalharam o dia inteiro.*

27 **Voulant partir, il s'est excusé.** *Ele se desculpou por ter que ir.*

28 **En utilisant l'ordinateur...** *Usando o computador...* A palavra **en** requer **Gérondif**.

29 **... on peut / tu peux / vous pouvez gagner du temps.** *...você economiza muito tempo.* ... O verbo **pouvoir** pede Infinitivo.

30 **Conduisiez-vous ?** *Vocês estavam dirigindo?* Ser no imperfeito = em francês.

31 **Chasser est dangereus** ou **La chasse est dangereuse.** *Caçar é perigoso.* Infinitivo igual ao Infinitivo francês.

32 **J'essaie de comprendre.** *Estou tentando entender.* Verbo ser no Presente + verbo principal no Gerúndio = Presente em francês.

33 **Je t'ai vu lisant le journal.** *Eu te vi lendo o jornal. Lendo* está descrevendo o objeto **te**, então você precisa do Particípio Presente.

34 **Pouvez-vous nous aider ?** *Pode nos ajudar?* **Pouvoir** deve ser seguido de Infinitivo.

35 **En travaillant, j'ai pensé à ma décision.** *Enquanto eu trabalhava, pensava sobre minha decisão.* Em francês, a palavra *enquanto* pede **Gérondif**.

108 Parte II: Aqui e Agora: Escrevendo no Tempo Presente

Capítulo 8

Decifrando o Modo Subjuntivo

. . . .

Neste Capítulo

▶ Conjugação do Subjuntivo

▶ Uso do Subjuntivo

▶ Evitando o Subjuntivo

. . . .

O **Subjonctif** (*Subjuntivo*) pode deixá-lo tenso, mas não é um tempo verbal – é um modo, com uma atitude. A diferença entre tempo e modo é que o *tempo* fala quando a ação está acontecendo, e o *modo* fala da atitude da ação do verbo. O Subjuntivo indica subjetividade – da pessoa que pratica a ação, que pode querer que algo aconteça ou pensa que é importante algo acontecer, porém o Subjuntivo indica se algo pode ou não acontecer. O Indicativo, ao contrário, é o tempo "normal" que indica como alguma coisa realmente é. Este capítulo explica tudo sobre o Subjuntivo: Como conjugá-lo, quando usá-lo e como e quando evitá-lo.

Conjugação do Subjuntivo

O Subjuntivo é um dos modos verbais mais fáceis de conjugar. Todos os verbos regulares, independentemente de qual seja a sua terminação, são conjugados da mesma forma. Os verbos irregulares e os com radicais diferentes são conjugados de outra maneira. De modo que há alguns verbos que são irregulares no Subjuntivo, tornando as conjugações no Subjuntivo (se não os usos) relativamente fáceis de dominar. Nesta seção, veremos a conjugação de ambos, regulares e irregulares.

Verbos regulares

Todos os verbos regulares terminados com **-er**, **-ir** ou **-re** formam o Subjuntivo com a terceira pessoa do plural (**ils**) no Presente do Indicativo. Para conjugar qualquer verbo regular, pegue o **ils** do Presente, retire o **-ent** e acrescente, no final, **-e**, **-es**, **-e**, **-ions**, **-iez** e **-ent**. (Veja, no Capítulo 4, mais informações sobre o Presente). Estas terminações do Subjuntivo são as mesmas para todos os verbos regulares.

110 Parte II: Aqui e Agora: Escrevendo no Tempo Presente

O **ils** no Presente do Indicativo do verbo regular **parler** (*falar*), por exemplo, é **parlent**; então, o radical do Subjuntivo é **parl-**. A tabela a seguir mostra o verbo **parler** no Subjuntivo.

parler (falar) — radical: parl-	
je parle	nous parlions
tu parles	vous parliez
il/elle/on parle	ils/elles parlent
Il veut que nous **parlions** en français. (*Ele quer que nós falemos francês.*)	

Os verbos que mudam a ortografia não mudam no Subjuntivo porque toda terminação do Subjuntivo termina com as vogais (**e** ou **i**). O **ils** no Presente do verbo **manger** é **mangent**; logo, o radical é **mang-**.

manger (*comer*) — radical: mang-	
je mange	nous mangions
tu manges	vous mangiez
il/elle/on mange	ils/elles mangent
Il faut que tu **manges** immédiatement. (*Você tem de comer imediatamente.*)	

Você fala **ils finissent** no Presente do Indicativo; então, o radical Subjuntivo de **finir** (acabar/terminar) é **finiss-**.

finir (*acabar/terminar*) — radical: finiss-	
je finisse	nous finissions
tu finisses	vous finissiez
il/elle/on finisse	ils/elles finissent
Il faut que tu **finisses** avant midi. (*Você tem de terminar antes do meio-dia.*)	

O radical do Subjuntivo do verbo **vendre** (vender) é **vend-**.

vendre (vender) — radical: vend-	
je vende	nos vendions
tu vendes	vous vendiez
il/elle/on vende	ils/ elles vendent
Penses-tu qui`il **vende** des fraises ? (*Você acha que ele vende morangos?*)	

Verbos que mudam de radical e mais verbos irregulares

Os verbos que mudam de radical e os sete irregulares variam um pouco – possuem dois radicais no Subjuntivo. Como os verbos regulares, os que mudam de radical e os irregulares, também usam a conjugação da terceira

Capítulo 8: Decifrando o Modo Subjuntivo **111**

pessoa (ils), menos o **–ent** como radical, só para o **je, tu, il/elle/on e ils/elles** na formação do Subjuntivo. Para **nous** e **vous**, os verbos usam o tempo Presente menos **-ons**. Independentemente do radical, todos usam as mesmas terminações para formar o Subjuntivo (**–e, -es, -e, -ions, -iez** e **–ent**).

O verbo **envoyer** _(enviar)_, por exemplo, conjuga-se no tempo Presente normal **ils envoiment** ou **nous envoyons**. Entretanto, no Subjuntivo, os radicais podem ser **envoi-** ou **envoy-.** Dê uma olhada na tabela.

envoyer (enviar) — radicais: **envoi-, envoy-**	
j'envoi**e**	nous envoy**ions**
tu envoi**es**	vous envoy**iez**
il/elle/on envoi**e**	ils/elles envoi**ent**
Il est bon que vous **envoyiez** le chèque. (_É bom que você envie o cheque._)	

O Subjuntivo do verbo **lever** _(levantar)_ é formado com dois radicais: **ils lèvent** menos o final **-ent** fica **lèv-**, e **nous levons** menos **-ons** fica **lev-**.

lever (_levantar_) — radicais: **lèv-, lev-**	
je lèv**e**	nous lev**ions**
tu lèv**es**	vous lev**iez**
il/elle/on lèv**e**	ils/elles lèv**ent**
Il ne faut pas que vous **leviez** la main. (_Não tem de levantar a mão._)	

Os radicais do verbo irregular **devoir** _(ter)_ são formados por **ils doivent** menos **-ent** = **doiv-** e **nous devons** menos **-ons** = **dev-**.

devoir (_ter_) — radicais: **doiv- e dev-.**	
je doiv**e**	nous dev**ions**
tu doiv**es**	vous dev**iez**
il/elle/on doiv**e**	ils/elles doiv**ent**
Penses-tu que je **doive** partir ? (_Você pensa que tenho de ir?_)	

Verbos totalmente irregulares

As regras anteriores se aplicam a todos os verbos, exceto a sete verbos irregulares, os quais são também irregulares no Subjuntivo. Veja a seguir:

✔ **aller** _(ir)_

✔ **avoir** _(ter)_

✔ **être** _(ser)_

✔ **faire** _(fazer)_

✔ **pouvoir** _(poder)_

112 Parte II: Aqui e Agora: Escrevendo no Tempo Presente

> ✔ **savoir** (*saber*)
>
> ✔ **vouloir** (*querer*)

Os verbos **faire**, **pouvoir** e **savoir** possuem radicais irregulares em todas as conjugações: **fass-**, **puiss-** e **sach-** respectivamente. **Aller** e **vouloir** têm dois radicais irregulares: **aill-** e **veuill-** para a terceira pessoa do plural e todas as conjugações no singular e **all-** e **voul-** para **nous** e **vous**. Esses cinco verbos possuem as mesmas terminações no Subjuntivo como todos os outros verbos (**-e**, **-es**, **-e**, **-ions**, **-iez** e **-ent**). Veja as tabelas:

faire (*fazer*) — radicais: **fass-**	
je fass**e**	nous fass**ions**
tu fass**es**	vous fass**iez**
il/elle/on fass**e**	ils/elles fass**ent**
Il est bon que tu le **fasses**. (*É bom que faças isso.*)	

pouvoir (*poder*) — radicais: **puiss-**	
je puiss**e**	nous puiss**ions**
tu puiss**es**	vous puiss**iez**
il/elle/on puiss**e**	ils/elles puiss**ent**
Elle ne croit que je **puisse** nager. (*Ela não acredita que eu possa nadar.*)	

savoir (*saber*) — radicais: **sach-**	
je sach**e**	nous sach**ions**
tu sach**es**	vous sach**iez**
il/elle/on sach**e**	ils/elles sach**ent**
Il est important que vous **sachiez** lire. (*É importante que vocês saibam ler.*)	

aller (*ir*) — radicais: **aill-**, **all-**	
j'aill**e**	nous all**ions**
tu aill**es**	vous all**iez**
il/elle/on aill**e**	ils/elles aill**ent**
Veux-tu que j'**aille** avec toi ? (*Você quer que eu vá com você?*)	

vouloir (*querer*)— radicais: **veuill-**, **voul-**	
je veuill**e**	nous vouil**ions**
tu veuill**es**	vous vouil**iez**
il/elle/on veuill**e**	ils/elles veuill**ent**
Il est possible qu'elles **veuillent** partir tôt. (*É possível que elas queiram partir cedo.*)	

Capítulo 8: Decifrando o Modo Subjuntivo

Finalmente, **avoir** e **être** possuem conjugações completamente irregulares no Subjuntivo:

avoir *(ter)*	
j'**aie**	nous **ayons**
tu **aies**	vous **ayez**
il/elle/ on **ait**	ils/elles **aient**
Je suis heureux que tu **aies** une nouvelle voiture. *(Eu estou feliz que tu tenhas um carro novo.)*	

être *(ser)*	
je **sois**	nous **soyons**
tu **sois**	vous **soyez**
il/elle/on **soit**	ils/elles **soient**
Nous avons peur qu'elle **soit** malade. *(Estamos receosos de que ela esteja doente.)*	

Conjugue o verbo no Subjuntivo conforme a pessoa indicada.

Q. je (marcher)

R. je **marche** *(eu ando)*

1. tu (choisir)_____
2. il (rendre)_____
3. nous (chanter)_____
4. vous (réussir)_____
5. elles (perdre)_____
6. je (partir)_____
7. tu (jeter)_____
8. elle (envoyer)_____
9. nous (avoir)_____
10. vous (être)_____
11. ils (aller)_____
12. je (savoir)_____
13. tu (pouvoir)_____
14. on (faire)_____
15. nous (vouloir)_____
16. vous (aller)_____
17. ils (être)_____
18. je (vouloir)_____
19. tu (être)_____
20. il (avoir)_____

Ficando Irreal: Uso do Subjuntivo

O mais importante para entender sobre o modo Subjuntivo, como sugere o nome, é a expressão da subjetividade. Quando emoção, desejo, dúvida, julgamento, necessidade são expressos na frase, você tem que usar o subjuntivo para mostrar que a ação do verbo não é um fato, mas é baseada na noção subjetiva da frase que o precede. O verbo no Subjuntivo descreve o que alguém quer, precisa ou sente, mas não que isso realmente vá acontecer. Pode ser bom, ruim, importante, necessário, duvidoso, mas é real? Vai realmente acontecer? O Subjuntivo indica o aspecto imaginário da situação.

O Subjuntivo é quase sempre encontrado em uma oração independente precedida pelo **que**. Esse **que** é necessário.

Il est bon que tu partes. *(É bom que você vá.)*

Je suggère que nous mangions à midi. *(Eu sugiro que comamos ao meio-dia.)*

Em francês, o modo Subjuntivo é necessário depois de algumas expressões, verbos e conjunções e é opcional depois de outras. Esta seção explica quando é necessário usar o Subjuntivo e como fazê-lo corretamente.

Com expressões impessoais

Expressões impessoais requerem o modo Subjuntivo quando indicam subjetividade, desejo, possibilidade ou julgamento, seja por parte da pessoa que fala ou da sociedade como um todo. As expressões impessoais são as seguintes:

- **il est bon que** *(É bom que)*
- **il est dommage que** *(É lamentável que)*
- **il est doutex que** *(É duvidoso que)*
- **il est étonnant que** *(É surpreendente que)*
- **il est important que** *(É importante que)*
- **il est impossible que** *(É impossível que)*
- **il est improbable que** *(É improvável que)*
- **il est naturel que** *(É natural que)*
- **il est nécessaire que** *(É necessário que)*
- **il est normal que** *(É normal que)*
- **il est possible que** *(É possível que)*
- **il est rare que** *(É raro que)*
- **il est regrettable que** *(É lastimável que)*
- **il est surprenant que** *(É surpreendente que)*
- **il est urgent que** *(É urgente que)*

Capítulo 8: Decifrando o Modo Subjuntivo

Observe alguns exemplos; veja que o verbo no Subjuntivo se encontra na oração após o **que**:

Il est bon que tu travailles pour ton père. (*É bom que você trabalhe para o seu pai.*)

Il est important que tout le monde fasse de l'exercice. (*É importante que todo mundo faça exercícios.*)

Il n'est pas possible qu'il ait autant de temps libre. (*Não é possível que ele tenha tanto tempo livre.*)

Il est normal que tu aies peur. (*É normal que você esteja com medo.*)

Il est rare qu'il mente. (*É raro que ele minta.*)

Também se pode começar a frase com expressões como **c'est**: **c'est dommage** (*é uma pena*); **c'est bon** (*é bom*), e assim por diante. O significado é o mesmo, mas **c'est** é um pouco informal:

Traduza as seguintes frases para o francês.

Q. É urgente que você telefone para seu irmão.

R. **Il est urgent que tu téléphones / vous téléphoniez à ton / votre frère.**

21. É ruim que não tenhamos um carro.

22. É surpreendente que eu não saiba nadar.

23. É natural que ele queira viajar.

24. É lamentável que sejamos pobres.

25. É impossível que eu o ajude.

26. É duvidoso que ela saiba a resposta.

27. É improvável que nós terminemos hoje.

28. É bom que você tenha muitos amigos.

29. É necessário que você faça isso?

30. Não é surpresa que eles estejam cansados.

116 Parte II: Aqui e Agora: Escrevendo no Tempo Presente

De novo, com sentimentos (e ordens e opiniões)

Quando a frase envolve sentimentos como medo, dúvida, arrependimento, surpresa, alegria, que são subjetivos, pede o modo Subjuntivo. Veja algumas frases comuns que expressam sentimentos e opiniões a seguir:

- **avoir peur que** (*ter medo de que*)

- **craindre que** (*temer / recear que*)

- **détester que** (*odiar que*)

- **douter que** (*duvidar de que*)

- **être content que** (*estar feliz que*)

- **être désolé que** (*estar desolado que*)

- **être étonné que** (*estar admirado de que*)

- **être heureux que** (*estar feliz que*)

- **être surpris que** (*estar surpreso de que*)

- **être triste que** (*estar triste que*)

- **regretter que** (*estar arrependido de que*)

Considere os exemplos:

> **J'ai peur qu'il soit blessé.** (*Receio que ele esteja machucado.*)

> **Nous sommes contents que tu veuilles voyager.** (*Estamos felizes que você queira viajar.*)

Nos exemplos anteriores, as palavras **être** (**contents**, **désolé** etc.) são adjetivos. Como todos os adjetivos concordam com os substantivos e pronomes que eles modificam, isso também acontece nesse caso com o sujeito do verbo **être**. (Veja, no Capítulo 9, mais informações sobre adjetivos.)

O verbo **douter** (*duvidar*), na forma negativa, não pode ser usado no modo Subjuntivo, já que, se não há dúvida, é porque acredita ser verdade e, quando você acredita que algo é verdadeiro, não pode usar o Subjuntivo. Compare as seguintes frases; só a primeira requer o uso do Subjuntivo:

> **Je doute qu'il ait raison.** (*Eu duvido que ele esteja certo.*)

> **Je ne doute pas qu'il a raison.** (*Não tenho dúvidas de que ele está certo.*)

Os verbos que indicam a vontade, a opinião da pessoa que fala alguma coisa que pode ou não acontecer, requerem o Subjuntivo. Algumas frases comuns incluem:

- **demander que** (*pedir que [alguém faça alguma coisa]*)

- **désirer que** (*desejar que*)

Capítulo 8: Decifrando o Modo Subjuntivo

- **exiger que** (*exigir que*)
- **ordonner que** (*ordenar que*)
- **préférer que** (*preferir que*)
- **proposer que** (*propor que*)
- **souhaiter que** (*desejar que*)
- **suggérer que** (*sugerir que*)
- **vouloir que** (*querer que*)

Alguns exemplos:

J'exige que vous partiez. (*Peço que se retire.*)

Il veut que je fasse moins. (*Ele quer que eu faça menos.*)

Você e seus amigos estão planejando uma viagem à França. Você está encarregado de fazer com que todos se divirtam; para isto, está escrevendo uma carta com sugestões e ideias. Eu providenciei algumas dicas na tabela de respostas para que compare com as suas. Complete as frases abaixo com as suas ideias:

Q. Je suis content(e) que...

R. **nous allons en France ensemble**. (*Estou feliz que iremos juntos para a França.*)

	14-3-2008
Salut Juliette,	
31. Je veux que _____	
32. Je préfère que _____	
33. Je propose que _____	
34. Je demande que _____	
35. Je doute que _____	
36. Je regrette que _____	
37. J'exige que _____	
38. J'ai peur que _____	
39. Je suis surpris(e) que _____	
40. Je souhaite que _____	

Por que não? Com certos verbos nas formas negativa e afirmativa

Verbos e expressões que indicam no que a pessoa acredita, uma afirmação geral de um fato ou alguma coisa que é provável não requerem o Subjuntivo quando são usados porque indicam alguma coisa que é real, ao menos na cabeça de quem está falando. Entretanto, quando for fazer pergunta ou negação, ele é usado, porque indica dúvida. Alguns exemplos:

- **croire que** (*acreditar que*)
- **dire que** (*dizer que*)
- **espérer que** (*esperar que*)
- **être certain que** (*ter certeza de que*)
- **être clair que** (*é claro que*)
- **être sûr que** (*ter certeza de que*)

- **il est évident que** (*é evidente que*)
- **il est probable que** (*é provável que*)
- **il est vrai que** (*é verdade que*)
- **il paraît que** (*parece que*)
- **penser que** (*pensar que*)
- **savoir que** (*saber que*)
- **trouver que** (*achar/pensar que*)

Confira as seguintes frases. Observe que as duas últimas estão no Subjuntivo:

Je pense que tu as raison. (*Eu acho que você está certo.*)

Je ne pense pas que tu aies raison. (*Eu não acho que você esteja certo.*)

Penses-tu que j'aie raison ? (*Você acha que eu tenho razão?*)

E com conjunções

As conjunções que expressam algum tipo de condição, concessão ou sentimento pedem o Subjuntivo. Algumas das mais comuns:

- **à moins que** (*a menos que*)
- **afin que** (*para que*)
- **avant que** (*antes que*)
- **bien que** (*embora*)
- **de crainte/peur que** (*temer que*)

- **en attendant que** (*enquanto, até*)
- **jusqu'à ce que** (*até*)
- **pour que** (*para que*)
- **pourvu que** (*desde que*)
- **quoique** (*embora*)
- **quoi que** (*qualquer que*)
- **sans que** (*sem que*)

Capítulo 8: Decifrando o Modo Subjuntivo **119**

Alguns exemplos:

Je suis parti pour qu'il puisse se concentrer. (*Eu saí para que ele pudesse se concentrar.*)

Il travaille bien que sa famille soit riche. (*Ele trabalha, muito embora sua família seja rica.*)

Nota: Há um Subjuntivo no Presente e no Passado, mas não existe no Futuro. Se a ação suposta acontecer no Futuro, é usado o Subjuntivo Presente: **Je te téléphonerai bien que tu sois en France la semaine prochaine.** (*Eu ligarei para você, embora você esteja na França na próxima semana.*)

As conjunções que indicam realidade não são seguidas por Subjuntivos:

- **ainsi que** (*assim como*)
- **alors que** (*enquanto*)
- **après que** (*após*)
- **aussitôt que** (*logo*)
- **en même temps que** (*ao mesmo tempo que*)
- **depuis que** (*desde*)
- **dès que** (*logo que*)

- **parce que** (*porque*)
- **pendant que** (*enquanto*)
- **plutôt que** (*ao invés de/ em vez de*)
- **puisque** (*já que*)
- **quand** (*quando*)
- **tandis que** (*apesar de que*)

Nota: Quando usar **après que**, **aussitôt que**, **depuis que** ou **dès que** depois de um verbo no tempo Futuro, o verbo da oração seguinte da conjunção deve também ficar no Futuro. (Para saber mais sobre o **Futur**, veja o Capítulo 18.)

As frases seguintes estão no modo Indicativo depois das conjunções. O primeiro exemplo tem **Passé Composé** (tempo Passado, [Pretérito Perfeito em português] ver Capítulo 15) na primeira oração e o **Imparfait** (Pretérito Imperfeito) na segunda (ver Capítulo 16), e a segunda frase está no **Futur** (Futuro) em ambas as frases (ver Capítulo 18).

Il est tombé parce que le trottoir était glissant. (*Ele caiu porque a calçada estava escorregadia.*)

Nous en parlerons quand tu seras prêt. (*Nós conversaremos quando você estiver pronto.*)

Com superlativos: Simplesmente o melhor

Quando usar superlativos como *o melhor, o pior, o mais bonito* etc., precisa usar o Subjuntivo. Os superlativos (veja mais informações no Capítulo 9) são subjetivos; portanto, requerem verbos no Subjuntivo:

120 Parte II: Aqui e Agora: Escrevendo no Tempo Presente

> **C'est le meilleur médecin que je connaisse.** (*Ele é o melhor médico que eu conheço.*)

> **Voici le plus bel appartement que je puisse trouver**. (*Este aqui é o melhor apartamento que eu pude encontrar.*)

O uso do Subjuntivo é opcional para palavras que se referem a uma única coisa como *somente, primeiro, último*. O uso do Subjuntivo é indicado para coisas únicas: *o único que, o primeiro no mundo*. Entretanto, não se usa Subjuntivo para um fato real.

> **C'est le premier livre que je comprenne**. (*É o primeiro livro que eu entendo.*) É o primeiro livro que eu entendi, mas com a possibilidade de entender outros; uso o Subjuntivo para demonstrar isso.

> **C'est le premier livre que j'ai lu.** (*É o primeiro livro que eu li.*) É um fato real. Eu sei que esse é o primeiro livro que eu li, e não há a possibilidade de outro livro ser citado como primeiro. Por ser fatual, eu uso o Indicativo.

> **Ma voiture est la seule qui soit verte à pois jaunes.** (*Meu carro é o único que é verde com bolinhas amarelas.*) Eu acho que é o único carro assim no mundo, mas, como não tenho certeza disso, uso o Subjuntivo.

> **C'est la seule voiture que j'ai**. (*É o único carro que eu tenho.*) Como se trata de um fato real, então se usa o Indicativo.

E ainda: Palavras com pronomes indefinidos e negativos

O pronome indefinido **quelqu'un** (*alguém*) e **quelque chose** (*alguma coisa*) e o pronome negativo **ne... personne** (*ninguém*) e **ne... rien** (*nada*), mais **qui**, são opções de uso de Subjuntivo. O Subjuntivo deve ser usado quando não se tem certeza de que uma coisa existe, mas não se usa quando se tem certeza da existência. Repetindo:

- ✔ **Certeza de que não existe:** Subjuntivo
- ✔ **Sem certeza da existência:** Subjuntivo
- ✔ **Certo da existência:** Não se usa o Subjuntivo

Observe as duas sentenças:

> **Je ne connais personne qui sache pourquoi.** (*Não conheço ninguém que saiba o motivo.*) Eu não acredito que exista alguém no mundo que saiba o motivo, então uso o Subjuntivo.

> **Je ne connais personne qui sait conduire**. (*Não conheço ninguém que sabe dirigir.*) Muitas pessoas sabem dirigir – eu sei que elas existem, mas eu não conheço nenhuma delas. Então, eu não uso o Subjuntivo.

Capítulo 8: Decifrando o Modo Subjuntivo

Sua empresa está pensando em uma fusão, e você está escrevendo uma carta para dar algumas explicações aos seus empregados. Preencha as lacunas com a forma correta dos verbos entre parênteses, prestando atenção se deve ou não usar o Subjuntivo.

Q. Savez-vous que notre entreprise _____ (considérer) une fusion avec Abc, Cie. ?

R. **considère** (*Vocês sabiam que nossa empresa está analisando uma fusão com a Cia. Abc?*)

XYZ, Cie.
11, rue de Dai
Paris

Il est probable que vous (41)_____(entendre) des rumeurs, et je sais que vous (42)_____(avoir) peur. J'espère que tout le monde (43)_____ (lire) bien cette lettre. Avant que vous (44)_____ (prendre) une décision, il faut que vous (45)_____(comprendre) les faits. Il est vrai que cette fusion (46)_____(pouvoir) avoir des conséquences négatives, mais il n'est pas vrai que tout le monde (47)_____ (perdre) son emploi. Je suis sûr qu'Abc (48)_____(vouloir) continuer notre mission. Nous sommes la seule entreprise qui (49)_____ (faire) ce type de travail, alors qu'Abc (50)_____ ne (être) qu'une source de financement.

Por si só

O Subjuntivo geralmente aparece depois do verbo, da conjunção ou expressão, em uma oração subordinada, mas ainda há alguns truques na manga. Por si só, o modo Subjuntivo pode expressar alguns comandos. Quando você usa o **que** e acrescenta o Subjuntivo, você tem uma terceira pessoa comandando:

> **Qu'il se taise !** (*Faça-o se calar! / Se ao menos ele se calasse!*)
>
> **Que tout le monde me laisse en paix !** (*Desejo que todos me deixem em paz!*)
>
> **Qu'ils mangent de la brioche !** (*Deixe-os comer brioches!* – exclamação lendária de Maria Antonieta)

Alguns verbos na terceira pessoa podem comandar sem o **que** (o Capítulo 10 explica comandos):

- **Être** (*ser*): **Soit !** (*Vamos!*)
- **Pouvoir** (*poder*): **Puisse Dieu vous aider !** (*Que Deus o ajude!*)
- **Vivre** (*viver*): **Vive la France !** (*Viva a França!*)

Parte II: Aqui e Agora: Escrevendo no Tempo Presente

Como oração principal subjuntiva, **savoir** (*saber*) e **vouloir** (*querer*) têm significados especiais; ambas são formais:

- ✔ **Je ne sache pas que**... (*Não estou ciente de que...*)
- ✔ **Pas que je sache**. (Não *que eu saiba...*)
- ✔ **Veuillez m'excuser**. (*Quer me desculpar?*)

Evitando o Subjuntivo

O Subjuntivo é um modo essencial dos verbos que expressam subjetividade, mas deve ser evitado em alguns casos que tragam possibilidades de vários significados. É lógico que você não pode ignorar completamente o Subjuntivo, mas saber se expressar de diversas maneiras é sempre bom. Além disso, várias nuances de expressão podem ser demonstradas com construções diferentes. Para as seções seguintes, listei alguns desses momentos em que o Subjuntivo deve ser ignorado.

Sujeito simples e oculto: Usando de + infinitivo

Em francês, quando a oração principal e a subordinada têm o mesmo sujeito, você não pode usar o Subjuntivo. Em vez de usá-lo, acrescenta-se **de** no lugar de **que** e mais o Infinitivo.

Je suis content que j'habite à la plage. → **Je suis content d'habiter à la plage.** (*Estou feliz que moro na praia.* → *Estou feliz de morar na praia.*)

Es-tu surpris que tu aies raison ? → **Es-tu surpris d'avoir raison ?** (*Está surpreso que está certo?* → *Está surpreso de estar certo?*)

Tu dois manger avant que tu partes. → **Tu dois manger avant de partir.** (*Você deve comer antes que saia.* → *Você deve comer antes de sair.*)

Quando houver uma expressão impessoal com sujeito oculto, pode substituir **que** por **de** mais o Infinitivo do verbo. Observe que, no segundo exemplo abaixo, quando você substitui **que** por **de**, modifica algo específico (*É bom que você esteja feliz.*) por uma coisa geral (*É bom estar feliz.*).

Il est important que tout le monde travaille. → **Il est important de travailler.** (*É importante que todos trabalhem.* → *É importante trabalhar.*)

Il est bon que vous soyez content. → **Il est bon d'être content.** (*É bom que você esteja feliz.* → *É bom estar feliz.*)

Capítulo 8: Decifrando o Modo Subjuntivo **123**

Observações sobre alguns objetos indiretos

Em vez de usar o Subjuntivo para ordens e pedidos, use o Infinitivo; basta trocar o sujeito da oração subjuntiva por um objeto indireto e substituir o **que** por **de,** transformando o Subjuntivo em Infinitivo:

J'ordonne que tu fasses. → **Je t'ordonne de le faire.** (_Eu ordeno que faça isso._ → _Eu te ordeno a fazer isso._)

Il propose que je voyage avec lui. → **Il me propose de voyager avec lui.** (_Ele propõe que eu viaje com ele_ → _Ele me propõe de viajar com ele_)

As frases subjuntivas com verbos impessoais, como o **falloir** (_precisar_), podem ser reescritas sem modificação do significado. Basta substituir o sujeito após o **que** pelo objeto indireto e usar o Infinitivo no lugar do Subjuntivo.

Il faul que tu le fasses. → **Il te faut le faire**. (_Você precisa fazer isso._)

Il arrive que j'aie tort. → **Il m'arrive d'avoir tort.** (_Às vezes, acontece de eu estar errado._)

Trocar o Subjuntivo por um substantivo

Muitas vezes, pode-se trocar a oração subjuntiva, com conjunção de tempo **avant que** (_antes_), por um substantivo, sem mudar o significado. Observe que se deve retirar o **que**.

Nous allons manger avant que tu arrives. → **Nous allons manger avant ton arrivée.** (_Vamos comer antes que você chegue / da sua chegada._)

Je travaille en attendant que le film commence. → **Je travaille en attendant le début du film.** (_Eu trabalho até que o filme comece / até o começo do filme._)

Duvidar: Diga só se...

Com verbos como o **douter** (_duvidar_) você pode substituir o **que** pelo **si** (_se_), que não pode vir seguido pelo Subjuntivo. Esta troca faz o significado parecer mais incerto.

Je doute qu'il soit là. → **Je doute s'il est là**. (_Duvido que ele esteja lá / ele estar lá._)

Parte II: Aqui e Agora: Escrevendo no Tempo Presente

Reescreva as frases evitando usar o Subjuntivo.

O. Elle veut qu'elle soit riche.

R. **Elle veut être riche**. (*Ela quer ser rica.*)

51. Il faut que je travaille demain.

52. Il est possible que vous tombiez.

53. Tu dois ranger ta chambre avant que nous voyagions.

54. Nous doutons qu'il mente.

55. Nous ne pensons pas que nous lisions assez.

56. Il est bon que tout le monde lise les journaux.

57. Il arrive que nous dormions trop.

58. Tu peux regarder la télé en attendant que le dîner soit prêt.

59. Il doute que j'aie assez de temps.

60. J'ai peur que j'agisse mal.

Respostas

1   tu **choisisses** (escolha)

2   il **rende** (*ele retorne*)

3   nous **chantions** (*nós cantemos*)

4   vous **réussissiez** (*que vocês sucedam*)

5   elles **perdent** (*eles percam*)

6   je **parte** (*eu deixe*)

7   tu **jettes** (*você jogue*)

8   elle **envoie** (*ela envie*)

9   nous **ayons** (*nós tenhamos*)

10   vous **soyez** (*você sejam*)

11   ils **aillent** (*eles combinam*)

12   je **sache** (*eu saiba*)

13   tu **puisses** (*você possa*)

14   on **fasse** (*que façamos*)

15   nous **voulions** (*nós queiramos*)

16   vous **alliez** (*vocês vão*)

17   ils **soient** (*eles sejam*)

18   je **veuille** (*eu queira*)

19   tu **sois** (*você seja*)

20   il **ait** (*ele tenha*)

21   **Il est dommage que nous n'ayons pas de voiture.**

22   **Il est étonnant que je ne puisse pas nager.**

23   **Il est naturel qu'il veuille voyager.**

24   **Il est regrettable que nous soyons pauvres.**

25   **Il est impossible que je t'aide/que je vous aide.**

26   **Il est doutex qu'elle sache la réponse.**

126 Parte II: Aqui e Agora: Escrevendo no Tempo Presente

27 **Il est improbable que nous finissions aujourd'hui.**

28 **Il est bon que tu aies/vous ayez beaucoup d'amis.**

29 **Est-il nécessaire que tu fasses/vous fassiez cela ?**

30 **Il n'est pas étonnant qu'ils soient fatigués.**

31 Je veux que **tout le monde s'amuse bien**. (*Quero que todos se divirtam muito.*)

32 Je préfère que **nous restions groupés.** (*Eu prefiro que permaneçamos em grupo.*)

33 Je propose que **nous visitions le Louvre ensemble.** (*Eu proponho que todos nós visitemos o museu do Louvre juntos.*)

34 Je demande que **tout le monde porte une montre.** (*Eu peço a todos que usem um relógio.*)

35 Je doute que **nous puissions prendre des photos dans les musées.** (*Eu duvido que possamos tirar fotos dentro dos museus.*)

36 Je regrette que **notre hôtel soit cher.** (*Eu receio que nosso hotel seja caro.*)

37 J'exige que **vous payiez en avance.**(*Eu exijo que pagues adiantado.*)

38 J'ai peur que **nos cartes de crédit ne marchent plus en fin de voyage.** (*Eu temo que nosso cartão de crédito não funcione no final da viagem.*)

39 Je suis surpris(e) que **personne ne veuille visiter la tour Eiffel**. (*Estou surpreso/surpresa de que ninguém queira visitar a torre Eiffel.*)

40 Je souhaite que **vous aimiez bien la France.** (*Espero que realmente gostes da França.*)

XYZ, Cie.
11, rue de Dai
Paris

Il est probable que vous (41) **entendez** des rumeurs, et je sais que vous (42) **avez** peur. J'espère que tout le monde (43) **lira** bien cette lettre. Avant que vous (44) **preniez** une décision, il faut que vous (45) **compreniez** les faits. Il est vrai que cette fusion (46) **peut** avoir des conséquences négatives, mais il n'est pas vrai que tout le monde (47) perde son emploi. Je suis sûr qu'Abc (48) **veut** continuer notre mission. Nous sommes la seule entreprise qui (49) **fasse** ce type de travail, alors qu'Abc ne (50) **soit** qu'une source de financement.

(*É provável que você ouça rumores, e eu sei que você está com medo. Espero que todo mundo leia esta carta cuidadosamente. Antes de tomar uma decisão, você deve entender os fatos. É verdade que essa fusão pode ter algumas consequências negativas, mas não é verdade que todos perderão o emprego. Tenho certeza que a ABC quer continuar a nossa missão. Nós somos a única empresa que faz este tipo de trabalho, então ABC é apenas uma fonte de financiamento.*)

Capítulo 8: Decifrando o Modo Subjuntivo 127

51   **Il me faut travailler demain.** (*É necessário que eu trabalhe amanhã.*) Você não pode usar o Subjuntivo com o mesmo sujeito em ambas as frases, então você reescreve com o Infinitivo.

52   **Il est possible de tomber.** (*É possível cair.*) Usando o Infinitivo ao invés do Subjuntivo, a frase muda para uma declaração geral.

53   **Tu dois ranger ta chamber avant notre voyage.** (*Precisa limpar seu quarto antes da nossa viagem.*) Você pode evitar o Subjuntivo trocando a conjunção pela preposição e o verbo pelo substantivo.

54   **Nous doutons s'il ment.** (*Duvido ele estar mentindo.*) **Douter** pode ser seguido por si + o Indicativo para tornar o significado um pouco mais incerto.

55   **Nous ne pensons pas lire assez.** (*Nós não achamos ter lido o suficiente.*) Você não pode usar o Subjuntivo com o mesmo sujeito em ambas as frases, então você reescreve com o Infinitivo.

56   **Il est bon de lire les journaux.** (*É bom ler o jornal.*) Usando o Infinitivo ao invés do Subjuntivo, a frase muda para uma declaração geral.

57   **Il nous arrive de dormer trop.** (*Às vezes, dormimos muito.*) Eu evito o Subjuntivo transformando o sujeito da frase subordinada em objeto da frase principal.

58   **Tu peux regarder la télé en attendant le dîner.** (*Pode ver televisão enquanto espera pelo jantar.*) Você pode evitar o Subjuntivo trocando a conjunção pela preposição e o verbo pelo substantivo.

59   **Il doute si j'ai assez de temps.** (*Ele duvida de eu ter tempo suficiente.*) **Douter** pode ser seguido por si + o Indicativo para tornar o significado um pouco mais incerto.

60   **J'ai peur de mal agir.** (*Receio fazer algo errado.*) Você não pode usar o Subjuntivo com o mesmo sujeito em ambas as frases, então você reescreve com o Infinitivo.

128 Parte II: Aqui e Agora: Escrevendo no Tempo Presente

Parte III
Escrevendo com Segurança: Enriqueça Suas Frases

A 5ª Onda   Por Rich Tennant

Nesta parte...

Escrever bem em francês não requer apenas um conhecimento excelente de gramática, mas também certo talento para descrição. Os adjetivos e os advérbios que explico neste capítulo podem ajudá-lo a pintar um quadro mental e esclarecer detalhes. Nesta Parte, também apresento comandos com e sem o uso do Imperativo, verbos pronominais reflexivos e preposições. Finalmente, você verá também pronomes adverbiais e oblíquos, e como ligar orações com conjunções e pronomes relativos.

Capítulo 9

Escrevendo com Estilo: Adjetivos e Advérbios

Neste Capítulo

▶ Compreensão dos adjetivos

▶ Usando advérbios corretamente

▶ Fazendo comparações

*O*s adjetivos são palavras descritivas e, às vezes, são ajudados pelos advérbios. Embora os substantivos e os verbos sejam a estrutura e as ações da língua, os adjetivos e os advérbios são as cores, os formatos, os tamanhos, as frequências, as velocidades e os estilos que dão vida a essas estruturas. Por exemplo, na primeira frase, *descritivo* é um adjetivo e *às vezes* é um advérbio. Você pode escrevê-la sem tais palavras, mas perderia informações importantes: Os adjetivos são palavras modificadoras, e os advérbios os ajudam. Então, os adjetivos e os advérbios dão detalhes e clareiam a ideia sobre os substantivos, os verbos e outras palavras modificadas por eles. Neste capítulo, veremos tudo sobre adjetivos e advérbios, incluindo como usá-los, empregá-los nas frases, os tipos diferentes de adjetivos e advérbios, e como fazer comparações.

Descrevendo o Papel dos Adjetivos

Os adjetivos descrevem os substantivos e os pronomes. Eles mostram como são as coisas, suas cores, seus gostos, sentidos, sons, cheiros, como é esperto, de onde vem, para que serve e, muitas vezes, se você precisa ou não se preocupar com isso. Esta seção se preocupa com tudo o que você precisa saber sobre os adjetivos e como usá-los corretamente na sua fala e escrita em francês.

Os adjetivos em francês que se referem às nacionalidades, línguas e religiões não são escritos com maiúsculas, como também acontece no português: **américain** (*americano*), **français** (*francês*), **chrétien** (*cristão*), e assim por diante.

Concordância de adjetivos

Em francês, a maioria dos adjetivos fica após os nomes (substantivos) que eles modificam e com os quais concorda em gênero e número. Para a concordância dos adjetivos, é necessário acrescentar ou mudar algumas letras. A maioria das regras para formação de adjetivos femininos e do plural são as mesmas dos substantivos.

(O Capítulo 2 explica sobre o gênero e o número dos substantivos em detalhes.)

Quando tem certeza de que os adjetivos concordam, você precisa saber que a maioria deles possui quatro formas:

- Masculino singular
- Feminino singular
- Masculino plural
- Feminino plural

O masculino singular é a forma-padrão do adjetivo – o formato que você procura no dicionário. Por exemplo, **vert** (*verde*) e **beau** (*bonito*) são masculinos; no dicionário, não há a forma equivalente no feminino para consultar, **verte** e **belle** ou o masculino plural, **verts** e **beaux**.

Passando os adjetivos para o feminino

Para passar o adjetivo masculino para o feminino, tudo o que você deve fazer, na maioria dos casos, é acrescentar **-e** no final. Exemplos:

petit (*pequeno*) se transforma em **petite** (*pequena*)

joli (*bonito*) se transforma em **jolie** (*bonita*)

préféré (*favorito*) se transforma em **préférée** (*favorita*)

bleu (*azul*) se transforma em **bleue** (*azul*)

Quando o adjetivo masculino já terminar com **-e**, então não muda no feminino.

grave (*sério; séria*) permanece **grave**

rouge (*vermelho; vermelha*) permanece **rouge**

Como os substantivos, alguns adjetivos terminam de forma irregular no feminino. Muitas dessas palavras dobram a consoante final antes de se acrescentar o **-e**:

Capítulo 9: Escrevendo com Estilo: Adjetivos e Advérbios   *133*

✔ Para os adjetivos com final **-el** ou **-il**, ou **-ul**, adicione **-le** no feminino:

> **formel** (*formal*) se transforma em **formelle** (*formal*)

> **pareil** (*similar*) se transforma em **pareille** (*similar*)

> **nul** (*nenhum*) se transforma em **nulle** (*nenhuma*)

✔ Para os adjetivos masculinos que terminam com **-en** ou **-on**, adicione **-ne** para a forma feminina:

> **tunisien** (*tunisiano*) se transforma em **tunisienne** (*tunisiana*)

> **bon** (*bom*) se transforma em **bonne** (*boa*)

✔ Para a maioria dos adjetivos terminados com **-s**, adiciona-se **-se** para formar o feminino:

> **bas** (*baixo*) se transforma em **basse** (*baixa*)

Entretanto, para os adjetivos pátrios, que se referem às nacionalidades, basta adicionar **-e** sem duplicar o **s**:

> **chinois** (*chinês*) se transforma em **chinoise** (*chinesa*)

Em francês, também há várias formas irregulares de feminino, que seguem um modelo:

✔ **-c** para **-che**: **blanc** (*branco*) se transforma em **blanche** (*branca*)

✔ **-eau** para **-elle**: **noveau** (*novo*) se transforma em **nouvelle** (*nova*)

✔ **-er** para **-ère**: **cher** (*caro*) se transforma em **chère** (*cara*)

✔ **-et** para **ète**: **secret** (*secreto*) se transforma em **secrète** (*secreta*)

✔ **-eux** para **-euse**: **heureux** (*feliz*) se transforma em **heureuse** (*feliz*)

✔ **-f** para **-ve**: **vif** (*vivo*) se transforma em **vive** (*viva*)

✔ **-is** para **-îche**: **frais** (*fresco*) se transforma em **fraîche** (*fresca*)

✔ **-x** para **-ce**: **doux** (*doce*) se transforma em **douce** (*doce*)

Passando os adjetivos para o plural

Para colocar a maioria dos adjetivos no plural, tudo o que precisa fazer é adicionar **-s** no final da palavra. Por exemplo: **joli** (*bonito*) fica **jolis** (*bonitos*) no plural, **blanc** (*branco*) vira **blancs**, e **triste** (*triste*) vira **tristes**.

Se o adjetivo masculino termina com **-s** ou **-x**, a forma do plural é a mesma do singular. Por exemplo: **français** (*francês*) e **vieux** (*velho*), ambos podem modificar tanto o singular quanto o plural. Eis algumas características para lembrar:

- ✔ Os adjetivos com final **-al** fazem plural com **-aux**: **social** (*social*) fica no plural **sociaux**, e **idéal** (*ideal*) muda para **idéaux**.

- ✔ Os adjetivos com final **-eau** fazem plural acrescentando-se **-x**: **nouveau** (*novo*) fica **nouveaux**, e **beau** (*bonito*) vira **beaux**.

Para colocar um adjetivo no feminino e no plural, primeiro passe para o feminino conforme as regras na seção anterior e, depois, para o plural conforme as regras nessa seção. A Tabela 9-1 mostra alguns adjetivos franceses em todas as formas:

Tabela 9-1		Adjetivos Franceses		
Português	Masculino Singular	Feminino Singular	Masculino Plural	Feminino Plural
verde	vert	verte	verts	vertes
cinza	gris	grise	gris	grises
vermelho	rouge	rouge	rouges	rouges
branco	blanc	blanche	blancs	blanches

Os adjetivos terminados com **-s**, como **gris**, têm apenas três formas, porque o masculino e o plural são iguais. Os adjetivos que terminam com **-e**, como **rouge**, têm apenas duas formas, porque o masculino e o feminino são iguais.

Passe cada um desses adjetivos masculinos para a forma feminina singular, masculina plural e feminina plural:

Q. noir

R. **noire, noirs, noires** (*preto*)

1. difficile_____
2. gras_____
3. gentil_____
4. premier_____
5. heureux_____
6. neuf_____
7. anglais_____
8. intéressant_____
9. nouveau_____
10. bon_____

Posição correta do adjetivo com o substantivo

Uma forma de enriquecer suas frases é usar adjetivos. Antes, é necessário pensar que adjetivos vai usar e, depois, colocá-los corretamente nas frases. A maioria dos adjetivos descritivos franceses, que são os que descrevem a aparência e a natureza das coisas – como cores, formatos ou origem –, são colocados após os substantivos que estão modificando:

Capítulo 9: Escrevendo com Estilo: Adjetivos e Advérbios 135

une voiture verte (*um carro verde*)

un garçon mince (*um garoto magro*)

des vêtements européens (*roupas europeias*)

une fille heureuse (*uma garota feliz*)

Além disso, os Presentes e Particípios Passados usados como adjetivos são colocados sempre depois dos nomes. (Veja mais sobre Particípios nos Capítulos 7 e 15.)

des yeux étincelants (*olhos cintilantes*)

une histoire compliquée (*uma história complicada*)

Entretanto, alguns adjetivos descritivos e todos os outros tipos de adjetivos franceses aparecem antes dos substantivos. Os adjetivos descritivos que se referem a qualidades têm de aparecer antes dos substantivos que eles modificam (para se lembrar disso, use o acrônimo BIBT):

- Beleza e feiura
- Idade
- Bondade e ruindade
- Tamanho

Eis alguns exemplos:

une jolie femme (*uma mulher bonita*)

un jeune home (*um homem jovem*)

une nouvelle voiture (*um carro novo*)

une bonne idée (*uma boa ideia*)

un mauvais rhume (*uma gripe ruim*)

un petit appartement (*um apartamento pequeno*)

Grand é uma exceção à regra. Quando precede um substantivo, significa grande (para um objeto) ou grande no sentido de grandeza (para uma pessoa): **une grande maison** (*uma casa grande*), **un grand homme** (*um grande homem*). Porém, para dizer que alguém é alto, coloca-se **grand** após o nome a ser modificado: **un homme grand** (*um homem alto*). Veja "Identificando adjetivos com diferentes significados" para mais informações.

Todos os adjetivos não descritivos (possessivos, demonstrativos, interrogativos, indefinidos, negativos e numéricos) ficam antes do substantivo. (Leia mais sobre possessivos e demonstrativos no Capítulo 2; interrogativos no Capítulo 5, negativos no Capítulo 6 e numéricos no Capítulo 2.)

ma fille (*minha filha*)

cette voiture (*esse carro*)

Quelle maison ? (*qual casa?*)

certains livres (*certos livros*)

aucune idée (*nenhuma ideia*)

Usando maneiras especiais de posicionar seis adjetivos antes de um substantivo

A maioria dos adjetivos tem quatro formatos: masculino singular, feminino singular, masculino plural e feminino plural. Mas, seis adjetivos franceses têm uma quinta forma: uma vogal especial usada em estruturas específicas. O formato especial de masculino singular desses seis adjetivos é usado antes de vogal ou *h* mudo, a fim de facilitar a pronúncia. Veja a Tabela 9-2:

Tabela 9-2   Adjetivos com Formato Especial de Masculino Singular

Português	Masculino Singular	Masculino Singular antes de vogal ou h mudo	Feminino Singular	Masculino Plural	Feminino Plural
bonito	beau	bel	belle	beaux	belles
este	ce	cet	cette	ces	ces
novo	nouveau	nouvel	nouvelle	nouveaux	nouvelles
doido	fou	fol	folle	fous	folles
mole	mou	mol	molle	mous	molles
velho	vieux	vieil	vieille	vieux	vieilles

Esse formato especial é usado somente com substantivos masculinos e somente quando o adjetivo estiver antes de uma vogal ou *h* mudo:

> **un bel homme** (*um homem bonito*)
>
> **mon nouvel avocat** (*meu novo advogado*)
>
> **cet ingénieur** (*este engenheiro*)

Caso um segundo adjetivo – que não comece com vogal ou *h* mudo – esteja entre duas palavras, não é necessário usar o formato especial. Exemplo: **ce grand ingénieur** (*este grande engenheiro*). Por outro lado, se o segundo adjetivo começar com vogal ou *h* mudo, então, nesse caso, deve-se usar a forma especial no anterior, como em **cet ancien maire** (*este prefeito antigo*).

Não é necessariamente a letra inicial da palavra que indica se será preciso ou não usar o formato especial. Se o adjetivo precede diretamente **homme** (*homem*) ou **éclair** (*relâmpago* ou *bomba*), por exemplo, você usa o formato especial. Se o adjetivo precede outro adjetivo, como **intéressant** (*interessante*) ou **ancien** (*antigo*), você usa o formato especial, já que o

Capítulo 9: Escrevendo com Estilo: Adjetivos e Advérbios **137**

nome é masculino (mesmo se o próprio substantivo começar com uma consoante). Porém, se outro adjetivo, como **jeune** (*jovem*) ou **grand** (*grande*), vier antes do substantivo, você não pode usar a forma especial – mesmo se o nome começar com vogal ou *h* mudo. O uso do formato especial acontece só com todas as três condições citadas:

- Substantivo masculino
- Substantivo singular
- Antes de substantivo ou adjetivo com vogal inicial ou *h* mudo.

Identificando adjetivos com diferentes significados

Alguns adjetivos franceses possuem mais de um significado, dependendo de sua posição, antes ou depois do substantivo. Quando o adjetivo estiver com seu significado literal, fica depois do substantivo. Quando tiver um significado figurativo, fica antes do nome.

un ancien médecin (*um antigo médico*)

un médecin ancien (*um médico velho*)

la pauvre femme (*mulher miserável/infeliz*)

la femme pauvre (*mulher pobre*)

Veja, na Tabela 9-3, alguns adjetivos franceses comuns e seus significados:

Tabela 9-3	Adjetivos com Significados Diferentes	
Adjetivo	**Significado antes do Substantivo**	**Significado depois do Substantivo**
brave	*bom, decente*	*bravo*
cher	*querido*	*caro*
curieux	*estranho*	*curioso*
dernier	*final*	*prévio*
franc	*real, genuíno*	*franco*
grand	*grande*	*alto*
premier	*primeiro*	*básico, primário*
prochain	*seguinte*	*próximo*
propre	*próprio (meu, dele, nosso...)*	*limpo*
triste	*sentido*	*triste*

Parte III: Escrevendo com Segurança: Enriqueça Suas Frases

Traduza as seguintes frases para o francês, prestando atenção na posição do adjetivo:

0. um livro laranja

R. un livre orange

11. uma casa amarela _____
12. um país bonito _____
13. um filme engraçado _____
14. uma garota jovem _____
15. uma história interessante _____
16. um apartamento novo _____
17. um grande doutor _____
18. um carro pequeno _____
19. uma mulher alta _____
20. um velho amigo _____

Identificando o Papel de um Advérbio

Do mesmo modo que os adjetivos, os advérbios também são descritivos. Entretanto, ao invés de descreverem substantivos, eles descrevem verbos, adjetivos ou outro advérbio. Os advérbios relatam quando (tempo), onde (lugar), porque (causa), como (modo), a frequência e quanto (quantidade). Ao contrário dos adjetivos que concordam com os substantivos, os advérbios são invariáveis; possuem só uma forma. Esta seção comenta tudo o que você precisa saber sobre os advérbios, como: reconhecer os tipos, posicioná-los e suas formas, para que possa usá-los corretamente em sua fala e escrita.

Tipos de advérbios

Diferentes tipos de advérbios têm diferentes finalidades, e os tipos que você quiser usar dependem do que você quer dizer – você está querendo falar sobre a duração de algum acontecimento, onde isso aconteceu, quando, ...? A posição depende, em parte, do tipo de advérbio que você está usando.

Advérbios de frequência

Indicam com que frequência alguma coisa acontece:

- **encore** (*ainda*)
- **jamais** (*jamais*)
- **parfois** (*às vezes*)
- **rarement** (*raramente*)
- **souvent** (*amiúde/geralmente*)
- **toujours** (*sempre/ainda*)
- **quelquefois** (*às vezes*)

Capítulo 9: Escrevendo com Estilo: Adjetivos e Advérbios   139

Veja alguns exemplos:

> **Je vais souvent aux musées.** (*Eu geralmente vou a museus.*)
>
> **Habites-tu toujours au Québec ?** (*Você ainda mora em Quebec?*)

Advérbios de lugar

Indicam onde alguma coisa acontece:

- ✓ **autour** (*em volta de*)
- ✓ **dedans** (*dentro*)
- ✓ **dehors** (*fora*)
- ✓ **derrière** (*atrás*)
- ✓ **dessous** (*abaixo*)
- ✓ **dessus** (*em cima*)
- ✓ **devant** (*em frente*)
- ✓ **en bas** (*embaixo, inferior*)

- ✓ **en haut** (*em cima, superior*)
- ✓ **ici** (*aqui*)
- ✓ **là** (*lá*)
- ✓ **loin** (*longe*)
- ✓ **partout** (*em todo lugar*)
- ✓ **près** (*perto*)
- ✓ **quelque part** (*em toda parte*)

Alguns exemplos de frases:

> **Je préfère m'asseoir derrière.** (*Eu prefiro me sentar atrás.*)
>
> **Qui habite en haut ?** (*Quem mora em cima?*)

Muitos advérbios de lugar são preposições. A diferença é que um advérbio modifica o verbo – **J'habite en bas**. (*Eu moro embaixo*) – e a preposição une o objeto ao substantivo que o segue com outra palavra – **J'habite en bas de Michel** (*Eu moro embaixo do Michel*). Veja, no Capítulo 12, mais informações sobre as preposições francesas.)

Advérbios de tempo

Indicam quando algo acontece:

- ✓ **actuellement** (*neste momento*)
- ✓ **après** (*depois*)
- ✓ **aujourd'hui** (*hoje*)
- ✓ **aussitôt** (*imediatamente*)
- ✓ **autrefois** (*outrora*)
- ✓ **avant** (*antes*)
- ✓ **bientôt** (*logo*)
- ✓ **d'abord** (*primeiro*)

- ✓ **déjà** (*já*)
- ✓ **demain** (*amanhã*)
- ✓ **depuis** (*desde*)
- ✓ **enfin** (*finalmente*)
- ✓ **ensuite** (*depois/em seguida*)
- ✓ **hier** (*ontem*)
- ✓ **immédiatement** (*imediatamente*)
- ✓ **longtemps** (*muito tempo*)
- ✓ **maintenant** (*agora*)

- récemment (*recentemente*)
- tard (*tarde*)
- tôt (*cedo*)

Nota: **Actuellement** significa agora, já, neste momento, hoje em dia... não realmente. **En fait** significa realmente, na verdade...

Aqui estão algumas frases com advérbios de tempo:

Nous allons partir demain. (*Nós vamos partir amanhã.*)

J'ai enfin visité Paris. (*Eu finalmente visitei Paris.*)

Advérbios de quantidade

Indicam a quantidade de cada coisa:

- **assez (de)** (*bastante, muito, suficiente*)
- **autant (de)** (*tanto*)
- **beaucoup (de)** (*muito*)
- **bien de** (*vários*)
- **combien (de)** (*quanto*)
- **encore (de)** (*ainda mais*)
- **moins (de)** (*menos de*)
- **pas mal de** (*muitos, vários*)
- **(un) peu (de)** (*pouco*)
- **la plupart de** (*a maior parte*)
- **plus (de)** (*cada vez mais*)
- **tant (de)** (*tanto*)
- **très** (*muito*)
- **trop (de)** (*demais*)

Nota: Os parênteses em volta de **de** indicam que ele é necessário apenas se for seguido de substantivo. **J'ai assez mangé** (*Eu comi muito*) não precisa de **(de)** porque **assez** é seguido de verbo, mas em **j'ai assez de temps** (*Eu tenho bastante tempo*), ele é necessário, porque há um substantivo. Os advérbios de quantidade **bien de**, **encore de**, **pas mal de** e **la plupart de** são sempre seguidos por um substantivo.

C'est combien ? (*Quanto é isso?*)

Je parle très vite. (*Eu falo muito rápido.*)

Os advérbios também podem ser usados como adjetivos para modificar substantivos.

Il y a trop de circulation. (*Há muito tráfego.*)

Il a beaucoup d'amis. (*Ele tem muitos amigos.*)

Quando o advérbio de quantidade é seguido por um substantivo, como nos exemplos anteriores, é necessário incluir a preposição **de** entre eles, e não se usa artigo antes do substantivo. Entretanto, há exceções:

_____ **Capítulo 9: Escrevendo com Estilo: Adjetivos e Advérbios** *141*

✔ Quando o substantivo que estiver depois de **de** se referir a pessoas ou coisas específicas, é necessário o artigo. Compare estas duas frases:

Cette ville a beaucoup de circulation. (*Esta cidade tem muito tráfego.*)

Beaucoup de la circulation à Marseille est à destination de l'aéroport. (*Muito do tráfego em Marselha vai para o aeroporto.*)

✔ **Bien de, encore de** e **la plupart de** sempre precisam de um artigo, como em **La plupart de la plage est rocheuse.** (*A maior parte da praia é rochosa.*)

Em francês, há ainda outros três tipos de advérbios que precisamos conhecer. São os seguintes:

✔ Advérbios de modo (ver na próxima seção)

✔ Advérbios interrogativos (ver no Capítulo 5)

✔ Advérbios negativos (ver no Capítulo 6)

Advérbios de modo

Muitos advérbios são formados dos adjetivos, tanto em francês quanto em português. Os advérbios de modo mostram como alguma coisa acontece e, geralmente, terminam com -*mente* em português (claramente, rapidamente, francamente); em francês, terminam com **-ment** (**clairement, rapidement, franchement**).

A regra para mudar de adjetivo para advérbio é simples. Para adjetivos masculinos que terminam com vogal, adicione **-ment**:

poli (*educado*) se transforma em **poliment** (*educadamente*)

carré (*quadrado*) se transforma em **carrément** (*francamente*)

triste (*triste*) se transforma em **tristement** (*tristemente*)

Outras palavras precisam de mais ajustes. Guarde estas regras para formar advérbios:

✔ Quando o adjetivo masculino terminar com consoante (exceto para **-ant** e **-ent**) ou com vogais, aplica-se a forma feminina do adjetivo e adiciona-se **-ment**. A maioria dos adjetivos franceses é formada assim:

certain (*certo*) / **certaine** (*certa*) – **certainement** (*certamente*)

heureux (*feliz / masculino*) / **heureuse** (*feliz / feminino*) – **heureseument** (*felizmente*)

dernier (*último*) / **dernière** (*última*) – **dernièrement** (*ultimamente*)

nouveau (*novo*) / **nouvelle** (*nova*) – **nouvellement** (*recentemente*)

142 Parte III: Escrevendo com Segurança: Enriqueça Suas Frases _____

> ✔ Para adjetivos com terminação em **-ant** ou **-ent**, substitui-se o final por **-amment** ou **-emment**:
>
> **constant** (*constante*) – **constamment** (*constantemente*)
>
> **intelligent** (*inteligente*) – **intelligemment** (*inteligentemente*)

Entretanto, guarde algumas exceções da regra anterior:

> ✔ **continu** (*contínuo*) se transforma em **continûment** (*continuamente*)
>
> ✔ **énorme** (*enorme*) se transforma em **énormément** (*enormemente*)
>
> ✔ **gentil** (*gentil*) se transforma em **gentiment** (*gentilmente*)
>
> ✔ **lent** (*lento*) se transforma em **lentement** (*lentamente*)
>
> ✔ **vrai** (*verdade*) se transforma em **vraiment** (*verdadeiramente*)

Alguns advérbios de modo não terminam com **-ment**:

> ✔ **bien** (*bem*)
>
> ✔ **debout** (*em pé*)
>
> ✔ **exprès** (*de propósito*)
>
> ✔ **mal** (*mal*)

> ✔ **mieux** (*melhor*)
>
> ✔ **pire** (*pior*)
>
> ✔ **vite** (*rapidamente*)
>
> ✔ **volontiers** (*com muito prazer*)

Algumas frases com advérbios de modo:

> **Elle parle très poliment.** (*Ela fala muito educadamente.*)
>
> **Tu l'as fait exprès !** (*Você fez de propósito!*)

Transforme os adjetivos em advérbios:

Q. joli

R. **joliment** (*agradavelmente*)

21. naturel_____

22. clair_____

23. lent_____

24. malheureux_____

25. vrai_____

26. premier_____

27. abondant_____

28. gentil_____

29. affreux_____

30. prudent_____

Capítulo 9: Escrevendo com Estilo: Adjetivos e Advérbios *143*

Posição dos advérbios

A posição dos advérbios depende do que estão modificando e do tipo de advérbio empregado.

Depois do verbo

Quando o advérbio francês modifica um verbo, ele geralmente aparece após o verbo:

> **Je le ferai volontiers !** (*Farei com muito prazer!*)

> **Nous voyageons souvent en été.** (*Nós viajamos frequentemente no verão.*)

Quando há dois verbos, o advérbio fica depois do verbo conjugado, não do Infinitivo nem do Particípio:

> **J'aime beaucoup nager.** (*Eu amo muito nadar.*)

> **Il a déjà mangé.** (*Ele já comeu.*)

Quando a negativa é feita com advérbio seguindo o verbo, a segunda parte da estrutura negativa (veja o Capítulo 6) fica antes do advérbio.

> **Je ne me sens pas bien**. (*Não me sinto bem.*)

> **Il ne travaille jamais vite**. (*Ele nunca trabalha rapidamente.*)

Outras posições

Os advérbios de tempo como **aujourd'hui** e **hier** geralmente podem ser posicionados no começo ou no final das frases, como em **Je dois travailler aujourd'hui** (*Eu tenho de trabalhar hoje.*). O mesmo acontece com advérbios longos, como **Normalement, je me lève à 7h00** (*Normalmente, eu me levanto às 7 h*). Contudo, quando quer reforçar o sentido do advérbio, você o coloca depois do verbo conjugado, como em **Il a violemment critiqué la nouvelle loi.** (*Ele criticou violentamente a nova lei.*)

A melhor posição para os advérbios de lugar é depois do objeto direto ou, se não houver um, depois do verbo:

Tu trouveras tes valises en haut. (*Você vai encontrar suas malas no andar de cima.*)

J'aimerais vivre ici. (*Adoraria viver aqui.*)

Os advérbios modificadores de adjetivos ou outros advérbios ficam antes:

Elle est très belle. (*Ela é muito bonita.*)

J'habite ici depuis assez longtemps. (*Eu moro aqui há muito tempo.*)

Sua colega Marianne pediu que olhasse o memorando que ela escreveu e você não o achou bom, porque ela não usou advérbios. Ajude-a adicionando os advérbios entre parênteses em cada frase:

Q. Nous allons parler de la fête annuelle. (aujourd'hui)

R. **Aujourd'hui, nous allons parler de la fête annuelle**. (*Hoje iremos conversar sobre a festa anual.*)

NOTE DE SERVICE

À:	Tous les employés
De:	Marianne
Sujet:	Fête annuelle

31. Elle se tient dans le bureau. (normalement)

32. Mais cette fois, nous pouvons trouver un endroit intéressant. (plus)

33. À mon avis, un restaurant est un bon choix. (très)

34. Comme ça, nous mangeons ce que nous voulons. (exactement)

35. J'ai téléphoné à plusieurs restaurants... (hier)

36. ... et j'en ai trouvé trois qui semblent idéaux. (presque)

37. Le premier a du charme. (beaucoup)

38. Le deuxième est ici. (près de)

39. Et le troisième est fréquenté par des célébrités. (souvent)

40. Répondez pour me dire lequel vous préférez. (immédiatement)

Comparações com Comparativos e Superlativos

Há dois tipos de comparações em francês: os comparativos e os superlativos. Os *comparativos* dizem que alguma coisa é mais... do que, menos... do que, ou tão... quanto outra coisa; e os *superlativos* proclamam que alguma coisa é a mais... ou a menos... de todas.

Mais ou menos, igual: Relacionando Duas coisas com comparativos

Comparativos indicam três coisas:

- Superioridade
- Inferioridade
- Igualdade

Em francês, usa-se o comparativo **plus _____ que** para indicar superioridade – dizer que algo é *mais ____ que* outra coisa qualquer, com adjetivos ou advérbios:

> **Elle est plus belle que moi.** (*Ela é mais bonita do que eu.*)

> **Jacques parle plus rapidement que toi.** (*Jacques fala mais rapidamente do que você.*)

Em francês, os comparativos e superlativos são mais usados com pronomes tônicos do que pessoais, depois de **que**, como nos exemplos anteriores. Os pronomes tônicos possuem formas especiais e são usados depois de preposições e em comparativos e superlativos. Veja na Tabela 9-4.

Tabela 9-4	Pronomes Usados Após o <u>que</u> em Comparativos e Superlativos	
Pessoa	*Singular*	*Plural*
Primeira	**moi**	**nous**
Segunda	**toi**	**vous**
Terceira	**lui/elle**	**leur**

Se o objeto de comparação já tiver sido mencionado, então não precisa repeti-lo com **que**. Por exemplo: **J'ai lu ton livre, mais le mien est plus intéressant [que le tien]**. (*Eu li o seu livro, mas o meu é mais interessante [do que o seu.]*)

Em uma comparação, o adjetivo tem de concordar com o substantivo; para isso, siga as regras de "concordância dos adjetivos" (advérbios são invariáveis).

Paul est plus grande que Camille. (*Paul é mais alto do que Camille.*)

Camille est plus grande que Paul. (*Camille é mais alta do que Paul.*)

Para dizer que algo é inferior – *menos _____ que* –, use o comparativo **moins ___ que**:

Yvette est moins aventureuse que son frère. (*Yvette é menos aventureira do que seu irmão.*)

Ce livre est moins intéressant [que l'autre]. (*Esse livro é menos interessante [do que o outro].*)

Il chante moins distinctement que son frère. (*Ele canta menos distintamente do que seu irmão.*)

O comparativo de igualdade é feito em francês com **aussi___ que**; equivalente a *tão _____ quanto* em português:

L'exercise est aussi important que la nutrition. (*O exercício é tão importante quanto a nutrição.*)

Ma mère est aussi grande que mon père. (*Minha mãe é tão alta quanto meu pai.*)

Vous vivez aussi bien qu'un roi. (*Você vive tão bem quanto um rei.*)

Todos esses comparativos são entre duas coisas ou pessoas, mas também se pode comparar com dois adjetivos:

Je suis plus agacé que fâché. (*Eu estou mais aborrecido do que [estou] raivoso.*)

Il est aussi audacieux que courageux. (*Ele é tão audacioso quanto [é] corajoso.*)

Aumentar com superlativos

Os superlativos expressam dois extremos: o mais ou o menos de todos. Para formar o superlativo, é necessário conhecer três coisas:

- O artigo definido
- **Plus** (*mais*) ou **moins** (*menos*)
- O adjetivo ou advérbio

Adjetivos

Tanto o artigo definido quanto o adjetivo possuem masculino ou feminino e singular ou plural para concordar com os substantivos que eles modificam. Então, o superlativo é formado com o artigo definido + **plus** ou **moins** + o adjetivo.

Antes de usar superlativos, é necessário saber se o adjetivo que será usado vem antes ou depois do verbo (veja, na seção anterior neste capítulo, sobre a posição dos adjetivos), porque os adjetivos têm de ficar na mesma posição nos superlativos. Quando o superlativo se encontra após o substantivo, é preciso usar duas vezes o artigo – antes do substantivo e do superlativo.

>**C'est la solution la plus équitable.** (*Essa é a solução mais justa.*)

>**Mon frère est l'homme le moins sportif du monde.** (*Meu irmão é o homem menos atlético do mundo.*)

Os adjetivos que precedem os substantivos podem vir antes ou depois no superlativo. Quando vêm antes, você usa apenas um artigo definido:

>**Il est l'homme le plus beau** ou **Il est le plus bel homme.** (*Ele é o homem mais bonito* ou *mais bonito homem.*)

>**Les acidents les moins mauvais** ou **les moins mauvais accidents.** (*Acidentes menos ruins* ou *menos ruins acidentes.*)

Advérbios

Os superlativos com advérbios são um pouco diferentes dos com adjetivos. Os advérbios não concordam com as palavras que eles modificam e os artigos definidos nos superlativos também não; é sempre **le**, masculino singular. Os advérbios comparativos e superlativos sempre seguem os verbos e não possuem dois artigos, como os superlativos dos adjetivos algumas vezes têm. Ao contrário, os superlativos com advérbios sempre seguem a forma **le** + **plus** ou **mois** + advérbio:

>**Elle danse le plus parfaitement.** (*Ela dança perfeitamente bem.*)

>**Ils conduisent le moins lentement.** (*Eles conduzem menos lentamente.*)

Melhor ou pior: Formas especiais de comparativos e superlativos

Dois adjetivos franceses possuem formas especiais para os advérbios comparativos e superlativos. Em francês, os advérbios **bon** (*bom*) e **mauvais** (*ruim*) têm uma forma especial para o comparativo de superioridade e o superlativo. O comparativo de **bon** é **meilleur** (*melhor*) e o superlativo é **le meilleur** (*o melhor*). Como todo adjetivo, eles concordam com o substantivo que está sendo modificado:

Parte III: Escrevendo com Segurança: Enriqueça Suas Frases

>**Ton vélo est meilleur que le mien.** (*Sua bicicleta é melhor do que a minha.*)
>
>**Ma question est la meilleure.** (*Minha pergunta é a melhor.*)
>
>**Leurs idées sont moins bonnes**. (*As ideias deles são menos boas / não são tão boas.*)

Mauvais tem duas formas comparativas e superlativas: **plus mauvais** (*mais ruim*) ou **pire** (*pior*), (em português "mais ruim" é errado. Não se fala nem se escreve assim; o correto é pior.)

>**Cette décision est plus mauvaise que l'autre** ou **Cette decision est pire que l'autre.** (*Essa decisão é pior do que a outra.*)
>
>**Ces problèmes sont les plus mauvais** ou **Ces problèmes sont les pires**. (*Esses problemas são os piores.*)
>
>**Cette question est moins mauvaise.** (*Essa questão não é tão ruim / menos ruim.*)

O francês também tem duas formas especiais para os advérbios comparativos e superlativos. O advérbio **bien** (*bem, bom*) fica **mieux** (*melhor que*) no comparativo e **le mieux** (*o melhor*) no superlativo:

>**Philippe comprend mieux que moi.** (*Philippe entende melhor que eu.*)
>
>**C'est en France que je me sens le mieux.** (*É na França que eu me sinto melhor.*)
>
>**Tu écris moins bien.** (*Você não escreve tão bem.*)

Sua amiga Élise é muito competitiva! Quando você lhe conta alguma coisa, ela sempre diz que o que ela faz ou tem é maior, melhor ou algo mais do que o que alguém faz ou possui. Para cada frase escreva o que Élise responderia. Use comparativo nas questões 31 a 35 e superlativo nas de número 36 a 40.

Q. Ma voiture est rouge.

R. Ma voiture est **plus rouge**. (*Meu carro é mais vermelho.*)

41. Ce livre est intéressant._____

42. Mes amis sont sportifs._____

43. J'ai une bonne question_____

44. Martin s'habille professionnellement._____

45. Anne travaille consciencieusement._____

46. Je regarde un film amusant._____

Capítulo 9: Escrevendo com Estilo: Adjetivos e Advérbios **149**

47. Ma soeur est belle._____

48. J'ai un grand problèm._____

49. Nicolas nage bien._____

50. Ils parlent le français couramment._____

Respostas

1 **difficile, difficiles, difficiles** (*difícil*)

2 **grasse, gras, grasses** (*gordo*)

3 **gentille, gentils, gentilles** (*gentil*)

4 **première, premiers, premières** (*primeiro*)

5 **heureuse, heureux, heureuses** (*feliz*)

6 **neuve, neufs, neuves** (*novo*)

7 **anglaise, anglais, anglaises** (*inglês*)

8 **intéressante, intéressants, intéressantes** (*interessante*)

9 **nouvelle, nouveaux, nouvelles** (*nova*)

10 **bonne, bons, bonnes** (*bom*)

11 **une maison jaune**

12 **un beau pays**

13 **un film amusant**

14 **une jeune fille**

15 **une histoire intéressante**

16 **um nouvel appartement**

17 **un grand médecin**

18 **une petite voiture**

19 **une femme grande**

150 Parte III: Escrevendo com Segurança: Enriqueça Suas Frases _____

20 **un vieil ami**

21 **naturellement** (*naturalmente*)

22 **clairement** (*claramente*)

23 **lentement** (*vagarosamente*)

25 **malheureusement** (*infelizmente*)

25 **vraiment** (*verdadeiramente*)

26 **premièrement** (*primeiramente, em primeiro lugar*)

27 **abondamment** (*abundantemente*)

28 **gentiment** (*gentilmente*)

29 **affreusement** (*terrivelmente*)

30 **prudemment** (*prudentemente*)

31 Elle se tient **normalement** dans le bureau. (*É realizada normalmente no escritório.*)

32 Mais cette fois, nous pouvons trouver un endroit **plus** intéressant. (*Mas dessa vez, podemos encontrar um local mais interessante.*)

33 À mon avis, un restaurant est un **très** bon choix. (*Em minha opinião, um restaurante é a melhor opção.*)

34 Comme ça, nous mangeons **exactement** ce que nous voulons. (*Dessa maneira, comeremos exatamente o que queremos.*)

35 **Hier**, j'ai téléphoné à plusieurs restaurants... (*Ontem, eu liguei para vários restaurantes...*)

36 ... et j'en ai trouvé trois qui semblent **presque** idéaux. (*... e achei três que parecem os mais perfeitos.*)

37 Le premier a **beaucoup** de charme. (*O primeiro tem muito charme.*)

38 Le deuxième est **près d**'ici. (*O segundo é perto daqui.*)

39 Et le troisième est **souvent** fréquenté par des célébrités. (*E o terceiro é frequentemente frequentado por celebridades.*)

40 Répondez **immédiatement** pour me dire lequel vous préférez. (*Responda-me imediatamente para me dizer qual você prefere.*)

41 Ce livre est **plus intéressant** ! (*Esse livro é mais interessante!*)

42 Mes amis sont **plus sportifs** ! (*Meus amigos são muito atléticos!*)

Capítulo 9: Escrevendo com Estilo: Adjetivos e Advérbios   **151**

43   J'ai une **meilleure** question ! (*Eu tenho uma pergunta melhor!*)

44   Je m'habille **plus professionnellement** ! (*Eu me visto mais profissionalmente!*)

45   Je travaille **plus consciencieusement** ! (*Eu trabalho mais conscientemente!*)

46   Je regarde le film **le plus amusant** ! (*Esse filme que estou assistindo é o mais engraçado!*)

47   Ma soeur est **la plus belle** ! (*Minha irmã é a mais bonita!*)

48   J'ai **le plus grand problème** ! (*Eu tenho um problema maior!*)

49   Je nage **le mieux** ! (*Eu nado melhor!*)

50   Je parle le français **le plus couramment** ! (*Eu falo francês mais fluentemente!*)

152 Parte III: Escrevendo com Segurança: Enriqueça Suas Frases

Capítulo 10
Eu Comando Você:
O Imperativo

. . . .

Neste Capítulo

▶ Conjugação do Imperativo

▶ Compreensão dos comandos afirmativos e negativos

▶ Dando ordens sem usar o Imperativo

. . . .

O imperativo é o modo mais usado para dar ordens, fazer sugestões e dar conselhos. É o único verbo francês pessoal que não é usado com pronome pessoal mas, ainda assim, é pessoal porque possui várias formas para cada uma das três pessoas gramaticais que são usadas para dar ordens: **tu**, **nous** e **vous**.

O Imperativo é um modo, não um tempo; indica alguma coisa que você está dizendo a alguém para fazer, porém, como essa pessoa pode ou não realizar tal ação, você não usa o Indicativo. O modo é a forma verbal que indica como o falante se sente sobre a ação do verbo; se é real (é usado o modo Indicativo), condicional (é usado o modo Condicional), subjetivo (é usado o modo Subjuntivo) ou uma ordem (é usado o modo Imperativo). Este capítulo explica como conjugar no modo Imperativo, diferenças entre o afirmativo e negativo, além de mostrar algumas maneiras de dar ordens sem usar o Imperativo.

Conjugando o Imperativo

Há apenas três conjugações no Imperativo: **tu** (*tu ou você*), **nous** (*nós*) e **vous** (*vós, vocês*). Sem pronome pessoal para guiá-lo, fazer a conjugação certa é muito importante, porque é a única maneira de dizer quem está sendo mandado a fazer alguma coisa. Esta seção mostra como conjugar o Imperativo regular, irregular e reflexivo.

Verbos regulares

A conjugação dos verbos no Imperativo é exatamente igual à do Presente. Porém, os pronomes pessoais não são usados. (Olhe o Capítulo 4 para se lembrar de como conjugar no Presente.)

154 Parte III: Escrevendo com Segurança: Enriqueça Suas Frases

Imperativo dos verbos terminados em -er

Para **nous** e **vous** dos verbos regulares terminados em **-er**, retiramos **-er**, adicionamos **-ons** para **nous** e **-ez** para **vous**. Para **tu**, usamos o verbo no Presente sem o **-s** final. Veja, na Tabela 10-1, o tempo Presente e o Imperativo do verbo **parler** (*falar*) – os pronomes pessoais entre parênteses são só para lembrá-lo de que não são usados no modo Imperativo.

Tabela 10-1	Imperativo do Verbo Parler (*falar*), um Regular, Terminado em -er:
Tempo Presente	*Imperativo*
Tu parles (*você fala*)	(tu) **Parle** (*fala tu*)
Nous parlons (*nós falamos*)	(nous) **Parlons** (*falemos nós*)
Vous parlez (*vocês falam*)	(vous) **Parlez** (*falai vós*)

Imperativo dos verbos terminados em -ir e -re:

A conjugação do Imperativo dos verbos regulares terminados em **-ir** e **-re** é a mesma do tempo Presente. Para os terminados com **-ir**, adiciona-se **-is** para a forma **tu**, **-issons** para o **nous** e **-issez** para o **vous**. Para os verbos com final **-re**, acrescenta-se o **-s** para o **tu**, **-ons** para o **nous** e **-ez** para o **vous**. A Tabela 10-2 mostra a conjugação dos verbos regulares terminados em **-ir**.

Tabela 10-2	Imperativo do Verbo Choisir (*escolher*), um Regular, Terminado em -ir:
Presente	Imperativo
Tu choisis (*você escolhe*)	(tu) **Choisis** (*escolhe tu*)
Nous choisissons (*nós escolhemos*)	(nous) **Choisissons** (*escolhamos nós*)
Vous choisissez (*vocês escolhem*)	(vous) **Choisissez** (*escolhei vós*)

Veja a Tabela 10-3 – Formação do Imperativo dos verbos regulares com final **-re**:

Tabela 10-3	Imperativo do verbo Vendre (*vender*), um regular, terminado em -re:
Presente	*Imperativo*
Tu vends (*você vende*)	(tu) **Vends** (*vende tu*)
Nous vendons (*nós vendemos*)	(nouns) **Vendons** (*vendamos nós*)
Vous vendez (*vocês vendem*)	(vous) **Vendez** (*vendei vós*)

Capítulo 10: Eu Comando Você: O Imperativo

Nota: O **tu**, no Imperativo dos verbos terminados com **-er**, não leva **-s** no final, mas, no Imperativo dos verbos **-ir** e **-re**, sim.

Conjugue as três formas do Imperativo de cada verbo:

Q. marcher (*andar*)

R. **marche, marchons, marchez (anda, vamos andar, ande)**

1. finir_____
2. étudier_____
3. danser_____
4. attendre_____
5. compter_____
6. réfléchir_____
7. chanter_____
8. couvrir_____
9. répondre_____
10. jouer_____

Verbos irregulares

A maioria dos verbos irregulares usa a mesma conjugação do Presente para a formação do Imperativo. (Veja, no Capítulo 4, como conjugar verbos irregulares no Presente.)

Verbos Irregulares terminados em -er

Os verbos com radicais e/ou escritas diferentes são conjugados no Imperativo como os verbos regulares terminados em **-er**. O Presente menos o **-s** para conjugar **tu** e, para **nous** e **vous**, conjugações iguais às do Presente. (Veja essas conjugações nas Tabelas 10-4 e 10-5.)

Tabela 10-4	Imperativo de Acheter (*comprar*), Verbo com Radical Diferente
Presente	*Imperativo*
Tu achètes (*você compra*)	(tu) **Achète** (*compra tu*)
Nous achetons (*nós compramos*)	(nous) **Achetons** (*compremos nós*)
Vous achetez (*vocês compram*)	(vous) **Achetez** (*comprai vós*)

Tabela 10-5	Imperativo de Commencer (*começar*), Verbo com Escrita Diferente
Presente	*Imperativo*
Tu commences (*você começa*)	(tu) **Commence** (*começa tu*)
Nous commençons (*nós começamos*)	(nous) **Commençons** (*comecemos nós*)
Vous commencez (*vocês começam*)	(vous) **Commencez** (*começai vós*)

156 Parte III: Escrevendo com Segurança: Enriqueça Suas Frases _____

Aller, o único verbo irregular terminado com **-er**, também segue esse modelo. Veja a Tabela 10-6.

Tabela 10-6	Imperativo do Verbo Irregular Aller (*ir*)
Presente	*Imperativo*
Tu vas (*você vai*)	(tu) **Va** (*vem tu*)
Nous allons (*nós vamos*)	(nous) **Allons** (*venhamos nós*)
Vous allez (*vocês vão*)	(vous) **Allez** (*vinde vós*)

Verbos Irregulares terminados com -ir e -re:

O Imperativo da maioria dos verbos irregulares terminados com **-ir** e **-re** é o mesmo do Presente (sem os pronomes pessoais).Veja as Tabelas 10-7 e 10-8.

Tabela 10-7	Imperativo de Partir (*partir*), um Irregular, Terminado em -ir
Presente	*Imperativo*
Tu pars (*você parte*)	(tu) **Pars** (*parte tu*)
Nous partons (*nós partimos*)	(nouns) **Partons** (*partamos nós*)
Vous partez (*vocês partem*)	(vous) **Partez** (*parti vós*)

Tabela 10-8	Imperativo de Mettre (*pôr*), um Irregular, Terminado em -re
Presente	*Imperativo*
Tu mets (*você põe*)	(tu) **Mets** (*põe tu*)
Nous mettons (*nós pomos*)	(nous) **Mettons** (*ponhamos nós*)
Vous mettez (*vocês põem*)	(vous) **Mettez** (*ponde vós*)

Os únicos verbos terminados com **-ir** que não seguem esse modelo são os verbos como o **ouvrir**, **savoir**, **avoir** e **vouloir**. E o único verbo terminado com **-re** que também não segue o padrão é o **être**.

Ouvrir e outros verbos terminados em **-ir** conjugados como este no Presente (ou seja, com a mesma terminação dos verbos regulares terminados em **-er**) seguem o mesmo formato dos terminados em **-er** no Imperativo: você usa a forma do Presente para **nous** e **vous** e o **tu** menos **s**.

Veja a Tabela 10-9.

Capítulo 10: Eu Comando Você: O Imperativo **157**

Tabela 10-9 — Imperativo de Ouvrir (*abrir*), Conjugado como os Verbos Terminados em -er

Presente	Imperativo
Tu ouvres (*você abre*)	(tu) **Ouvre** (*abre tu*)
Nous ouvrons (*nós abrimos*)	(nous) **Ouvrons** (*abramos nós*)
Vous ouvrez (*vocês abrem*)	(vous) **Ouvrez** (*abri vós*)

Quatro verbos franceses possuem conjugações irregulares no Imperativo: **avoir** (Tabela 10-10), **être** (Tabela 10-11), **savoir** (Tabela 10-12) e **vouloir** (Tabela 10-13). *Nota*: O Imperativo desses verbos irregulares é semelhante à conjugação do Subjuntivo. Leia sobre o Subjuntivo no Capítulo 8.

Tabela 10-10 — Imperativo de Avoir (*ter*)

Presente	Imperativo
Tu as (*você tem*)	(tu) **Aie** (*tem tu*)
Nous avons (*nós temos*)	(nous) **Ayons** (*tenhamos nós*)
Vous avez (*vocês têm*)	(vous) **Ayez** (*tende vós*)

Tabela 10-11 — Imperativo de Être (*ser*)

Presente	Imperativo
Tu es (*você é*)	(tu) **Sois** (*sê tu*)
Nous sommes (*nós somos*)	(nous) **Soyons** (*sejamos nós*)
Vous êtes (*vocês são*)	(vous) **Soyez** (*sede vós*)

Tabela 10-12 — Imperativo de Savoir (*saber*)

Presente	Imperativo
Tu sais (*você sabe*)	(tu) **Sache** (*sabe tu*)
Nous savons (*nós sabemos*)	(nous) **Sachons** (*saibamos nós*)
Vous savez (*vocês sabem*)	(vous) **Sachez** (*sabei vós*)

O verbo **Vouloir** no Imperativo não é uma ordem, mas um pedido educado: **Veuillez m'excuser** (*Por favor, desculpe-me*). O verbo **Vouloir** não tem **nous** no Imperativo porque não faz sentido dizer em francês "Desculpemos a nós mesmos!". Veja a Tabela 10-13.

Parte III: Escrevendo com Segurança: Enriqueça Suas Frases

Tabela 10-13	Imperativo do Verbo Vouloir (*querer*)
Presente	*Imperativo*
Tu veux (*você quer*)	(tu) **Veuille** (*por favor*)
Nous voulons (*nós queremos*)	(não se aplica)
Vous voulez (*vocês querem*)	(vous) **Veuillez** (*por favor*)

Conjugue cada verbo nas três formas do Imperativo:

Q. prendre

R. **prends, prenons, prenez (pega, peguemos, papai)**

11. dormir_____
12. avoir_____
13. écrire_____
14. savoir_____
15. faire_____
16. être_____
17. aller_____
18. venir_____
19. dire_____
20. vouloir_____

Verbos Pronominais

A conjugação dos verbos pronominais (veja o Capítulo 11) no Imperativo tem as mesmas regras dos verbos anteriores. Depois, é só colocar o pronome reflexivo no final do verbo com um hífen, como nas Tabelas 10-14 e 10-15.

Tabela 10-14	Imperativo do Verbo Se Coucher (*deitar-se*), um Verbo Pronominal
Presente	*Imperativo*
Tu te couches (*tu te deitas*)	(tu) **Couche-toi** (*deita-te; vá para a cama*)
Nous nous couchons (*nós nos deitamos*)	(nous) **Couchons-nous** (*deitemo-nos; vamos para a cama*)
Vous vous couchez (*vocês se deitam*)	(vous) **Couchez-vous** (*deitai-vos; ide para a cama*)

Capítulo 10: Eu Comando Você: O Imperativo **159**

Tabela 10-15	Imperativo de Se Taire (*calar-se*), um verbo pronominal
Presente	*Imperativo*
Tu te tais (*tu te cala*)	(tu) **Tais-toi** (*cala-te; fica quieto*)
Nous nous taisons (*nós nos calamos*)	(nous) **Taisons-nous** (*calemo-nos; fiquemos quietos*)
Vous vous taisez (*vocês se calam*)	(vous) **Taisez-vous** (*calai-vos; ficai quietos*)

Conjugue cada verbo pronominal nas três formas do Imperativo:

Q. se coiffer

R. **coiffe-toi, coiffons-nous, coiffez-vous** (arrume o cabelo / vamos arrumar o cabelo / arrumar o cabelo)

21. se raser_____

22. se doucher_____

23. se reposer_____

24. s'amuser_____

25. se lever_____

Comandos Afirmativos e Negativos

Os comandos afirmativos são usados para dizer a alguém para fazer alguma coisa, e os negativos, para dizer que não faça. A única diferença entre o Imperativo afirmativo e o negativo é a palavra de ordem usada quando inclui pronome reflexivo, oblíquo e/ou adverbial. Esta seção ajuda a diferenciar tudo isso.

Lista do que fazer: Comandos Afirmativos

Os comandos afirmativos dizem a alguém que faça alguma coisa. A sentença não tem pronome pessoal; apenas o verbo conjugado diz quem está dando a ordem. Para uma ordem afirmativa, apenas coloque o verbo no Imperativo afirmativo e acrescente o resto que for preciso, um objeto direto ou advérbio.

Mange plus lentement. (*Coma mais vagarosamente.*)

Fermez la porte. (*Feche a porta.*)

O Imperativo nem sempre dá ordens; pode também dar sugestões, fazer pedidos – principalmente quando é usado a forma **nous**:

Partons à midi. (*Partiremos ao meio-dia.*)

Voyageons ensemble. (*Viajaremos juntos / Por que não viajamos juntos?*)

O Imperativo também pode ser usado para um pedido educado com a forma **vous**:

Veuillez m'excusez. (*Por favor, desculpe-me.*)

Ayez la bonté de fermer la porte. (*Faça o favor de fechar a porta?*)

Qualquer pronome reflexivo, oblíquo, adverbial ou objetivo direto que vem depois do verbo Imperativo afirmativo precisa de hífen. O único tempo verbal que tem o pronome após sua conjugação é o Imperativo afirmativo; em todos os outros – e até no Imperativo negativo – o pronome vem antes do verbo. (Veja mais sobre os pronomes no Capítulo 13, incluindo a ordem em que eles aparecem quando você tem dois na mesma frase.)

Parle-nous ! (*Fale conosco!*)

Montre-le-moi ! (*Mostre isso a mim!*)

Quando o **tu** do Imperativo de um verbo terminado em **-er** for seguido por **y** ou **en**, o verbo leva **s**, como no Presente.

Manges-en ! (*Coma algo!*)

Vas-y ! (*Vá em frente!*)

Passe para o francês conjugando na pessoa do pronome entre parênteses:

0. Abra a porta. (tu)

R. **Ouvre la porte.**

26. Leiamos o jornal. (nous)

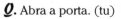

27. Olhe esse quadro. (vous)

28. Compre alguns livros. (tu)

29. Vamos à padaria. (nous)

30. Por favor, feche a janela. (vous)

Não faça isso! Comandos negativos

Quando você diz a alguém para não fazer alguma coisa, você usa o comando negativo colocando o **ne** antes do verbo e a segunda parte da estrutura negativa – **pas** (*não*), **rien** (*nada*), **plus** (*não mais*), **jamais** (*jamais*), e assim por diante – depois do verbo. (Veja, no Capítulo 6, mais informações sobre a negativa dos verbos franceses.)

> **Ne parle pas comme ça.** (*Não fale assim.*)
>
> **Ne reviendrons pas ici.** (*Não voltamos mais aqui.*)

Quando o verbo requer preposição, a ordem depende da negativa que usar. Se for um advérbio, a preposição vem depois, como em **Ne demandons pas à Pierre** (*Não perguntemos ao Pierre.*); mas, se for um pronome negativo, a preposição vem antes, como em **N'aie peur de rien**. (*Não temei nada.*) Veja o Capítulo 6 para ler sobre negação e o Capítulo 12 para informações a respeito de verbos que precisam ser seguidos por uma preposição. Como em todos os tempos verbais e modos, exceto os comandos afirmativos, reflexivos, objetos e pronomes adverbiais sempre vêm antes do verbo no imperativo negativo. (Veja mais sobre os pronomes no Capítulo 13, incluindo a ordem em que eles aparecem quando você tem dois na mesma frase):

> **Ne le dis pas.** (*Não diga isso.*)
>
> **Ne nous mentez jamais !** (*Não minta nunca para nós!*)

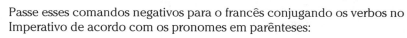

Passe esses comandos negativos para o francês conjugando os verbos no Imperativo de acordo com os pronomes em parênteses:

Q. Não coma esse bolo. (vous)

R. **Ne mangez pas ce gâteau.**

31. Não fale durante o filme. (tu)

32. Não sairemos hoje à noite. (nous)

33. Não leia a minha carta. (vous)

34. Não se esqueça de escrever. (tu)

35. Não nos atrasemos. (nous)

Identificando Outras Formas de Dar Ordens

O modo Imperativo é a maneira mais comum de se dar ordens e sugestões em francês, mas existem outras opções também. Esta seção dá uma visão global a respeito desse assunto.

Ordens com o Infinitivo

O Infinitivo é usado para ordens impessoais, como dar instruções para uma audiência desconhecida, como em livros e manuais:

> **Fermer la porte et les fenêtres en quittant la nuit**. (*Feche as portas e as janelas antes de sair à noite.*)

> **Couper les tomates et les ajouter à la soupe**. (*Corte os tomates e adicione-os à sopa.*)

O Capítulo 7 tem mais informações sobre o Infinitivo francês.

Proibindo com "défense de"

A expressão **défense de** (literalmente *proibido de*) dá ordens curtas e impessoais para não se fazer alguma coisa. Você provavelmente não usará para você mesmo, a menos que esteja fazendo placas de sinalização para colocar em postes, janelas, portas etc.

> **Défense d'entrer** (*Não entre*)

> **Défense de fumer** (*Não fume*)

Solicitando com o futuro

Para pedidos educados, pode-se usar o futuro em vez do **vous** no Imperativo. Por exemplo, quando se dá alguma instrução para pessoas desconhecidas.

> **Vous travaillerez ensemble, s'il vous plaît.** (*Trabalhem juntos, por favor.*)

> **Vous le compléterez avant vendredi, s'il vous plaît.** (*Terminem isso até sexta-feira, por favor.*)

O Capítulo 18 explica como conjugar e usar o tempo futuro em francês.

Exigindo com o Subjuntivo

Certos verbos e expressões que requerem o modo Subjuntivo são usados da mesma forma para ordens e pedidos. Podem ser empregados para transmitir ordens de uma forma mais polida e suave.

Capítulo 10: Eu Comando Você: O Imperativo

Algumas dessas expressões que você pode usar para dar comandos ou fazer pedidos são:

- **il est essentiel que** (*É essencial que*)
- **il est nécessaire que** (*É necessário que*)
- **il est urgent que** (*É urgente que*)
- **exiger que** (*exigir que*)
- **ordonner que** (*ordenar que*)
- **préférer que** (*preferir que*)

Alguns exemplos:

J'exige que vous vous taisiez ! (*Eu exijo que fique quieto!*)

Il est essentiel que tout le monde fasse attention. (*É essencial que todos prestem atenção.*)

O Capítulo 8 explica tudo sobre o modo Subjuntivo.

Reescreva cada frase usando **vous** no Imperativo.

Q. Défense d'entrer.

R. **N'entrez pas**. (*Não entre.*)

36. Il exige que tu sois prêt à huit heures.

37. Vous ouvrez la porte, s'il vous plaît.

38. Mélanger la sauce et ajouter du sel.

39. Défense de stationner.

40. J'ordonne que vous écoutiez.

164 Parte III: Escrevendo com Segurança: Enriqueça Suas Frases _____

Respostas

1. **finis, finissons, finissez** (*acaba, acabemos, acabai*)

2. **étudie, étudions, étudiez** (*estuda, estudemos, estudai*)

3. **danse, dansons, dansez** (*dança, dancemos, dançai*)

4. **attends, attendons, attendez** (*espera, esperemos, esperai*)

5. **compte, comptons, comptez** (*conta, contemos, contai*)

6. **réfléchis, réfléchissons, réfléchissez** (*reflete, reflitamos, refleti*)

7. **chante, chantons, chantez** (*canta, cantemos, cantai*)

8. **couvre, couvrons, couvrez** (*cobre, cubramos, cobri*)

9. **réponds, répondons, répondez** (*responde, respondamos, respondei*)

10. **joue, jouons, jouez** (*brinca, brinquemos, brincai*)

11. **dors, dormons, dormez** (*dorme, durmamos, dormi*)

12. **aie, ayons, ayez** (*tem, tenhamos, tende*)

13. **écris, écrivons, écrivez** (*escreve, escrevamos, escrevei*)

14. **sache, sachons, sachez** (*sabe, saibamos, sabei*)

15. **fais, faisons, faites** (*faz, façamos, fazei*)

16. **sois, soyons, soyez** (*sê, sejamos, sede*)

17. **va, allons, allez** (*vai, vamos, ide*)

18. **viens, venons, venez** (*vem, venhamos, vinde*)

19. **dis, disons, dites** (*diz, digamos, dizei*)

20. **veuille, ___ , veuillez** (*quer, _____, querei*)

21. **rase-toi, rasons-nous, rasez-vous** (*barbeia tu, barbeemos nós, barbeai vós*)

22. **douche-toi, douchons-nous, douchez-vous** (*toma banho tu, tomemos banho nós, tomai banho vós*)

23. **repose-toi, reposons-nous, reposez-vous** (*descansa tu, descansemos nós, descansai vós*)

24. **amuse-toi, amusons-nous, amusez-vous** (*diverte-te tu, divirtamo-nos nós, diverti-vos vós*)

25. **lève-toi, levons-nous, levez-vous** (*levanta tu, levantemos nós, levantai vós*)

Capítulo 10: Eu Comando Você: O Imperativo **165**

26	**Lisons le journal.**
27	**Regardez cette peinture.**
28	**Achète des livres.**
29	**Allons à la boulangerie.**
30	**Veuillez fermer la fenêtre.**
31	**Ne parle pas pendant le film.**
32	**Ne sortons pas ce soir.**
33	**Ne lisez pas ma lettre.**
34	**N'oublie pas d'écrire.**
35	**Ne soyons pas en retard.**
36	**Soyez prêt à huit heures.** (*Esteja pronto às 8h.*)
37	**Ouvrez la porte s'il vous plâit.** (*Abra a porta, por favor.*)
38	**Mélangez la sauce et ajoutez du sel.** (*Mexa o molho e adicione o sal.*)
39	**Ne stationnez pas.** (*Não estacione.*)
40	**Écoutez.** (*Escute*)

166 Parte III: Escrevendo com Segurança: Enriqueça Suas Frases

Capítulo 11

Compreendendo os Verbos Pronominais: Verbos Reflexivos e Idiomáticos

Neste Capítulo

▶ Reconhecendo os verbos pronominais

▶ Refletindo sobre os pronomes reflexivos

▶ Entendendo o uso dos verbos pronominais

*O*s verbos pronominais podem soar como algo saído de uma história de terror gramatical, mas **pronominal** é apenas uma palavra extravagante que significa **com um pronome.** O pronome em questão é o reflexivo, que só tem a função de dizer que o verbo tem um significado especial. Os verbos pronominais podem também ser usados sem o pronome reflexivo, mas, nesse caso, muda o significado: Algumas vezes apenas um pouco, outras vezes, significativamente. Os verbos pronominais, com frequência, são confundidos com verbos reflexivos quando, na verdade, os reflexivos são apenas um tipo de verbo pronominal.

Os verbos pronominais são diferentes dos outros verbos pois precisam de pronome reflexivo para dizer que:

✔ O sujeito está sofrendo a ação do verbo.

✔ Dois ou mais sujeitos estão fazendo a ação um com o outro.

✔ O verbo tem um significado especial, diferente daquele que tem sem o pronome.

Este capítulo explica todos os tipos de verbos pronominais e como usá-los corretamente com os pronomes.

168 Parte III: Escrevendo com Segurança: Enriqueça Suas Frases _____

Compreendendo os Tipos de Verbos Pronominais

Como sorvete, os verbos pronominais aparecem com vários sabores (talvez o gosto não seja tão bom). Os verbos pronominais são diferentes e usados com pronomes. (Consulte a seção "Introdução da Relação dos Pronomes Reflexivos com os Verbos Pronominais", mais adiante neste capítulo para entender o que são os pronomes reflexivos e como usá-los corretamente.)

O verbo pronominal pode ser reconhecido pelo pronome reflexivo **se** que precede o Infinitivo no dicionário: **se coucher** (*deitar-se*), **se laver** (*lavar-se*), e assim por diante. Em uma frase, o verbo pronominal é reconhecido pelo uso do **se** ou de outro pronome reflexivo. Veja mais na seção "Observando os Pronomes Reflexivos". Embora o uso do pronome reflexivo possa ser retirado da maioria dos verbos pronominais, o significado pode mudar: Sozinho o verbo **coucher**, significa *colocar (alguém) para dormir*; e o verbo **laver**, sem o pronome, significa *lavar alguma coisa*. Portanto, é importante saber quando usar o pronome nos verbos. Esta seção mostra os três tipos de verbos pronominais.

Verbos reflexivos: Agindo por si mesmo

Os verbos reflexivos são usados quando alguém faz alguma coisa para si mesmo. A Tabela 11-1 mostra os mais comuns. Observe que muitos deles tem algo a ver com partes do corpo ou roupas, e outros, com circunstâncias pessoais ou posição.

Tabela 11-1		Verbos Reflexivos	
Verbo	*Tradução*	*Verbo*	*Tradução*
s'approcher de	*aproximar-se*	se laver (les mains, les cheveux)	*lavar-se (as mãos, cabelo)*
s'asseoir	*sentar-se*	se lever	*levantar-se*
se baigner	*banhar-se*	se maquiller	*maquiar-se*
se brosser (les dents, les cheveux)	*escovar (os dentes, cabelo)*	se marier (avec)	*casar-se*
se casser (le bras, le doigt)	*Quebrar (um braço, dedo)*	se moucher	*assoar*
se coiffer	*pentear-se*	se peigner	*pentear*
se coucher	*deitar-se*	se promener	*caminhar*
se couper	*cortar-se*	se raser	*barbear-se*
se déshabiller	*despir-se*	se regarder	*observar*

Capítulo 11: Compreendendo os Verbos Pronominais... 169

se doucher	banhar-se	se reposer	descansar
se fâcher	enraivar-se	se réveiller	levantar-se
s'habiller	vestir-se	se souvenir de	lembrar-se
s'inquiéter	preocupar-se		

Observe os exemplos:

Je me marie avec Thérèse demain. (*Estou me casando com Theresa amanhã.*)

Il se rase une fois par semaine. (*Ele se barbeia uma vez por semana.*)

Em francês, a ideia de "por mim mesmo", é representada pelo pronome reflexivo **me** e não é opcional – você tem que usá-lo para distinguir de um significado não reflexivo.

Verbos recíprocos: O que um faz ao outro

Os verbos recíprocos são aqueles nos quais dois ou mais sujeitos estão agindo reflexivamente um com outro. A Tabela 11-2 lista alguns deles.

Tabela 11-2		Verbos Recíprocos	
Verbo	*Tradução*	*Verbo*	*Tradução*
s'aimer	amar-se (um ao outro)	se parler	conversar (uns com os outros)
se comprendre	compreender-se (um ao outro)	se promettre	prometer-se (um ao outro)
se connaître	conhecer-se (um ao outro)	se quitter	despedir-se (um do outro)
se détester	detestar-se (um ao outro)	se regarder	olhar-se (um para o outro)
se dire	contar (um ao outro)	se recontrer	encontrar-se (um ao outro)
se disputer	brigar (um com o outro)	se sourire	sorrir (um para o outro)
s'écrire	escrever (um ao outro)	se téléphoner	telefonar (um ao outro)
s'embrasser	beijar-se (um ao outro)	se voir	ver (um ao outro)

A frase seguinte indica reciprocidade:

Nous nous connaissons depuis 20 ans. (*Nós nos conhecemos há 20 anos.*)

Muitos verbos recíprocos tambem são reflexivos: **Je me parle** (*Falo comigo mesmo*); **Elle se regarde** (*Ela se olha*) e assim por diante.

Figuras de linguagem: Verbos Pronominais idiomáticos

Os verbos pronominais idiomáticos parecem emocionantes, mas são apenas verbos com significados diferentes quando usados sem pronomes. (Uma expressão idiomática é uma expressão cujo significado você não pode determinar apenas pela tradução literal das palavras porque, pelo menos uma delas, está sendo usada de maneira simbólica. Veja o Capítulo 1 para mais informações.) A Tabela 11-3 mostra os verbos pronominais mais comuns e os equivalentes sem os pronomes:

Tabela 11-3	Verbos Pronominais Idiomáticos		
Verbo sem Pronome	*Tradução*	*Verbo Pronominal*	*Tradução*
amuser	*divertir*	**s'amuser**	*divertir-se*
appeler	*chamar*	**s'appeler**	*nomear-se*
débrouiller	*descomplicar*	**se débrouiller**	*descomplicar-se*
décider	*decidir*	**se décider**	*decidir-se*
demander	*perguntar*	**se demander**	*perguntar-se*
dépêcher	*enviar*	**se dépêcher**	*apressar-se*
endormir	*adormecer*	**s'endormir**	*adormecer*
ennuyer	*aborrecer*	**s'ennuyer**	*aborrecer-se*
entendre	*ouvir*	**s'entendre**	*entender-se*
installer	*instalar*	**s'installer**	*instalar-se*
mettre	*pôr*	**se mettre à**	*começar*
rappeler	*chamar de volta*	**se rappeler**	*relembrar*
rendre compte de	*relatar*	**se rendre compte de**	*perceber-se*
réunir	*reunir*	**se réunir**	*juntar-se*
tromper	*enganar*	**se tromper**	*enganar-se*
trouver	*achar*	**se trouver**	*encontrar-se*

Aqui, exemplos de verbos que parecem pronominais:

> **Je m'appele Laura**. (*Eu me chamo Laura.*)

> **Il s'est bien amusé**. (*Ele se divertiu muito.*)

Introdução da Relação dos Pronomes Reflexivos com os Verbos Pronominais

Os verbos pronominais são como os outros verbos: Descrevem ações e são conjugados em tempos e modos diferentes. A diferença é que o verbo pronominal tem um pronome reflexivo. Esta seção dá uma ideia de como usá-los corretamente.

Observando os pronomes reflexivos

Os pronomes reflexivos são os usados nos verbos pronominais. Eles são pessoais; isso significa que cada pessoa gramatical recebe um pronome diferente. (O Capítulo 4 explica os pronomes pessoais em mais detalhes.) Veja os pronomes reflexivos na Tabela 11-4:

Tabela 11-4	Pronomes Reflexivos		
Pronomes Pessoais	Pronome Reflexivo	Antes de Vogal ou h Mudo	No Imperativo
je	me	m'	
tu	te	t'	toi
il, elle, on	se	s'	
nous	nous	nous	nous
vous	vous	vous	vous
ils, elles	se	s'	

No tempo Presente (veja o capítulo 4) o pronome reflexivo fica antes do verbo e o verbo é conjugado igualmente. Por exemplo, o verbo pronominal **se doucher** significa *tomar banho/banhar-se*. **Doucher** é um verbo regular terminado com **-er**; então, o verbo pronominal é conjugado da mesma forma.

se doucher (*tomar banho/banhar-se*)	
je **me** douche	nous **nous** douchons
tu **te** douches	vous **vous** douchez
il/elle/on **se** douche	ils/ells **se** douchent
Je **me douche** le soir. (*Eu me banho à noite.*)	

Não estranhe que o **nous** e o **vous** nas formas de verbos pronominais são iguais. Sim, o sujeito e o pronome objeto são idênticos, mas ambos são necessários.

Quando **me**, **te** ou **se** são seguidos por palavras começando com vogal ou h mudo, você retira o **-e** e faz a contração. Por exemplo, o verbo pronominal **s'habiller** (*vestir-se*) também é um verbo regular terminado com **-er**; então, sua conjugação fica assim:

s'habiller (vestir-se)	
je **m'**habille	nous **nous** habillons
tu **t'**habilles	vous **vous** habillez
il/elle/on **s'**habille	ils/elles **s'**habillent
Elle **s'habille** dans ta chambre. (*Ela está se vestindo no seu quarto.*)	

O pronome reflexivo tem sempre de concordar com o sujeito em todos os tempos e modos, inclusive no Particípio Presente e no Infinitivo (ver Capítulo 7). A Tabela 11-5 dá alguns exemplos em que o **je** é o sujeito.

Tabela 11-5   Pronomes reflexivos com diferentes Formas Verbais

Forma verbal	*Francês*	*Tradução*
Presente	Je **me couche**.	Eu me deito.
Pretérito Perfeito	Je **me** suis **douché**.	Tomei banho/banhei-me
Particípio Presente	En **m'habillant**, je suis suis tombé.	Enquanto me vestia, caí.
Infinitivo	Je vais **me fâcher**.	Vou me enfurecer.

Preencha as lacunas com o pronome reflexivo correto:

O. Il _____ lève.

R. Il **se** lève. (*Ele está se levantando.*)

1. Je ____ baigne.

2. Marc _____ couche.

3. Ils _____ rasent.

4. Vous _____ reposez.

5. Tu _____ maquilles.

6. Nous _____ déshabillons.

7. Tu _____ approches du banc.

8. Elles _____ souviennent de ce film.

9. Je ____ habille.

10. Annette ____ regarde.

Saiba onde colocar as palavras

Quando usar os verbos pronominais, é preciso você ter certeza de que está usando a ordem correta das palavras com o pronome reflexivo. Senão, poderá confundir quem está fazendo o quê. A ordem é simples: Coloque o pronome antes do verbo pronominal em quase todos os tempos, modos e construções. Por exemplo: **Je me lève à 9h**. (*Eu me levanto às 9h.*)

Quando conjugar o verbo seguido de Infinitivo, o pronome reflexivo fica antes do Infinitivo porque o Infinitivo é o verbo pronominal. Por exemplo: **Nous allons nous acheter de la glace**. (*Vamos comprar sorvete [para nós].*)

As únicas situações em que o pronome reflexivo não fica antes do verbo pronominal são as seguintes:

Capítulo 11: Compreendendo os Verbos Pronominais... **173**

- **Imperativo afirmativo**: Em uma ordem, o pronome vem depois do verbo e é conectado com hífen. Observe que o **te** muda para **toi**.

    Lève-toi. (*Levante-se.*)

    Dépêchez-vous. (*Apresse-se.*)

- **Tempos compostos**: No **Passé Composé** e em outros tempos compostos (isto é, tempos que usam um verbo auxiliar mais o Particípio Passado), o pronome reflexivo precede o verbo auxiliar **être**. (O Capítulo15 explica **Passé Composé**.)

    Je me suis levé très tôt. (*Eu me levantei cedo hoje.*)

    Vous vous êtes trompés. (*Você se enganou.*)

- **Perguntas com inversão:** Neste caso, o pronome reflexivo precede a inversão do verbo principal, o que significa que fica no começo da frase. (Olhe o Capítulo 5 para mais informações sobre inversão).

    Te douches-tu le matin ou le soir ? (*Você toma banho de manhã ou à noite?*)

    Vous êtes-vous levés avant 7h00 ? (*Você se levantou antes das 7h?*)

Determine qual pronome reflexivo é necessário em cada frase e coloque-o no lugar certo. Depois, reescreva as frases lembrando-se de que há diferentes formas e locais para cada pronome:

Q. Jacques peigne les cheveux.

R. Jacques **se** peigne les cheveux. (*Jacques está se penteando.*)

11. Nous demandons pourquoi.

12. Elle va habiller après le petit-déjeuner.

13. Tu regardes trop.

14. Je vais laver les cheveux.

15. Ils approchent lentement.

Decidindo Sobre um Verbo Pronominal

Os verbos pronominais possuem um significado especial. A ação é feita pelo sujeito, dois ou mais sujeitos fazendo a ação reciprocamente ou o verbo tem um significado idiomático. O verbo pronominal pode ser usado em todos os tempos e modos, e é conjugado como os outros verbos; a única diferença é que os verbos pronominais precisam do pronome reflexivo.

Uma coisa importante para entender sobre os verbos pronominais é que você pode usar a grande maioria deles sem o pronome reflexivo, mas isso muda o significado do verbo. A diferença no significado depende do tipo de verbo pronominal. Nesta seção, vamos discutir a maneira correta de se usar o verbo pronominal.

Verbos reflexivos: A si mesmo ou a alguém?

Os verbos reflexivos, nos quais o sujeito sofre a própria ação, normalmente são as ações que correspondem a alguma parte do corpo (lavar, pentear), roupas (vestir, despir), circunstâncias pessoais (casamento, divórcio) ou posição (sentar, levantar). Usar esses verbos sem o pronome reflexivo significa que o sujeito faz a ação para outra pessoa, o que muda o sentido. Compare as frases:

Yvette se marie avec François demain. (*Yvette se casa com François amanhã.*)

Le prête marie trois couples par semaine. (*O padre casa três casais por semana.*)

A primeira frase – Yvette se casa – é reflexiva, mas a segunda não: o padre está realizando a cerimônia do casamento, unindo duas pessoas, o que não inclui ele mesmo; portanto, não é reflexiva.

Je me lave les mains. (*Eu mesmo lavo minhas mãos.*)

Je lave la voiture. (*Eu lavo o carro.*)

Em uma frase reflexiva, o sujeito lava a si mesmo; na frase não reflexiva, ele lava alguma outra coisa. A diferença, no caso, é quem ou o que sofre a ação do verbo.

Quando usar verbos como **se laver** (*lavar-se*), **se brosser** (*escovar-se*) e **se casser** (*quebrar-se* – quebrar alguma parte do corpo [braço, perna]), usa-se o artigo definido, não o adjetivo possessivo, em frente à parte do corpo, porque o pronome reflexivo indicará de quem é:

Je me suis cassé la jambe. (*Eu quebrei minha perna.*)

Il se brosse les dents. (*Ele escova os dentes.*)

Se você quebra a perna de alguém ou uma coisa qualquer, não vai usar o verbo reflexivamente:

J'ai cassé la jambe de mon frère. (*Eu quebrei a perna do meu irmão.*)

J'ai cassé une assiette. (*Eu quebrei um prato.*)

Não se pode usar um verbo pronominal sem um pronome reflexivo. **Se souvenir** (*lembrar-se*), por exemplo, é sempre reflexivo. Não existe verbo não reflexivo equivalente.

Capítulo 11: Compreendendo os Verbos Pronominais... 175

Traduza as frases para o francês, prestando atenção se os verbos precisam ser reflexivos ou não:

Q. Ele está cortando o cabelo dele.

R. **Il se coupe les cheveux.**

16. Eu estou me vestindo.

17. Tu estás penteando teu cabelo.

18. Nós estamos passeando com o cachorro.

19. Thierry está se barbeando.

20. Sandrine está dando banho no irmãozinho dela.

Verbos recíprocos: Retribuindo o favor?

Os verbos recíprocos são usados quando duas ou mais pessoas fazem alguma coisa reciprocamente, uma para a outra; é um tipo de sociedade de troca gramatical mútua. Os verbos recíprocos normalmente têm alguma relação com comunicação (ler/escrever um para o outro), sentimentos (amor/ódio entre eles), e estar junto ou separado. Quando você usa esse tipo de verbo, mostra claramente que os sujeitos estão fazendo a mesma coisa um para o outro. Todo verbo recíproco pode ser usado sem um pronome reflexivo. Compare estas frases:

✔ **Nous nous promettons.** (*Nós nos prometemos.*)

Je te promets. (*Eu te prometo.*)

✔ **Ils se sourient.** (*Eles sorriem um para o outro.*)

Il a souri en voyant le chiot. (*Ele sorriu ao ver o cachorrinho.*)

Aqui, a diferença nos significados não é grande. O verbo recíproco indica que vários sujeitos estão se tratando da mesma maneira: Estão fazendo promessas um para o outro, sorrindo um para o outro e assim por diante. O verbo que não é recíproco indica a mesma ação, mas sem retorno.

Seu amigo Charles odeia desigualdade. Ele acha que essas frases são injustas porque só uma pessoa faz alguma coisa. Reescreva-as com dois sujeitos agindo reciprocamente. Observe que, ao substituir o sujeito singular por um plural, é preciso conjugar o verbo concordando com o novo sujeito.

176   Parte III: Escrevendo com Segurança: Enriqueça Suas Frases _____

Q. Je t'écris. (*Eu estou escrevendo para ti.*)

R. **Nous nous écrivons.** (Nós estamos nos escrevendo.)

NOTE DE SERVICE

À:

De:

21. Il m'aime. _____

22. Tu lui téléphones. _____

23. Elle l'embrasse. _____

24. Géraldine voit Michèle. _____

25. Elle me regarde. _____

26. Ils vous comprennent. _____

27. Je lui dis la vérité. _____

28. Tu me parles. _____

29. Elles me connaissent. _____

30. Il la déteste. _____

Verbos idiomáticos: O que significa isto?

Há uma diferença muito grande entre o significado do verbo pronominal e o sem pronome; a esse novo significado é dado o nome de verbo idiomático. Embora nos verbos reflexivos e recíprocos usados sem pronomes, o sujeito que sofre a ação seja outro, se a ação for recíproca, o verbo pronominal tem um significado diferente daquele sem pronome. Entretanto, para reconhecer isso, é necessário memorizar os verbos da seção anterior "Figuras de linguagem: Verbos pronominais idiomáticos" para ter certeza de que você está dizendo a coisa certa. Compare estas frases:

- **Je m'entends bien avec mes parents.** (*Eu me entendo bem com meus pais.*)

  J'entends du bruit. (*Eu ouvi um barulho.*)

- **Te rappelles-tu de son prénom ?** (*Você se lembra do nome dele?*)

  Tu peux me rappeler demain ? (*Você pode me telefonar amanhã?*)

Embora seja o mesmo verbo, os significados deles nas frases mudam quando acompanhados com o pronome reflexivo; chamamos isto de significado idiomático.

Capítulo 11: Compreendendo os Verbos Pronominais... 177

Traduza essas frases para o francês, prestando atenção ao significado das palavras em itálico para saber se deve usar um verbo normal ou pronominal idiomático:

Q. Seu nome *é* Jean.

R. **Il s'appelle Jean.**

31. Tu precisas *te apressar*!

32. Estou *entediada*.

33. Ele não consegue *achar* suas chaves.

34. Ela está *enganando* a todos.

35. Nós estamos *nos instalando* no nosso novo apartamento.

Respostas

1	Je **me** baigne. (*Eu me banho.*)
2	Marc **se** couche. (*Marc se deita.*)
3	Ils **se** rasent. (*Eles se barbeiam.*)
4	Vous **vous** reposez. (*Você descansa.*)
5	Tu **te** maquilles. (*Você se maquia.*)
6	Nous **nous** déshabillons. (*Nós nos despimos.*)
7	Tu **t'**approches du banc. (*Você se aproxima do banco.*)
8	Elles **se** souviennent de ce film. (*Eles se lembram desse filme.*)
9	Je **m'**habille. (*Eu me visto.*)
10	Annette **se** regarde. (*Annette se olha.*)
11	Nous **nous** demandons pourquoi. (*Nós nos perguntamos por quê.*)
12	Elle va **s'**habiller après le petit-déjeuner. (*Ela vai se vestir depois do café.*)
13	Tu **te** regardes trop. (*Você se olha muito.*)
14	Je vais **me** laver les cheveux. (*Eu vou lavar meu cabelo.*)
15	Ils **s'**approchent lentement. (*Eles se aproximam lentamente.*)
16	**Je m'habille.** (*Eu me visto.*)

178   Parte III: Escrevendo com Segurança: Enriqueça Suas Frases _____

17 **Tu te peignes.** (*Tu te penteias.*)

18 **Nous promenons le chien.** (*Nós passeamos com o cachorro.*)

19 **Thierry se rase.** (*Thierry se barbeia.*)

20 **Sandrine baigne son petit frère.** (*Sandrine dá banho no irmãozinho dela.*)

21 **Nous nous aimons.** (*Nós nos amamos.*)

22 **Vous vous téléphonez.** (*Vocês se telefonam.*)

23 **Ils s'embrassent.** (*Eles se beijam.*)

24 **Elles se voient.** (*Elas se veem.*)

25 **Nous nous regardons.** (*Nós nos olhamos.*)

26 **Vous vous comprenez.** (*Vocês se entendem.*)

27 **Nous nous disons la vérité.** (*Nós falamos a verdade uma para a outra.*)

28 **Nous nous parlons.** (*Nós nos falamos.*)

29 **Nous nous connaissons.** (*Nós nos conhecemos.*)

30 **Ils se détestent.** (*Eles se odeiam.*)

31 **Tu dois te dépêcher !**

32 **Je m'ennuie.**

33 **Il ne peut pas trouver ses clés.**

34 **Elle trompe tout le monde.**

35 **Nous nous installons dans notre nouvel appartement.**

Capítulo 12

Uma Ode Às Preposições

Neste Capítulo

- ▶ Compreendendo as preposições comuns
- ▶ Fazendo contrações
- ▶ Usando preposições com países e cidades
- ▶ Reconhecendo os verbos que pedem preposição

As preposições unem palavras; elas conectam substantivos com outros substantivos ou verbos, a fim de mostrar a relação entre eles. Como o francês se trata de um idioma estrangeiro, suas preposições podem ser confundidas por ser difícil memorizá-las.

Muitas preposições francesas têm mais de uma tradução. Portanto, não basta conhecê-las; é necessário também saber o significado delas. A função da preposição é explicar como uma palavra afeta a outra. Este capítulo explica como empregar corretamente cada preposição com lugares, tempo e verbos e quando usá-las contraídas.

Identificando as Preposições Essenciais

As preposições francesas mais comuns são **à** e **de**, mas saber quando usá-las não é simples. **À** sempre significa *para*, e **de** normalmente quer dizer *de*, ou *sobre*. Essas preposições também podem aparecer com outro conceito. É necessário não só conhecer o significado, mas também saber empregá-las, mas você não precisa se preocupar, porque esta seção ensina todas as preposições mais importantes.

A preposição à

À em francês equivale à preposição *a*, e *em*, (indica o local, pelo menos na maioria das vezes).

> **Je vais à la banque**. (*Eu vou ao banco.*)

Je suis à l'hôpital. (*Estou no hospital.*)

Também é usado para horas. (Veja no Capítulo 3)

Notre vol est à 14h00. (*Nosso voo é às 14h.*)

Je suis parti à 5h30. (*Partirei às 5:30h.*)

A preposição **à** tem outros usos (leia mais sobre isto adiante, neste mesmo capítulo).

A preposição de

A preposição **de** em francês equivale à *de* em português. É usada significando:

- Causa: **Je meurs de soif !** (*Estou morrendo de sede!*)
- Descrição: **un guide de voyage** (*um guia de viagem*)
- Origem: **Il est de Dakar.** (*Ele é de Dakar.*)
- Posse: **le voyage de Simone** (*a viagem de Simone*)
- Modo: **un choc de front** (*batida de frente*)

A preposição **de** se contrai para **d'** antes de vogal e *h* mudo, como em **la voiture d'Anne** (*O carro de Ana*).

A preposição **de** é usada em outras estruturas, que serão explicadas adiante, neste capítulo.

Formação de contrações com preposições

Para formar contrações, junta-se as preposições **à** e **de** com os artigos definidos **le** e **les**. Mas você não forma contrações com os artigos definidos **la** e **l'**. (Veja na Tabela 12-1.)

Tabela 12-1		Contração de Preposições	
à + Artigo	**Contração**	**de + Artigo**	**Contração**
à + le	au	de + le	du
à + la	à la - não se contrai	de + la	de la - não se contrai
à + l'	à l' - não se contrai	de + l'	de l' - não se contrai
à + les	aux	de + les	des

Je vais au marché. (*Eu vou à loja.*)

Il se plaint des mouches. (*Ele está reclamando das moscas.*)

À e **de** são contraídos apenas com os artigos definidos **le** e **les**. Não são contraídos com **le** e **les** quando são objetos diretos. (Veja mais sobre objeto direto e artigos definidos nos Capítulos 2 e 13.)

Capítulo 12: Uma Ode Às Preposições

Je parle du problème. (*Eu falo do problema.* – **du** + [**de** + **le**] que significa *sobre o*)

Il m'a dit de le faire. (*Ele me disse para fazer isso.* Ele me disse o quê? *Para fazer isso*, no caso, é objeto direto.)

Traduza as frases para o francês. Atenção quanto ao uso das preposições **à** e **de**, e, quando necessário, use contração:

Q. Estou conversando com Guillaume.

R. Je parle **à** Guillaume.

1. Vamos partir à noite.

2. Eles são de Rabat.

3. Ele está indo ao banco.

4. O carro de Dominique está na praia.

5. Ela quer ir ao museu.

6. Eu não gosto do gato do meu amigo.

7. Nós compramos um livro de história.

8. Eu estou usando o computador do meu amigo.

9. Você vai ao clube com seu amigo Timothy?

10. Ela chegou de Montreal.

Conhecendo outras preposições úteis

Embora **à** e **de** sejam as preposições francesas mais comuns, você também vai ouvir, ler e usar muitas outras diariamente, que serão bastante necessárias ao seu vocabulário:

- **Chez** é uma das preposições mais interessantes. Tem vários significados em diferentes contextos, como: *para*, *em* e *entre*.

    Je suis rentré chez moi. (*Eu voltei para [minha] casa.*)

    Elle va chez le dentiste. (*Ela vai para o consultório do dentista.*)

182 Parte III: Escrevendo com Segurança: Enriqueça Suas Frases

Chez Sartre, l'enfer, c'est les autres. (*No pensamento de Sartre / De acordo com Sartre, o inferno são os outros.*)

Manger en famille est très important chez les Français. (*Comer em família é muito importante para os franceses.*)

✔ **En** é outra preposição com vários significados. Pode ser traduzida como *para* ou *em*. Você verá mais informações sobre **en** adiante, neste capítulo.

Je l'ai fait en 5 minutes. (*Eu fiz em 5 minutos.*)

Je suis en France. (*Estou na França.*)

Nous allons en Algérie. (*Vamos para Argélia.*)

Veja, na Tabela 12-2, outras preposições importantes que têm significados similares ou mais de um:

Tabela 12-2		Preposições Francesas	
Preposição Francesa	**Preposição Portuguesa**	**Exemplo**	**Tradução**
après	depois de	Je suis parti **après** minuit.	Eu parti depois da meia-noite.
avant	antes	J'ai mangé **avant** la fête.	Eu comi antes da festa.
avec	com	Il voyage **avec** sa copine.	Ele está viajando com a namorada.
contre	contra	J'ai voté **contre** lui.	Eu votei contra ele.
dans	em	Mets-le **dans** le tiroir.	Coloque isso na gaveta.
pour	para	Je l'ai acheté **pour** vous.	Eu comprei para você.
sans	sem	Elle mange **sans** parler.	Ela come sem falar.
sous	sob	Cet animal habite **sous** terre.	Esses animais vivem sob a terra.
sur	sobre	Il y a un carton **sur** mon lit.	Tem uma caixa sobre a minha cama.
vers	em direção a	Conduisons **vers** la plage.	Vamos dirigir em direção à praia.

Capítulo 12: Uma Ode Às Preposições 183

Traduza essas frases para o francês.

Q. Ele está andando em direção ao parque.

R. Il marche **vers** le parc.

11. Está na caixa.

12. O cachorro está sobre a mesa.

13. Eu vou com ou sem você.

14. Você é contra ou a favor dessa solução?

15. Você pode comer antes ou depois da festa.

Distinguindo Preposições

Parte da dificuldade com as preposições francesas é que a maioria tem mais de um significado. A seção seguinte ajuda a determinar como usar corretamente cada preposição.

Quando usar à ou de

As preposições **à** e **de** podem, muitas vezes, ser confundidas. A chave para entendê-las é saber o significado:

- **Lugar**: **À** diz a você onde está ou estará, e **de** diz onde foi.

    Je suis à Paris. (*Estou em Paris.*)

    Je vais à Marseille. (*Eu vou para Marselha.*)

    Il est de Québec. (*Ele é de Quebec.*)

    Il arrive de Montréal. (*Ele está vindo de Montreal.*)

- **Descrição:** Usa-se o **à** entre dois substantivos; o segundo explica o que é o primeiro. No comparativo, quando **de** fica entre dois substantivos, o segundo diz o que contém o primeiro.

    une cuiller à thé (*uma colher de chá*)

    un verre à eau (*garrafa d'água*)

    une cuiller de thé (*colher cheia de chá*)

    un verre d'eau (*copo de água*)

Parte III: Escrevendo com Segurança: Enriqueça Suas Frases

Além disso, muitos verbos franceses requerem **à** ou **de**. Veja a lista de verbos preposicionados.

Quando usar dans ou en

Tanto **dans** quanto **en** significam *em*, mas não podem ser usados um no lugar do outro. A preposição **dans** significa *em* e é empregada em lugar e hora, e **en** significa *em certo tempo* ou *em um determinado período de tempo*; indica em que país, lugar ou tempo.

- **Lugar: Dans** indica *dentro* de alguma coisa, como uma caixa, mala, bolsa ou casa.

    Il y a une souris dans ma chambre ! (*Tem um rato no meu quarto!*)

    As-tu stylo dans ton sac ? (*Você tem uma caneta na sua mala?*)

    En não pode significar *em* alguma coisa concreta como uma caixa ou mala. Significa *em* um país, como você verá a seguir em "Preposições com nomes de países".

- **Hora:** Quando **dans** aparece junto a um período de tempo, significa que você fará aquilo no futuro.

    Je le ferai dans dix minutes. (*Eu farei isso em dez minutos.*)

    Nous partons dans un mois. (*Nós partiremos em um mês.*)

    Em relação ao tempo, **en** indica quanto tempo vai levar:

    Je l'ai fait en dix minutes. (*Levei dez minutos para fazer isso.*)

    Je peux écrire cet article en un mois. (*Eu poderei escrever esse artigo em um mês.*)

    En também pode indicar quando alguma coisa acontece – em que mês, estação ou ano.

    Nous ne travaillons pas en été. (*Nós não trabalhamos no verão.*)

    Il a écrit cer article en 2007. (*Ele escreveu esse artigo em 2007.*)

Seu chefe escreveu um e-mail sobre uma reunião que acontecerá com os empregados – alguns dos quais têm exigências muito particulares – vindos das filiais. Infelizmente, sua impressora está com defeito e deixou fora todas as preposições na hora de imprimir. Preencha as lacunas com a preposição correta: **à**, **de**, **dans** ou **en**.

Q. La réunion commencera _____ 14h00.

R. La réunion commencera **à** 14h00. (*A reunião começará às 14h.*)

Capítulo 12: Uma Ode Às Preposições   **185**

```
┌─────────────────────────────────────────────────────────┐
│  📧 New Message                                          │
├─────────────────────────────────────────────────────────┤
│  File  Edit  View  Insert  Format  Tools  Message  Help │
│                                                          │
│   ✉      ✂     📋     📄     ↩       abc4               │
│  Send   Cut   Copy  Paste  Undo     Check                │
│                                                          │
│  From:  ┌─────────────────────────────────────────┐     │
│         │ Françoise Dupré                          │     │
│  To:    ├─────────────────────────────────────────┤     │
│         │ Juliette LaCroix                         │     │
│  Cc:    ├─────────────────────────────────────────┤     │
│         │                                          │     │
│         └─────────────────────────────────────────┘     │
│  Subject ┌────────────────────────────────────────┐     │
│          │                                         │     │
│          └────────────────────────────────────────┘     │
│                                                          │
│  M. Boumani arrivera  (16) _____(from) Tanger  (17) _____│
│  13h00. Il préfère boire son café dans une tasse      (18) _____│
│  thé. Sa collègue, Mme Labiya, a besoin d'un verre    (19) _____│
│  eau dans un verre  (20) _____vin. Mlle Leblanc, venant    │
│  (21) _____Genève, peut manger tous les hors-d'œuvre      │
│  (22) _____cinq minutes, donc elle ne devrait pas être    │
│  assise à côté du buffet. Les trois employés    (23) _____  │
│  Paris, qui sont déjà venus ici    (24) _____mai, n'ont pas│
│  de besoins particuliers. Venez à mon bureau    (25) _____  │
│  une heure et je vous donnerai les autres détails.                  │
│                                                          │
└─────────────────────────────────────────────────────────┘
```

Usando Preposições com Lugares

Em francês, é usado todo tipo de preposição de lugar, dependendo se está falando de uma cidade ou país. Quando se tratar de nome de um país, você vai variar de acordo com o gênero, o número e a primeira letra do nome dele. Esta seção esclarece as regras do uso de preposições para que você aplique na próxima vez que viajar.

Preposições com nomes de países

A próxima vez que for usar uma preposição antes do nome de um país, você não pode apenas colocar sua mão em um saco com preposições e sortear a que vai usar. Você tem que observar atentamente três coisas para determinar que preposição usar:

✔ **O gênero do país**

Alguns gêneros são simples. Países terminados com **-e** são femininos: **la France, l'Italie** etc. Há apenas quatro exceções:

- **le Cambodge** (Camboja)
- **le Mexique** (México)
- **le Mozambique** (Moçambique)

186 Parte III: Escrevendo com Segurança: Enriqueça Suas Frases _____

- **le Zimbabwe** (Zimbábue)

Esses quatro países mais todos os outros que não terminam com **-e** são masculinos: **le Canada**, **l'Iran** etc.

✔ **A primeira letra do nome do país**

✔ **Se o nome do país é singular ou plural**

Saber o gênero do país e mais as informações seguintes desta seção ajudará você a determinar qual preposição deverá usar.

Ir a ou estar em

Em um nome de país de gênero feminino no singular, usa-se **en** sem artigo.

Je vais en France. (*Eu vou à França.*)

Il habite en Côte d'Ivoire. (*Ele mora em Côte d'Ivoire.*)

Para países com nomes masculinos singulares, usa-se a preposição **à** mais o artigo **le**. Para os nomes com consoante ou *h* aspirado, usa-se a contração **au**:

Nous voyageons au Maroc. (*Nós viajaremos para Marrocos.*)

Il veut rester au Sénégal. (*Ele quer ficar no Senegal.*)

Mas, se o país em masculino começar com uma vogal, usa-se **à l'**:

Quand vas-tu à l'Angola ? (*Quando você irá à Angola?*)

Je veux bien voyager à l'Ouganda. (*Eu realmente gostaria de viajar para Uganda.*)

Para os nomes de países no plural nos dois gêneros, usa-se **à** mais **les**, a contração **aux**:

Nous habitons aux États-Unis. (*Nós moramos nos Estados Unidos.*)

Il va aux Seychelles. (*Ele está indo para Seychelles.*)

Vindo ou sendo de um país

Quando quiser falar que está vindo de algum lugar ou que é de algum país de nome feminino singular, use a preposição **de** sem artigo:

Nous sommes de Suisse. (*Nós somos da Suíça.*)

Il arrive de Belgique. (*Ele está chegando da Bélgica.*)

Se o nome do país feminino iniciar com vogal ou *h* mudo, o **de** é contraído para **d'**:

Êtes-vous d'Égypte ? (*Você é do Egito?*)

Il vient d'Hongrie. (*Ele é da Hungria.*)

Quando o nome do país de origem for masculino, use **de** mais o artigo definido **le** (**du** ou **de l'**):

> **Elle est du Canada.** (*Ela é do Canadá.*)
>
> **J'arrive de l'Oman.** (*Estou vindo de Omã.*)

Se o nome do país estiver no plural, use **des** (que é a junção da preposição **de** com **o** artigo **les**):

> **Nous sommes des États-Unis.** (*Nós somos dos Estados Unidos.*)
>
> **Elle vient des Fidji.** (*Ela é das Ilhas Fiji.*)

Preposições com nomes de cidades

As preposições usadas antes de nomes de cidades são: **à** (*para/em*) e **de** (*de/da/do*):

> **Nous allons à Genève.** (*Vamos para Genebra*)
>
> **Ils sont à Casablanca.** (*Eles estão em Casablanca.*)
>
> **Elle est de Bruxelles.** (*Ela é de Bruxelas.*)
>
> **Je suis arrivé d'Alger.** (*Eu cheguei da Argélia.*)

Preencha as lacunas com a preposição correta para o significado entre parênteses:

Q. Je suis _____ (da) France.

R. Je suis **de** France. (*Eu sou da França.*)

26. Il va _____ (para) Australie.

27. Nous voyageons _____ (no) Canada.

28. Elle vient _____ (da) Italie.

29. Ils arrrivent _____ (de) Mali.

30. Je vais _____ (para) Londres.

Reconhecendo Verbos que Precisam de Preposições

Muitos verbos franceses precisam de preposição quando seguidos de objeto ou infinitivo. Alguns verbos têm significados diferentes quando preposicionados. A próxima seção apresenta os mais comuns e suas preposições.

188 Parte III: Escrevendo com Segurança: Enriqueça Suas Frases

Verbos com preposição à

Centenas de verbos franceses requerem a preposição **à**. A preposição não faz qualquer diferença na conjugação do verbo, então, apenas conjugue os verbos conforme as regras e acrescente a preposição. A Tabela 12-3 apresenta os mais comuns:

Tabela 12-3		Verbos com Preposição à	
Verbo + à	*Tradução*	**Verbo + à**	*Tradução*
aider à + infinitivo	*ajudar*	**s'intéresser à** + substantivo	*estar interessado em*
s'amuser à + infinitivo	*gostar de fazer*	**inviter** (alguém) **à** + substantivo	*convidar alguém para alguma coisa*
arriver à + infinitivo	*chegar a fazer algo*	**se mettre à** + infinitivo	*pôr-se*
assister à + substantivo	*assistir a*	**persister à** + infinitivo	*persistir em*
s'attendre à + infinitivo	*estar à espera de*	**plaire à** + pessoa	*agradar a alguém*
chercher à + infinitivo	*tentar fazer algo*	**se préparer à** + infinitivo	*preparar-se para*
conseiller à + pessoa	*aconselhar alguém*	**réfléchir à** + substantivo	*refletir sobre alguma coisa*
consentir à + infinitivo	*consentir em*	**renoncer à** + infinitivo	*renunciar a*
se décider à + infinitivo	*decidir-se a*	**répondre à** + pessoa ou substantivo	*responder a*
demander à + pessoa	*pedir a alguém*	**résister à** + infinitivo	*resistir a*
dire à + pessoa	*contar a alguém*	**réussir à** + infinitivo	*conseguir fazer algo*
emprunter à + pessoa	*pegar emprestado de alguém*	**serrer la main à** + pessoa	*sacudir a mão de alguém*
encourager à + infinitivo	*encorajar a fazer*	**servir à** + infinitivo	*servir para fazer algo*
faire attention à + substantivo	*prestar atenção a*	**tarder à** + infinitivo	*atrasar-se para*
s'habituer à + substantivo ou infinitivo	*acostumar-se com alguma coisa*	**téléphoner à** + pessoa	*telefonar para alguém*
hésiter à + infinitivo	*hesitar em fazer algo*	**voler à** + pessoa	*roubar de alguém*

Capítulo 12: Uma Ode Às Preposições   *189*

Fais attention aux instructions. (*Preste atenção às instruções.*)

Vas-tu m'inviter à la fête ? (*Você vai me convidar para a festa?*)

Il a volé cette idée à son collègue. (*Ele roubou essa ideia de seu colega.*)

Verbos com preposição de

Centenas de verbos franceses requerem preposição **de**, incluindo esses da Tabela 12-4. Todos são conjugados normalmente e seguidos da preposição **de**.

Tabela 12-4	Verbos com Preposição de		
Verbo + de	*Tradução*	*Verbo + de*	*Tradução*
accepter de + infinitivo	*aceitar /concordar com*	**finir de** + infinitivo	*acabar de fazer*
s'agir de + infinitivo/ substantivo	*tratar-se de*	**se méfier de** + infinitivo	*desconfiar de*
avoir besoin de + substantivo	*precisar de*	**mériter de** + infinitivo	*merecer*
avoir envie de + substantivo	*querer*	**se moquer de** + substantivo	*gozar de, fazer pouco de*
avoir peur de + infinitivo / substantivo	*estar com medo de fazer*	**offrir de** + infinitivo	*oferecer a*
cesser de + infinitivo	*parar de fazer algo*	**oublier de** + infinitivo	*esquecer algo*
choisir de + infinitivo	*escolher*	**persuader de** + infinitivo	*persuadir alguém a fazer algo*
conseiller de + infinitivo	*aconselhar*	**se plaindre de** + substantivo	*reclamar de*
craindre de + infinitivo	*temer*	**prier de** + infinitivo	*implorar*
décider de + infinitivo	*decidir*	**promettre de** + infinitivo	*prometer*
défendre à quelqu'un de + infinitivo	*proibir alguém de fazer*	**proposer de** + infinitivo	*propor alguém a fazer algo*
demander à quelqu'un de + infinitivo	*pedir a alguém que faça algo*	**refuser de** + infinitivo	*recusar algo*

(continua)

Tabela 12-4 (continuação)

se dépêcher de + infinitivo	*apressar-se em fazer algo*	**regretter de** + infinitivo	*desistir de fazer algo*
dire à quelqu'un de + infinitivo	*dizer a alguém que faça algo*	**remercier de** + infinitivo	*agradecer por fazer*
empêcher de + infinitivo	*impedir de*	**risquer de** + infinitivo	*correr o risco de*
essayer de + infinitivo	*tentar fazer algo*	**se souvenir de** + infinitivo/ substantivo	*lembrar-se de fazer algo*
s'excuser de + infinitivo	*desculpar-se por ter feito algo*	**venir de** + infinitivo	*acabar de fazer algo*
féliciter de + infinitivo	*felicitar por ter feito algo*		

Nous refusons de partir. (*Nós nos recusamos a partir.*)

Il a oublié de se raser. (*Ele se esqueceu de se barbear.*)

Je viens de manger. (*Eu acabei de comer.*)

O computador do seu chefe está ruim de novo! O teclado com defeito não digita nenhuma preposição. Complete as lacunas com a preposição correta: **à** ou **de**.

Q. Je vous demande ____ m'excuser.

R. Je vous demande **de** m'excuser. (*Peço que me desculpe.*)

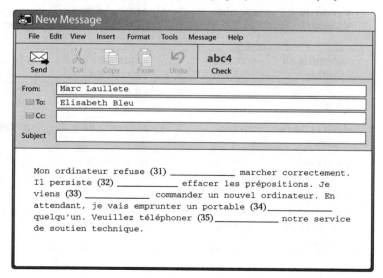

Capítulo 12: Uma Ode Às Preposições **191**

Verbos com outras preposições

Embora **à** e **de** sejam as preposições mais comuns após os verbos, outras preposições também são requisitadas com certos verbos. Apenas conjugue-os e adicione as preposições.

Veja a lista abaixo na Tabela 12-5:

Tabela 12-5	**Verbos que Precisam de Outras Preposições**		
Verbo	*Tradução*	*Verbo*	*Tradução*
Verbos com **contre**			
s'asseoir contre + pessoa	*sentar-se perto de alguém*	**échanger** (substantivo) **contre** (substantivo)	*trocar algo por outra coisa*
se battre contre + substantivo / pessoa	*lutar contra algo/ alguém*	**se fâcher contre** + pessoa	*ficar com raiva de alguém*
Verbos com **dans**			
boire quelque chose dans + substantivo	*beber algo em*	**lire dans** + substantivo	*ler em (uma publicação)*
courir dans + substantivo	*correr sobre alguma coisa*	**manger dans** + substantivo	*comer em/ dentro de*
coûter dans + quantidade	*custar*	**prendre quelque chose dans** + substantivo	*tomar algo de alguém*
entrer dans + substantivo	*entrar em*	**regarder dans** + substantivo	*olhar dentro de*
fouiller dans + substantivo	*olhar em*	**vivre dans** + substantivo	*viver em*
Verbos com **en**			
agir en + substantivo	*agir como*	**écrire en** + idioma	*escrever em (um idioma)*
casser en + substantivo / número	*quebrar em alguma coisa ou em certos pedaços*	**transformer** (substantivo) **en** + substantivo	*trocar alguma coisa por outra*
se changer en + substantivo	*transformar algo em outra coisa*	**se vendre en** + substantivo	*vender a/em (quilos, garrafas)*
couper en + número	*cortar em pedaços*	**voyager en** + substantivo	*viajar de (trem, carro)*
croire en + substantivo	*acreditar em algo*		

(continua)

Parte III: Escrevendo com Segurança: Enriqueça Suas Frases

Tabela 12-5 (continuação)

Verbos com par

commencer par + infinitivo	*começar a fazer*	**jurer par** + substantivo	*jurar por alguma coisa*
finir par + infinitivo	*acabar de fazer algo*	**obtenir quelque chose par** + infinitivo	*obter alguma coisa por fazer algo*
sortir par + substantivo	*partir para*		

Verbos com pour

creuser pour + substantivo	*cavar*	**payer pour** + pessoa	*pagar por alguém*
être pour + substantivo	*ser a favor de*	**signer pour** + pessoa	*assinar por alguém*
parler pour + pessoa	*falar a favor de*		

Verbos com sur

acheter (substantivo) **sur le marché**	*comprar algo no mercado*	**s'étendre sur** + substantivo	*espalhar sobre alguma coisa*
appuyer sur + substantivo	*pressionar em*	**interroger** (alguém) **sur** + substantivo	*interrogar alguém sobre alguma coisa*
arriver sur + tempo	*chegar a/em*	**se jeter sur** + pessoa	*atirar uma pessoa contra outra*
compter sur + substantivo/ pessoa	*contar com alguém/alguma coisa*	**prendre modèle sur** + pessoa	*tomar alguém como modelo*
concentrer sur + substantivo	*concentrar-se em alguma coisa*	**réfléchir sur** + substantivo	*refletir sobre*
copier sur + pessoa	*copiar de alguém*	**revenir sur** + substantivo	*voltar atrás*
s'endormir sur + substantivo	*dormir sobre alguma coisa*		

Verbos com vers

se diriger vers + substantivo	*dirigir-se para*	**tourner vers** + substantivo	*virar para*
regarder vers + substantivo	*olhar para*		

Capítulo 12: Uma Ode Às Preposições **193**

Verbos com preposições diferentes

Alguns verbos mudam de significado quando seguidos de determinadas preposições. Veja, na Tabela 12-6, alguns exemplos. Não existe outra forma para aprender esses verbos; é necessário memorizá-los.

Tabela 12-6	Verbos com Preposições Diferentes		
Verb + à	_Tradução_	**Verbo + Outra Preposição**	_Tradução_
aller à	_ir a_	**aller vers**	_ir em direção a_
donner à	_dar para_	**donner contre**	_trocar_
être à	_pertencer a_	**être vers**	_estar perto de_
jouer à	_jogar_	**jouer de**	_tocar um instrumento_
manquer à	_sentir falta de alguém_	**manquer de**	_ter falta de algo_
parler à	_conversar com_	**parler de**	_falar de_
penser à	_pensar em /refletir sobre_	**penser de**	_pensar sobre/de_
profiter à	_ser útil a_	**profiter de**	_aproveitar algo_
téléphoner à	_telefonar para_	**téléphoner pour**	_telefonar para_
tenir à	_insistir em_	**tenir de**	_sair a_

Je parle à mon frère. (_Eu converso com meu irmão._)

Nous parlons de la France. (_Nós conversamos sobre a França._)

Il va à Paris. (_Ele vai a Paris._)

Elle va vers le musée. (_Ela vai em direção ao museu._)

O verbo **penser à** significa _pensar, ter em mente, considerar_ em português, e **penser de** pode ser _pensar_ ou _achar, ter uma opinião_.

Je pense à mes vacances. (_Estou pensando nas minhas férias._)

Que penses-tu de cette idée ? (_O que você acha dessa ideia?_)

Alguns verbos franceses podem ser usados com duas preposições sem mudar muito o significado:

- ✔ **commencer à**, **commencer de** + infinitivo – _começar a fazer_

- ✔ **continuer à**, **continuer de** + infinitivo – _continuar_

- ✔ **rêver à**, **rêver de** + substantivo ou infinitivo – _sonhar em fazer alguma coisa/com alguma coisa_

- ✔ **traduire en**, **traduire vers le** + idioma – _traduzir para um idioma_

Verbos sem preposições

Muitos verbos franceses não são seguidos de preposição. Para conhecê-los, veja a Tabela 12-7.

Tabela 12-7	Verbos Franceses Sem Preposição		
Verbo	*Tradução*	**Verbo**	*Tradução*
aller + infinitivo	*Ir fazer alguma coisa*	**être censé** + infinitivo	*supor/dever/ter que fazer/alguma coisa*
approuver + substantivo	*aprovar algo*	**habiter** + substantivo	*morar*
attendre + substantivo	*esperar algo*	**ignorer** + substantivo	*ignorar alguma coisa*
chercher + substantivo	*procurar algo*	**mettre** + substantivo	*pôr*
demander + substantivo	*perguntar/pedir algo*	**payer** + substantivo	*pagar*
devoir + infinitivo	*ter de fazer algo / dever*	**pouvoir** + infinitivo	*poder*
écouter + substantivo	*ouvir algo*	**regarder** + substantivo	*olhar*
envoyer chercher + substantivo	*enviar para*	**sentir** + substantivo	*cheirar*
essayer + substantivo	*tentar algo*	**soigner** + pessoa	*cuidar de alguém*

Je cherche mon sac à dos. (*Eu estou procurando minha mochila.*)

Il ignore mon dilemme. (*Ele ignora meu dilema.*)

Tu es censé travailller aujourd'hui. (*Você deve trabalhar hoje.*)

Passe as frases para o francês:

Q. Eu estou ouvindo rádio.

R. **J'écoute la radio.**

36. Ele vai visitar Versailles.

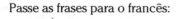

37. Você pagou pelo trabalho?

38. Eu quero experimentar esse vestido.

Capítulo 12: Uma Ode Às Preposições   **195**

39. Ela está olhando alguns quadros.

40. Eles estão procurando um apartamento.

Respostas

1	Partons **à** midi.
2	Ils sont **de** Rabat.
3	Il va **à** la banque.
4	La voiture **de** Dominique est **à** la plage.
5	Elle veut aller **au** musée.
6	Je n'aime pas le chat **de** mes amis.
7	Nous avons acheté un livre **d'**historie.
8	J'utilise l'ordinateur **de** mon collègue.
9	Vas-tu/Allez-vous **aux** boîtes avec Thimothy ?
10	Elle est arrivée **de** Montréal.
11	C'est **dans** un carton.
12	Le chien est **sur** la table.
13	Je pars **avec** ou **sans** toi/vous.
14	Es-tu/Êtes-vous **pour** ou **contre** cette solution ?
15	Tu peux/Vous pouvez manger **avant** ou **après** la fête.

Parte III: Escrevendo com Segurança: Enriqueça Suas Frases

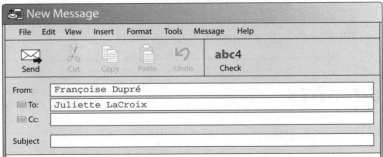

M. Boumani arrivera (16) **de** Tanger (17) à 13h00. Il préfère boire son café dans une tasse (18) **à** thé. Sa collègue, Mme Labiya, a besoin d'un verre (19) **d'**eau dans un verre (20) **à** vin. Mlle Leblanc, venant (21) **de** Genève, peut manger tous les hors-d'œuvre (22) **en** cinq minutes, donc elle ne devrait pas être assise à côté du buffet. Les trois employés (23) **de** Paris, qui sont déjà venus ici (24) **en** mai, n'ont pas de besoins particuliers. Venez à mon bureau (25) **dans** une heure et je vous donnerai les autres détails.

Sr. Boumani chegará de Tânger às 13h. Ele prefere beber seu café em uma xícara de chá. Sua colega, a Sra. Labiya, precisa de um copo de água em uma taça de vinho. Srta. Leblanc, de Genebra, pode comer todos os aperitivos em cinco minutos, então ela não deve estar sentada ao lado do bufê. Os três funcionários de Paris que estiveram aqui em maio, não têm necessidades especiais. Venha ao meu escritório em uma hora e lhe darei outros detalhes.

26	Il va **en** Australie. *(Ele vai para a Austrália.)*
27	Nous voyageons **au** Canada. *(Estamos viajando pelo Canadá.)*
28	Elle vient **d'**Italie. *(Ela é da Itália.)*
29	Ils arrivent **du** Mali. *(Eles vêm de Mali.)*
30	Je vais **à** Londres. *(Eu vou para Londres.)*

Capítulo 12: Uma Ode Às Preposições

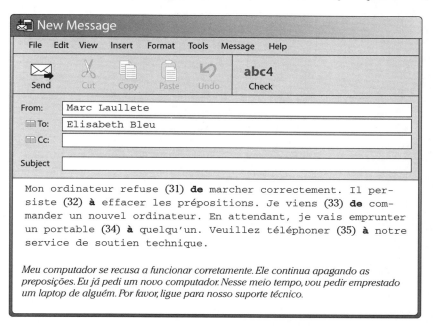

Mon ordinateur refuse (31) **de** marcher correctement. Il persiste (32) **à** effacer les prépositions. Je viens (33) **de** commander un nouvel ordinateur. En attendant, je vais emprunter un portable (34) **à** quelqu'un. Veuillez téléphoner (35) **à** notre service de soutien technique.

Meu computador se recusa a funcionar corretamente. Ele continua apagando as preposições. Eu já pedi um novo computador. Nesse meio tempo, vou pedir emprestado um laptop de alguém. Por favor, ligue para nosso suporte técnico.

36 **Il va visiter Versailles.**

37 **As-tu/Avez-vous payé le travail ?**

38 **Je veux essayer cette robe.**

39 **Elle regarde des peintures.**

40 **Ils cherchent un appartement.**

Capítulo 13

Compreendendo os Pronomes

- -

Neste Capítulo

▶ Uso de pronomes objetivos diretos e indiretos

▶ Junção de pronomes adverbiais

▶ Emprego dos pronomes objetivos

- -

*O*s pronomes adverbiais e objetivos são palavrinhas com muitas informações. Os objetos diretos e indiretos contam quem e o que está sendo olhado, falado, enfim, sofrendo a ação, como em *Eu dei o livro ao Tim*. (O livro é o objeto direto e Tim, indireto); os pronomes objetivos substituem esses objetos para que não se repita a mesma palavra várias vezes, como em *Eu lhe dei isso* (*isso* e *lhe* são pronomes objetivos). Da mesma forma, os pronomes adverbiais substituem certas frases dando a mesma informação em menor espaço. Por exemplo: *Nós fomos para a França e vivemos lá por dois meses*; a palavra *lá* pode ser traduzida por **y**, em francês; é um pronome adverbial.

É necessário entender o significado dos pronomes adverbiais e objetivos para saber empregá-los corretamente nas frases e qual a ordem correta quando você usa dois de uma vez. Este capítulo explica como usá-los.

Uso de Pronomes Objetivos

Como os pronomes substituem os substantivos, os pronomes objetivos substituem os objetos. Em uma corrida rara de lógica linguística, os pronomes objetivos diretos substituem os objetos diretos, e os pronomes objetivos indiretos substituem os objetos indiretos. Apesar da objetividade da natureza das palavras, objetos nem sempre são coisas como árvores e livros; também podem ser pessoas e animais.

Esta seção explica como usar os pronomes objetivos diretos e indiretos corretamente.

Apresentação dos pronomes objetivos diretos

O objeto direto é uma pessoa ou uma coisa que está sofrendo a ação do verbo. Quando não se encontra em forma de pronome, o objeto direto, tanto em francês quanto em português, é chamado de direto porque não leva preposição antes dele.

Para usar o pronome, antes é necessário saber identificar o objeto. Para reconhecer um objeto direto, você usa a pergunta "O Quê?" ou "Quem fez a ação do verbo da frase?". Por exemplo, na sentença **Lise connaît les athlètes** (*Lise conhece os atletas*), Lise é o sujeito da oração, a pessoa que conhece. Para achar o objeto direto, faça a pergunta: "O que/quem Lise conhece?". A resposta será *os atletas*; logo, **athlètes** é o objeto direto da frase. Na oração **Mon frère déteste la glace** (*Meu irmão odeia sorvete*), *meu irmão* é o sujeito (quem faz a ação de odiar). Pergunta: O que ele odeia? **La glace**; logo, **la glace** é o objeto direto, a coisa que ele odeia. Fazendo essas duas pergunta, O quê? e Quem?, pode-se descobrir o objeto direto: "Quem Lise conhece?"; "O que meu irmão odeia?". *Os atletas* e *sorvete* são os objetos diretos dessas frases. (E quem é completamente maluco? O irmão que odeia sorvete.)

Os objetos diretos, **les athlètes** e **la glace**, podem ser substituídos pelos pronomes objetivos diretos. Entretanto, os pronomes objetivos diretos em francês aparecem antes dos verbos. Os pronomes também têm de concordar em gênero e número com o objeto que está substituindo.

Veja a Tabela 13-1 para ver os pronomes objetivos diretos.

Tabela 13-1	Pronomes Objetivos Diretos	
Pronome Pessoal	*Pronome Objetivo Direto*	*Tradução*
je	me (m', moi)	*me, mim, comigo*
tu	te (t', toi)	*te, ti, contigo*
il	le (l')	*se, si, o*
elle	la (l')	*se, si, a*
nous	nous	*nos, conosco*
vous	vous	*vos, convosco*
ils, elles	les	*os, as*

Lise les connaît. (*Lise conhece-os.*)

Mon frère la déteste. (*Meu irmão a detesta.*)

Je vous écoute. (*Eu os escuto* ou *Eu o escuto.*)

Capítulo 13: Compreendendo os Pronomes 201

Em francês, no caso de haver dois verbos, o pronome precede o segundo, como em **Je dois le faire** (*Eu tenho de fazê-lo*). No tempo **Passé Composé** e em outros tempos compostos (ver Capítulo 15), o pronome objetivo direto precede o auxiliar, como em **Je l'ai fait** (*Eu o fiz.*).

Os verbos transitivos são verbos que precisam de complementos, objeto direto ou indireto, como no caso dos verbos *comprar* e *gostar*. Não se pode dizer *Eu compro* sem dizer o que compra, o objeto direto; a sentença fica incompleta. É necessário complementar, dizer *Eu comprei pão*.

Os verbos que não precisam de objeto são chamados de **intransitive** (intransitivos). Alguns verbos podem ser transitivos e intransitivos: *Eu leio o jornal* (transitivo) *versus Eu leio todo dia* (intransitivo). Saber a diferença entre verbos transitivos e intransitivos ajuda a escolher a melhor palavra ao olhar no dicionário. (Veja o Capítulo 1).

Alguns verbos que são objetivos diretos em francês não o são em português, e vice-versa. Não se usa preposição depois de **écouter**, por exemplo; a pessoa ou coisa ouvida é um objeto direto em francês.

Me, **te**, **le** e **la** contraem para **m'**, **t'** e **l'** toda vez que precederem uma vogal, *h* mudo ou pronome adverbial **y**.

No Imperativo afirmativo (ver Capítulo 10), a ordem das palavras é diferente: como os pronomes reflexivos, os pronomes objetivos diretos seguem o verbo e são ligados a ele com um hífen: **me** muda para **moi**, e **te**, para **toi**:

    Trouvez-le. (*Ache-o.*)

    Ècoute-moi ! (*Escute-me!*)

Reescreva as frases de 1 a 5 substituindo as palavras sublinhadas por um pronome objetivo direto. Em seguida, traduza as frases de 6 a 10 para o francês.

Q. Je vois <u>mon frère</u>.

R. Je **le** vois. (*Eu o vi*)

1. Il cherche <u>ses clés</u>.

_____

2. Nous avons <u>la voiture</u>.

_____

3. Avez-vous <u>l'heure</u> ?

_____

4. J'ai fini <u>notre itinéraire</u>.

_____

Parte III: Escrevendo com Segurança: Enriqueça Suas Frases

5. Qui connaît Anne ?

_____

6. Eu posso vê-los, meninos.

_____

7. Meus amigos não me entendem.

_____

8. Olhe para mim.

_____

9. Eles estão nos ouvindo?

_____

10. Eu amo você.

_____

Pronomes Objetivos Indiretos

Os pronomes objetivos indiretos são seguidos de preposição como **à** (*a/em/para/com*) ou **pour** (*para/por*). Veja, no Capítulo 12, mais informações sobre as preposições.

Antes de usar qualquer pronome objetivo indireto, é preciso conhecê-lo bem. Para reconhecer um objeto indireto, faça uma pergunta "Para quem?" ou "Para quê?". No exemplo: **Elle parle à ses amis** (*Ela está conversando com amigos.*), **elle** é o sujeito da frase – é a pessoa que está conversando. **Ses amis** é o objeto indireto – com quem ela conversa. No exemplo: **J'achète des livres pour ma nièce** (*Eu estou comprando alguns livros para minha sobrinha*), **je** é o sujeito – quem está comprando. **Ma nièce** é o objeto indireto; para quem **je** está comprando. Para achar o objeto indireto, pergunte: "Para quem?", "De quem?" ou "Com quem?".

Em português, o objeto indireto é sempre preposicionado. Na frase *Eu dei a ele dinheiro*, *ele* é o objeto indireto (preposição *a*) e *dinheiro* é o objeto direto (sem preposição). Em francês, **Je lui ai donné l'argent** (**lui** é o objeto indireto) e **J'ai donné l'argent à John** (**John** é o objeto indireto.) Em francês, o objeto indireto é qualquer nome ou pronome que lhe diz para quem ou para que está acontecendo algo, precedido por preposição ou não.

A maioria dos pronomes objetivos indiretos franceses é igual aos diretos – apenas os da terceira pessoa do singular e plural mudam. Para usá-los corretamente, é necessário saber o gênero, o número e a pessoa gramatical do objeto que será substituído pelo pronome.

A ordem das palavras para pronomes objetivos indiretos é a mesma para os diretos.

 ✔ Os pronomes objetivos ficam antes dos verbos

 ✔ Quando houver dois verbos, os pronomes ficam antes do segundo.

Capítulo 13: Compreendendo os Pronomes

- No **Passé Composé**, eles ficam antes do verbo auxiliar.
- No Imperativo afirmativo, ficam depois do verbo, unidos com hífen.

Veja a Tabela 13-2 com os pronomes objetivos indiretos.

Tabela 13-2	Pronomes Objetivos Indiretos	
Pronome Pessoal	*Pronome Objetivo Indireto*	*Tradução*
je	me (m', moi)	me, mim
tu	te (t', toi)	te, ti
il, elle	lui	ele, ela, si, lhe
nous	nous	nos
vous	vous	vos
ils, elles	leur	eles, elas, si, lhes

Observe que a terceira pessoa do plural do objeto indireto é **leur**; não confundir com o adjetivo possessivo **leur/leurs** (ver no Capítulo 2).

Elle leur parle. (*Ela fala com eles.*)

Je lui achète des livres. (*Estou comprando alguns livros para ela.*)

Lui é o pronome objeto indireto para ambos: homens e mulheres.

Il téléphone à Davi. → **Il lui téléphone.** (*Ele está telefonando para David.* → *Ele está telefonando para ele.*)

Je parle à ma mére. → **Je lui parle.** (*Eu estou falando com minha mãe.* → *Eu estou falando com ela.*)

Reescreva as frases de 11 a 15 substituindo as palavras sublinhadas por pronomes objetivos indiretos. Em seguida, traduza as frases de 16 a 20 para o francês.

Q. Je parle <u>à mes parents.</u>

R. Je **leur** parle. (*Eu estou lhes falando.*)

11. Il téléphone <u>à Pierre.</u>

_____

12. Nous demandons de l'argent <u>à notre entraîneur.</u>

_____

13. Vas-tu acheter cette bicyclette <u>pour moi</u> ?

_____

14. Faites attention <u>à vos collègues</u>.

_____

204   Parte III: Escrevendo com Segurança: Enriqueça Suas Frases _____

15. J'ai emprunté un stylo <u>à Sylvie</u>.

_____

16. Ele me pediu para sair.

_____

17. Isso nos agrada.

_____

18. Ele nos roubou algum dinheiro.

_____

19. Ela não apertou minha mão.

_____

20. Eu estou pedindo a vocês para ajudarem.

Compreendendo os Pronomes Adverbiais

Os pronomes adverbiais são similares aos objetivos indiretos; eles substituem o nome + a preposição. Entretanto, os substantivos substituídos não são objetos indiretos e, sim, frases preposicionadas. As frases preposicionadas dão uma informação a mais sobre o verbo, mas elas não são colocadas em prática pelo verbo como são os objetos indiretos. Esta seção explica como usá-las.

Chegando lá com o pronome adverbial y

Ele é usado para substituir a preposição **à**, **chez**, **dans** ou **en** + o lugar, e significa _lá_. O pronome adverbial **y** é empregado na mesma posição que o pronome objeto direto ou indireto:

> **Je vais à la plage.** → **J'y vais.** (_Eu vou à praia._ → _Eu vou lá._)

> **Elle a passé deux jours en France.** → **Elle y a passé deux jours**. (_Ela passou dois dias na França._ → _Ela passou dois dias lá._)

O **y** também pode ser usado para substituir **à** + [coisa] com verbos preposicionados com **à**. Neste capítulo, já foi explicado que o **à** pode ser substituído por um pronome objetivo indireto. Qual a diferença? O objeto indireto indica _para_ ou _com quem_ está sendo feito alguma coisa, e o **y** indica o que está sendo feito. Em francês, os pronomes objetivos indiretos substituem apenas pessoas; para coisas e lugares, usa-se o pronome adverbial **y**. (Veja, no Capítulo 12, os verbos que são preposicionados.)

> **Je pense à l'amour.** → **J'y pense**. (_Eu estou pensando no amor._ → _Eu penso nisso_ [**y**].)

> **Nous obéissons aux lois.** → **Nous y obéissons.** (_Nós obedecemos as leis._ → _Nós as obedecemos._)

Capítulo 13: Compreendendo os Pronomes 205

Mas...

Je pense à mon ami. → **Je pense à lui.** (*Eu estou pensando em meu amigo.* → *Eu estou pensando nele.*)

Nous obéissons à nos parents. → **Nous leur obéissons.** (*Nós obedecemos a nossos pais.* → *Nós os obedecemos.*)

Todo verbo transitivo precisa de um complemento. Os verbos franceses que requerem preposição **à**, como o verbo **aller** (*ir*), precisa de **à** + substantivo ou pronome adverbial **y** para completá-lo. Em francês, não podemos falar simplesmente *Eu vou*; é preciso completar o verbo – é preciso dizer onde está indo, como em **Je vais chez moi** (Eu vou para casa), ou usar **y**: **J'y vais.**

Reescreva as frases de 21 a 25 substituindo as partes sublinhadas por **y**. Em seguida, traduza as frases de 26 a 30 para o francês.

Q. Nous allons <u>à Montréal</u>.

R. **Nous y allons.** (*Nós vamos [lá].*)

21. Il travaille <u>dans la bibliothèque</u>.

_____

22. Je réfléchis <u>à ma vie</u>.

_____

23. Vas-tu voyager <u>en Europe</u> tout seul ?

_____

24. Je <u>suis à la banque</u>.

_____

25. Je ne suis jamais allé <u>aux îles Caraïbes</u>.

_____

26. Vocês assistiram a isso?

_____

27. Ele entrou lá.

_____

28. Eles responderão a isso.

_____

29. Nós estamos pensando neles (nos livros).

_____

30. Eu vou agora.

_____

206 Parte III: Escrevendo com Segurança: Enriqueça Suas Frases _____

Gramática Adverbial – Entendendo mais do mesmo com o pronome en

O pronome adverbial **en** é normalmente traduzido como *alguns/algumas*, e pode substituir uma ou mais palavras. A palavra **en** também é pronome objetivo e preposição. (Recorde as preposições no Capítulo 12.)

En é usado para substituir:

- **De** + substantivo

- Artigo partitivo **du**, **de la**, ou **des** + substantivo

- Um substantivo depois de um número

- Um substantivo depois de um advérbio de quantidade

- Um substantivo depois de um adjetivo indefinido ou negativo

En substituindo de + substantivo

En substituindo o artigo (**du**, **de la**, **de l'** ou **des**) e o substantivo que o segue:

> **Nous parlons d'amour.** → **Nous en parlons.** (*Nós conversamos sobre o amor.* → *Nós conversamos sobre ele.*)

> **Je veux des fraises.** → **J'en veux.** (*Eu quero alguns morangos.* → *Eu quero alguns [deles].*)

Em francês, dizer apenas **Je veux** fica incompleto; é necessário incluir **des fraises** ou substituir por **en.**

En com números

Quando usar **en** com números, somente o substantivo será substituído, e é preciso colocar o número depois do verbo:

> **Il a trois voitures.** → **Il en a trois**. (*Ele tem três carros.* → *Ele tem três [deles].*)

> **J'ai acheté une douzaine de livres.** → **J'en ai acheté une douzaine**. (*Eu comprei uma dúzia de livros.* → *Eu comprei uma dúzia [deles].*)

En com advérbios de quantidade

En substitui **de** e o substantivo, e o advérbio vai para o final. (Veja mais sobre advérbios no Capítulo 9.)

> **Avez-vous beaucoup de temps ?** → **En avez-vous beaucoup ?** (*Você tem muito tempo?* → *Você tem muito [dele]?*)

> **Je mange très peu d'avocats.** → **J'en mange très peu**. (*Eu como muitos abacates.* → *Eu como muitos [deles].*)

Capítulo 13: Compreendendo os Pronomes

En com adjetivos indefinidos e negativos

En também é usado com adjetivos indefinidos e negativos. Os adjetivos indefinidos expressam uma quantidade inespecífica, tal qual **quelques** (*alguns*) e **plusiers** (*várias*). Os adjetivos negativos negam um substantivo – são termos como **ne ... aucun** (*ninguém*) e **ne . . . nul** (*nenhum*). Como os advérbios de quantidade, o substantivo é substituído por **en** e o adjetivo indefinido ou a segunda parte do negativo colocado no final. Quando isso é feito, os adjetivos viram pronomes, mas os adjetivos negativos indefinidos não; não mudam em nada.

> **J'ai d'autres idées.** → **J'en ai d'autres**. (*Eu tenho outras ideias.* → *Eu tenho outras.*)

> **Il cherche plusiers amis.** → **Il en cherche plusiers, mais il n'en a trouvé aucun**. (*Ele está procurando por vários amigos.* → *Ele está procurando por vários [deles], mas não achou nenhum [deles].*)

Reescreva as frases substituindo as frases sublinhadas por **en**:

Q. Je veux <u>de la salade</u>.

R. **J'en veux.** (*Eu quero alguns.*)

31. Nous connaissons beaucoup d'artistes.

_____

32. Elle a plusiers idées.

_____

33. J'ai besoin de six chaises.

_____

34. Avez-vous un stylo ?

_____

35. Il a bu du thé.

_____

36. Que penses-tu du résultat ?

_____

37. Je n'ai aucun doute.

_____

38. Elle connaît quatre mécaniciens.

_____

39. Nous cherchons des chaussures.

_____

40. N'as-tu nulle foi ?

_____

Posicionamento de Dois Pronomes

Em francês, como em português, os pronomes têm uma ordem de posicionamento nas frases.

Os pronomes objetivos e adverbiais, como os reflexivos (Capítulo 11), ficam sempre no mesmo lugar: Em frente ao verbo – exceto no Imperativo afirmativo. Porém, quando há dois desses pronomes na mesma frase, algo acontece: Ambos ficam antes do verbo, mas em que ordem? Esta seção esclarece isso.

Alinhando: Ordem padrão dos pronomes

Usar dois pronomes ao mesmo tempo requer uma ordenação especial, mas, antes, observe a Tabela 13-3 para os pronomes pessoais.

Tabela 13-3	Pronomes Reflexivos e Objetivos		
Pronome Pessoal	*Pronome Reflexivo*	*Pronome Objetivo Direto*	*Pronome Objetivo Indireto*
je	me	me	me
tu	te	te	te
il	se	le	lui
elle	se	la	lui
nous	nous	nous	nous
vous	vous	vous	vous
ils, elles	se	les	leur

Aqui está a ordem:

1. **Me**, **te**, **se**, **nous** ou **vous** sempre em primeiro lugar.

2. **Le**, **la** ou **les** em segundo.

3. **Lui** ou **leur** a seguir.

4. **Y** vem depois.

5. **En** em último lugar.

É claro que nunca se coloca cinco pronomes em uma única frase – geralmente dois, no máximo. Observe os seguintes exemplos da ordem correta dos pronomes:

> **Il m'a donné le livre.** → **Il me l'a donné.** (*Ele me deu o livro.* → *Ele me deu.*)

> **Elle nous en parle**. (*Ela nos fala disso.*)

Capítulo 13: Compreendendo os Pronomes **209**

> **Je vais le lui montrer.** (*Eu vou mostrar isso a ele.*)
>
> **Il y en a trois.** (*Há três [deles].*)

Me, **te**, **nous** e **vous** são iguais aos pronomes reflexivos e indiretos; todos vêm em primeiro lugar, quando há dois pronomes na mesma frase. Se na frase houver mais que duas coisas para serem substituídas por pronomes, escolha apenas duas, como em:

> **J'ai acheté vêtements pour moi-même en France.** → **Je m'y suis acheté des vêtements** ou **Je m'en suis acheté en France.** (*Eu comprei roupas para mim [mesma] na França.* → *Eu comprei para mim [**y**] roupas* ou *Eu as comprei [**m'en**] na França.*)

Uso de pronomes nas ordens

É usado o mesmo posicionamento de palavras para todos os verbos, tempos, modos, e construções, exceto no Imperativo afirmativo (ver Capítulo 10), quando os pronomes ficam após o verbo, ligados por um hífen; aqui está a ordem que se aplica aos pronomes duplos:

1. **Le**, **la** ou **les** vêm primeiro.
2. **Moi**, **toi**, **lui**, **nous**, **vous** ou **leur** depois.
3. **Y** vem após esses.
4. **En** é o último.

Lembre-se de que, no Imperativo afirmativo, os pronomes **me** e **te** mudam para **moi** e **toi** (ver Capítulo 10). A mudança importante é a dos objetos diretos **le**, **la** e **les**, que ficam em primeiro lugar.

> **Donnez-nous-en.** (*Dê isso para nós.*)
>
> **Va-t'en !** (*Vai embora!*)
>
> **Montrez-le-moi.** (*Mostre isso para mim*)

Responda às perguntas com dois pronomes da maneira que achar melhor. Eu mostro algumas possibilidades nas respostas.

Q. Combien d'amis as-tu en France ?

R. **J'y en ai trois.** (*Eu tenho três aqui.*)

41. Vas-tu t'habituer à la pluie ?

_____

42. Peut-elle m'envoyer le paquet à mon bureau ?

_____

43. Quand vont-ils montrer le film aux enfants ?

_____

210 **Parte III: Escrevendo com Segurança: Enriqueça Suas Frases** _____

44. Pouvez-vous me donner les clés ?

45. Veux-tu prendre un verre chez moi ?

Capítulo 13: Compreendendo os Pronomes **211**

Respostas

1 Il **les** cherche. *(Ele está procurando por eles.)*

2 Nous **l'**avons. *(Nós temos isso.)*

3 **L'**avez-vous ? *(Você tem isso?)*

4 Je **l'**ai fini. *(Eu terminei isso.)*

5 Qui **la** connaît ? *(Quem a conhece?)*

6 Je peux **vous** voir.

7 Mes amis ne **me** comprennent pas.

8 Regarde-**moi**/Regardez-**moi.**

9 Est-ce qu'ils **nous** écoutent ? / **Nous** écoutents-ils ?

10 Je **t'**aime. / Je. **vous** aime.

11 Il **lui** téléphone. *(Ele está telefonando para ele.)*

12 Nous **lui** demandons de l'argent. *(Nós estamos pedindo dinheiro a ele.)*

13 Vas-tu **m'**acheter cette bicyclette ? *(Você vai me comprar essa bicicleta?)*

14 Faites-**leur** attention. *(Preste atenção a eles.)*

15 Je **lui** ai emprunté un stylo. *(Eu pedi a ela uma caneta.)*

16 **Il m'a dit de partir. Me** é o objeto indireto, porque, em francês, você diz alguma coisa a alguém (**dire à quelqu'un**).

17 **Cela nous plaît. Plaire** requer preposição **à** antes da pessoa.

18 **Ils nous ont volé de l'argent. Voler** requer preposição **à**. A construção é **voler quelque chose à quelqu'un.**

19 **Elle ne m'a pas serré la main.** A expressão é **serrer la main à quelqu'un**; **main** *(mão)* é o objeto direto, e **me** *(a mim)* é o objeto indireto.

20 **Je vous demande d'aider.** Em francês, **demander à quelqu'un de faire quelque chose**; então, **vous** é um objeto indireto.

21 **Il y travaille.** *(Ele trabalha lá.)*

22 **J'y réfléchis.** *(Eu penso nisso.)*

23 **Vas-tu y voyager tout seul ?** *(Você vai viajar para lá sozinho?)*

212 Parte III: Escrevendo com Segurança: Enriqueça Suas Frases _____

24 **J´y suis.** (*Eu estou aqui.*)

25 **Je n'y suis jamais allé.** (*Eu nunca estive lá.*)

26 **Est-ce que vous y avez assisté ? / Y avez-vous assisté ?**

27 **Il y est entré.**

28 **Ils vont y répondre.**

29 **Nous y pensons.**

30 **J'y vais maintenant.**

31 **Nous en connaissons beaucoup.** (*Nós conhecemos muito [disso].*)

32 **Elle en a plusiers.** (*Ela tem bastante [disso].*)

33 **J'en ai besoin de six.** (*Eu preciso de seis [desses].*)

34 **En avez-vous un ?** (*Você tem um?*)

35 **Il en a bu.** (*Ele bebeu isso.*)

36 **Qu'en penses-tu ?** (*O que pensas [disso]?*)

37 **Je n'en ai aucun.** (*Eu não tenho nenhum.*)

38 **Elle en connaît quatre.** (*Ela conhece quatro [deles/delas].*)

39 **Nous en cherchons.** (*Estamos procurando por isso.*)

40 **N'en as-tu nulle ?** (*Você não tem nenhum?*)

41 **Oui, je vais m'y habituer** ou **Non, je ne vais pas m'y habituer.** (*Sim, eu vou me acostumar a isso ou Não, eu não vou me acostumar a isso.*)

42 **Oui, elle peut t'y envoyer le paquet. / Oui, elle peut te l'envoyer à ton bureau. / Non, elle ne peut pas t'y envoyer le paquet. / Non, elle ne peut pas te l'envoyer à ton bureau.** (*Sim, ela pode enviar a você o pacote para lá. / Sim, ela pode enviá-lo para o seu escritório. / Não, ela não pode enviar a você o pacote para lá. / Não, ela não pode enviá-lo para o seu escritório.*)

43 **Ils vont le leur montrer demain.** (*Eles vão lhes mostrar amanhã.*)

44 **Oui, je peux vous les donner. / Non, je ne peux pas vous les donner.** (*Sim, eu posso dar a você. / Não, eu não posso dar a você.*)

45 **Oui, je veux y en prendre un. / Non, je ne veux pas y en prendre un.** (*Sim, eu quero ter um. / Não, eu não quero ter um.*)

Capítulo 14
Entendendo as Conjunções e os Pronomes Relativos

....

Neste Capítulo

▶ Unindo com conjunções coordenadas

▶ Entendendo as conjunções subordinadas

▶ Usando pronomes relativos

....

As conjunções e os pronomes relativos unem palavras e frases. Essas palavras são as que fazem a escrita e a fala ficarem mais elegantes; então, em vez de dizer: "Eu gosto de café. Eu gosto de chá. Eu bebo café de manhã. Eu bebo chá à noite.", você pode dizer: "Eu gosto de café de manhã e de chá, que bebo à noite.".

As conjunções são palavras de ligação entre duas palavras, frases ou orações. Quando as palavras, frases ou orações são iguais, as conjunções coordenadas unem as duas, como em "café ou chá" ou "histórias engraçadas e boa comida". Quando há duas orações que não são iguais, usamos as conjunções subordinadas, como em "Eu acho que você está certo". Os pronomes relativos agem como as conjunções subordinadas; eles unem duas orações, mas, como todos os pronomes, substituem nomes – o que significa que eles também podem ser o sujeito ou o objeto de uma das orações ligadas. Este capítulo ensina as conjunções mais comuns e como usá-las.

Unindo com Conjunções

As conjunções ligam as palavras. Os tipos de conjunções dependem da igualdade – não a de direitos de quem fala, mas a das palavras que estão sendo unidas. Se for um verbo com dois objetos diretos, um nome com dois adjetivos ou mesmo um adjetivo descrevendo dois substantivos, esses "dois" são iguais porque estão sendo modificados pela mesma palavra; então, juntam-se os dois com uma conjunção coordenada. Por outro

214 Parte III: Escrevendo com Segurança: Enriqueça Suas Frases

lado, se há uma frase que depende da outra, e essas frases não são iguais, então você precisa de uma conjunção subordinada. Esta seção explica as diferenças das conjunções coordenadas e subordinadas.

Conjunções coordenadas

As *conjunções coordenadas* ligam duas palavras, frases ou orações iguais – elas são parte do discurso que modificam ou estão sendo modificadas pela mesma coisa, ou são palavras ou orações igualmente construídas e importantes. Para usar as conjunções coordenadas corretamente, basta colocá-las entre as palavras que deseja ligar. Os itens ligados pelas coordenadas geralmente podem ser revertidos com pequenas ou nenhuma mudança no significado.

Nous aimons bien la plage et les montagnes. (*Nós amamos a praia e as montanhas.*)

Nesse exemplo, a conjunção coordenada **et** (*e*) liga dois substantivos, **la plage** e **les montagnes**. Os substantivos são considerados iguais quando exercem a mesma função na frase – ambos são objetos diretos do verbo **aimer** (*amar*). Nós amamos a praia, e nós amamos as montanhas. Não há diferença entre *nós amamos a praia e as montanhas* e *nós amamos as montanhas e a praia*.

Je veux une robe bleue ou verte. (*Eu quero um vestido azul ou verde.*)

Aqui, a conjunção coordenada **ou** une dois adjetivos, **bleue** ou **verte**; ambos modificam **robe** (*vestido*). Ambas as cores são importantes – Eu quero um vestido azul ou Eu quero um vestido verde, não importa qual.

J'ai acheté une ceinture noire et grise. (*Eu comprei um cinto preto e cinza.*)

Agora **et** une dois adjetivos, **noire** e **grise**; ambos modificam **ceinture**. O cinto é preto e cinza; nenhuma das cores é mais ou menos que a outra.

Le chat a miaulé, et puis le chien a aboyé. (*O gato miou e, então, o cachorro latiu.*)

Nesse caso, a conjunção coordenada é **et puis**, ligando duas orações. O gato miou, o cão latiu – ambas são orações independentes e nenhuma modifica a outra; então, também são iguais.

Veja, na Tabela 14-1, a lista de conjunções coordenadas francesas.

Capítulo 14: Entendendo as Conjunções e os Pronomes Relativos

Tabela 14-1	Conjunções Coordenadas
Conjunção Francesa	*Tradução*
donc	pois
et	e
et ... et	e ... e
et/ou	e/ou
et puis	depois
mais	mas
ne ... ni ... ni	não, nem, nem
ou	ou
ou bien	ou bem
ou ... ou	ou ... ou
soit ... soit	quer ...quer

As conjunções **et...et**, **ou...ou**, **ne...ni...ni** e **soit...soit** são usadas quando se quer enfatizar a relação que as liga, como nos exemplos:

> **Il veut et un vélo et une mobylette**. (*Ele quer ambas: uma bicicleta e uma mobilete.*)

Et ... et, Nessa frase, enfatiza-se que ele quer muito as duas coisas.

> **Je peux voyager ou en France ou en Suisse. / Je peux voyager soit en France soit en Suisse**. (*Eu viajarei ou para França ou para Suíça.*)

Quando uso **ou ... ou** e **soit ... soit**, eu enfatizo a possibilidade de ir apenas a um dos lugares; só posso ir a um ou a outro.

> **Elle ne peut ni lire ni écrire.** (*Ela não pode nem ler nem escrever.*)

A conjunção negativa **ne... ni... ni** enfatiza o lado negativo de ambos os verbos – ela não pode ler nem pode escrever.

Traduza as frases para o francês usando as conjunções coordenadas:

Q. Eu gosto de cantar e de dançar.

R. **J'aime chanter et danser.**

1. Você pode usar uma caneta ou um lápis.

2. Vocês querem creme e/ou açúcar?

3. Eu tenho de ir trabalhar; depois poderemos sair.

216 Parte III: Escrevendo com Segurança: Enriqueça Suas Frases _____

4. Ela está ou brava ou maluca.

---

5. Você vai nos ajudar ou também vai sair?

---

6. Nós vimos ambas, Hélèna e Marie.

---

7. Você achou minhas chaves ou minha carteira?

---

8. Eu gostaria de ir, mas preciso esperar por Paul.

---

9. Era ele ou eu.

---

10. Eu não visitei nem a Torre Eiffel nem o Louvre.

Conjunções subordinadas

As conjunções subordinadas ligam duas orações ou partes de uma frase onde ambas possuem um substantivo e um verbo. A conjunção indica que a oração seguinte é a subordinada – isso significa que é uma oração dependente da outra, chamada principal, que não pode ficar sozinha. Para usar corretamente a conjunção subordinada, é preciso saber qual é a principal e qual é a subordinada. Então, a conjunção subordinada fica no começo e une as duas.

> **Je pense que tu peux le faire**. (*Eu acho que você pode fazer isso.*)

> **Il veut que je travaille.** (*Ele me quer para o trabalho.*)

Na primeira sentença, a oração **tu peux le faire** é a subordinada – a ideia que você pode fazer isso não é um fato; seria se a oração fosse completa. A conjunção subordinada **que** diz que essas palavras são dependentes da oração principal **je pense**. Embora eu ache que você pode fazer, não é um fato; na realidade, você pode ou não ser capaz de fazer isso. No segundo exemplo, **je travaille** é a oração subordinada – eu posso ou não trabalhar, porque a conjunção subordinada **que** explica que ele me quer para trabalhar, mas isso não significa necessariamente que trabalho ou trabalharei.

Que é a conjunção subordinada francesa mais comum. Veja, na Tabela 14-2, as conjunções mais comuns. Observe que as conjunções com asterisco são as que requerem Subjuntivo (ver o Capítulo 8) na oração subordinada.

Capítulo 14: Entendendo as Conjunções e os Pronomes Relativos   217

Tabela 14-2	Conjunções Subordinadas
Conjunção	*Tradução*
afin que*	para que
ainsi que	assim como
alors que	enquanto
à moins que*	a menos que
après que	depois
avant que*	antes
bien que*	embora
de crainte/peur que*	com receio de que
en attendant que*	enquanto, até
jusqu' à ce que*	até
lorsque	quando
parce que	porque
pendant que	enquanto
pour que*	para que
pourvu que*	desde que
puisque	desde, já que
quand	quando
quoique*	embora
quoi que*	qualquer que
sans que*	sem que
tandis que	enquanto/ao passo que

Il est parti parce qu'il doit travailler. (*Ele saiu porque ele tem que trabalhar.*)

A informação importante nessa frase é a oração principal **il est parti** (*Ele saiu*). Por que ele saiu? A conjunção **parce que** (*porque*) inicia a oração dependente para **lhe** explicar que **il doit travailler** (*ele tem que trabalhar.*)

Se a conjunção **parce que** (*porque*) deixar você confuso, como também a expressão **à cause de** (*porque/por causa de/devido a*), lembre-se de que **parce que** precisa vir antes da oração: **J'ai froid parce qu'il neige**. (*Eu estou com frio porque está nevando.*) **À cause de** é colocado em frente a um substantivo: **J'ai froid à cause de la neige.** (*Estou com frio por causa da neve.*)

Je ne lis pas quand j'ai sommeil. (*Eu não leio quando estou com sono.*)

A oração principal é **je ne lis pas**, mas está incompleta porque eu leio às vezes. Eu só não leio quando estou com sono (**quand** [conjunção] **j'ai sommeil**).

Parte III: Escrevendo com Segurança: Enriqueça Suas Frases

Não se pode inverter a ordem das orações subordinadas, porque o significado é alterado.

Você deixou cair as anotações em que trabalhou durante toda a semana em uma poça, e todas as conjunções ficaram manchadas. Preencha as lacunas com uma das conjunções, usando cada uma apenas uma vez:

afin que	à moins que	après que	~~avant que~~	bien que
de peur que	parce que	pendant que	pour que	quand que

Q. _____ je commence mon exposé, avez-vous des questions ?

R. **Avant que** je commence mon exposé, avez-vous des questions ? (*Antes que eu comece a minha apresentação, vocês têm alguma pergunta?*)

11. Je donne cet exposé avec PowerPoint _____ tout le monde puisse voir les chiffres.

12. Veuillez ne pas parler _____ j'explique chaque graphique.

13. Dans le premier trimestre, les consommateurs n'ont pas beaucoup acheté, _____ l'économie continue à baisser.

14. Au milieu du deuxième trimestre _____ l'économie se stabilise normalement, les consommateurs ont continué d'être prudents.

15. À ce point-là, nous avons lancé notre nouvelle campagne publicitaire, _____ les ventes étaient toujours stagnantes.

16. Nous avons aussi changé l'emballage de notre produit _____ il soit plus attirant.

17. _____ nous avons analysé les résultats de ces initiatives, nous avons commencé à offrir un remboursement.

18. Nous en saurons plus _____ le rapport annuel sera publié.

19. Le directeur general pense _____ il va falloir réduire le prix de notre produit.

20. C'est tout, _____ vous ayez besoin d'autres informations.

Pronomes Relativos

O que os pronomes relativos e as conjunções subordinadas têm em comum é que ambos ligam orações subordinadas com orações principais. A diferença é que as conjunções subordinadas não têm antecedentes, e os pronomes relativos têm. Um *antecedente* é uma palavra, frase ou ideia que é substituído pelo pronome, como por exemplo: Eu não sou *quem* você pensa que sou. Esta seção esclarece os pronomes relativos e explica como usá-los corretamente.

Capítulo 14: Entendendo as Conjunções e os Pronomes Relativos   *219*

A importância dos pronomes relativos

Os pronomes relativos unem duas orações. Eles são o sujeito ou o objeto da oração inicial. Quando se une *Eu conheço alguém* com *Ele mora na Tunísia*, precisa do pronome relativo *que* para substituir o sujeito a quem se refere: *Eu conheço alguém que mora na Tunísia*. Em francês, é igual: **Je connais quelqu'un. Il habite en Tunisie** fica **Je connais quelqu'un qui habite en Tunisie**. O pronome relativo substitui o sujeito da segunda oração; é o sujeito da segunda oração.

Há cinco pronomes relativos em francês:

- ✔ **qui**
- ✔ **que**
- ✔ **lequel**
- ✔ **dont**
- ✔ **où**

As traduções de cada um dependerão do contexto e de como estão empregados nas orações. (Observe que **qui**, **que** e **lequel** também são pronomes interrogativos, que podem ser vistos no Capítulo 5.) As seções seguintes dão mais informações sobre o assunto e ajudam a entender quando usar os pronomes relativos.

Uso do qui

Qui é o pronome usado para substituir o sujeito de uma oração subordinada quando são unidas duas em uma. **Qui** pode substituir qualquer sujeito: masculino, feminino, singular ou plural, animado ou inanimado. **Qui** significa *quem* ou *que*.

> **Nous connaissons un boulanger. Il fait du très bon pain.** → **Nous connaissons un boulanger qui fait du très bon pain.** (*Nós conhecemos um padeiro. Ele faz um pão muito bom.* → *Nós conhecemos um padeiro que faz um pão muito bom.*).

> **J'ai trouvé des livres. Ils sont très intéressants.** → **J'ai trouvé des livres qui sont très intéressants.** (*Eu achei alguns livros. Eles são muito interessantes.* → *Eu achei alguns livros que são muito interessantes.*)

Qui é o sujeito da oração subordinada porque substitui o sujeito na segunda oração; substitui **il** e **ils**.

Qui também pode substituir o objeto indireto ou o objeto de uma preposição (que é o nome ou pronome depois da preposição):

> **Voici l'ingénieur. Je travaille avec lui.** → **Voici l'ingénier avec qui je travaille.** (*Aqui está o engenheiro. Eu trabalho com ele.* → *Aqui está o engenheiro com quem eu trabalho.*)

Connais-tu la fille ? Je lui ai parlé hier. → **Connais-tu la fille à qui j'ai parlé hier ?** (*Você conhece a garota? Eu conversei com ela ontem.* → *Você conhece a garota com quem eu conversei ontem?*)

Em francês, nunca podemos terminar uma frase com preposição.

Qui pode ser usado como objeto indireto (*para/de alguma coisa*) ou objeto preposicionado quando se referir a uma pessoa. Se for uma coisa, use **lequel**. Não se pode usar **qui** depois da preposição **de** – é preciso usar **dont**. (Leia mais sobre objetos direto e indireto no Capítulo 13.)

Uso do que

Que substitui o objeto direto na oração subordinada. **Que** significa quem, que, qual, e pode substituir qualquer objeto direto: uma pessoa, uma coisa de qualquer gênero e número. **Que** contrai para **qu'** antes de vogal e *h* mudo.

Je mange au restaurant. Mon frère l'a acheté. → **Je mange au restaurant que mon frère a acheté.** (*Eu como no restaurante. Meu irmão comprou ele.* → *Eu como no restaurante que o meu irmão comprou.*)

Nous cherchons la ville. Étienne la visite chaque été. → **Nous cherchons la ville qu'Étienne visite chaque été.** (*Estamos procurando a cidade. Étienne a visita a cada verão.* → *Estamos procurando a cidade que Étienne visita a cada verão.*)

Je ne connais pas l'homme. Je l'ai vu hier. → **Je ne connais pas l'homme que j'ai vu hier.** (*Eu não conheço o homem. Eu o vi ontem.* → *Eu não conheço o homem que vi ontem.*)

Que substitui o objeto direto nas orações. O objeto direto é identificado com a pergunta: "Quem ou o que está sofrendo a ação do verbo?". O que meu irmão comprou? O restaurante. O que você está procurando? A cidade. Quem eu vi? O homem.

Uso de lequel

Lequel é o pronome usado quando o objeto direto e indireto preposicionado não é uma pessoa. (Lembre-se de que, quando o objeto indireto e o direto preposicionado são uma pessoa, usa-se **qui**.) **Lequel** significa **qual**.

J'ai acheté un livre. Il y a un billet de loterie dans le livre. → **J'ai acheté un livre dans lequel il y a un billet de loterie.** (*Eu comprei um livro. Há um bilhete de loteria dentrodo livro.* → *Eu comprei um livro no qual há um bilhete de loteria dentro.*)

No exemplo, você substitui **dans le livre** (*no livro*) por **dans lequel** (*no qual*) e coloca a frase no começo da segunda oração.

Capítulo 14: Entendendo as Conjunções e os Pronomes Relativos

Gérard travaille pour cette entreprise. Cette enterprise vend des appareils électroménagers. → **L'entreprise pour laquelle Gérard travaille vend des appareils électroménagers.** (*Gérard trabalha para essa empresa. Essa empresa vende aparelhos eletrodomésticos.* → *A empresa para a qual Gérard trabalha vende eletrodomésticos.*)

Aqui, **pour cette entreprise** (*para essa empresa*) é substituído por **pour laquelle** (*a qual*).

Lequel possui formatos diferentes para masculino, feminino, singular e plural. Além disso, possui a contração com as preposições **à** e **de**, assim como os artigos definidos **le** e **les** (você pode ler sobre isso no Capítulo 12). Confira, na Tabela 14-3, todos esses formatos de **lequel**:

Tabela 14-3	Formas de Lequel		
Formato	*Sem Preposição*	*à*	*de*
masculino singular	lequel	auquel	duquel
feminino singular	laquelle	à laquelle	de laquelle
masculino plural	lesquels	auxquels	desquels
feminino plural	lesquelles	auxquelles	desquelles

Auquel é usado quando o verbo **penser** vem seguido da preposição **à**:

Les villes auxquelles je pense sont en Europe. (*As cidades que tenho em mente são na Europa. / As cidades sobre as quais eu estou pensando são na Europa.*)

Duquel é usado com orações preposicionadas terminadas com **de**. Por exemplo: **à côté de** significa *perto de*.

Le musée à côté duquel il travaille est fermé. (*O museu perto do qual ele trabalha está fechado. / O museu ao lado do qual ele trabalha está fechado.*)

Uso do dont

Dont é o pronome relativo que substitui **de** + objeto (pessoa ou coisa). Significa *quem, o que, o qual, cujo, cuja, cujos, cujas*.

Je parle d'un ami. Il habite en Tunisie. → **L'ami dont je parle habite en Tunisie.** (*Estou falando de um amigo. Ele mora na Tunísia.* → *O amigo de quem estou falando mora na Tunísia.* ou *O amigo sobre o qual estou falando mora na Tunísia.*)

Nous rêvons d'une plage. Le sable de cette plage est noir. → **Nous rêvons d'une plage dont le sable est noir.** (*Estamos sonhando com uma praia. A areia dessa praia é escura.* → *Estamos sonhando com uma praia cuja areia é escura.*)

Parte III: Escrevendo com Segurança: Enriqueça Suas Frases

Se a preposição for **de**, use **dont**. Se forem mais palavras + **de**, use **duquel**, que corresponde em gênero e número com a palavra substituída: **à côte de** (*perto de*) → **à côte duquel** (*perto do qual*).

Uso de où

O pronome relativo **où** é usado para tempo ou lugar, e significa *onde* ou *quando*.

> **J'habite dans un village. Il est très touristique.** → **Le village où j'habite est très touristique.** (*Eu moro em um vilarejo. Ele é turístico* → *O vilarejo em que moro é turístico.*)

> **C'était le moment où elle est tombée amoureuse de la France.** (*Foi esse o momento em que ela se apaixonou pela França.*)

Quand significa *quando* em perguntas e depois de verbos. Por exemplo:

> **Je ne sais pas quand il va arriver.** (*Eu não sei quando ele vai chegar*). Mas não pode ser usado como pronome relativo para se referir a um tempo; é preciso usar **où**.

Preencha as lacunas com o pronome relativo correto. Quando houver preposição na frente da lacuna, considere se deve usar a contração ou se precisa ser substituído; em caso afirmativo, risque as preposições e escreva com o pronome relativo correto.

Q. La France est le pays à _____ je rêve.

R. La France est le pays ~~à~~ **auquel** je rêve. (*A França é o país com o qual eu sonho.*)

21. J'offre une récompense à la personne _____ trouve mon portefeuille.

22. Voici le restaurant de _____ il nous a parlé.

23. C'est exactement la robe _____ je cherche depuis deux mois !

24. La rue dans _____ il est tombé passe devant le théâtre.

25. C'était le jour _____ j'ai décidé de me divorcer.

26. L'ordinateur _____ nous venons d'acheter ne marche pas.

27. C'est la fille _____ a chanté à la fête.

28. L'hôtel _____ je suis resté la dernière fois est interdit aux chiens.

29. Le parking en face de _____ j'habite est très propre.

30. Les assistants de _____ nous avons besoin doivent travailler à plein temps.

_____ **Capítulo 14: Entendendo as Conjunções e os Pronomes Relativos** **223**

Identificando os pronomes relativos indefinidos

Diferente dos pronomes relativos, os pronomes relativos indefinidos não têm um antecedente específico; eles se referem a alguma coisa desconhecida. Quando se diz: "O que eu gosto" ou "É o que eu penso", esse **que** é o pronome relativo; é um tipo de sujeito oculto da oração.

Em francês, há quatro pronomes relativos indefinidos:

- **ce qui** (*que*)
- **ce que** (*que*)
- **ce dont** (*de que*)
- **quoi** (*qual*)

Se estiver se referindo a uma pessoa, não se usa o pronome relativo indefinido, e sim o pronome relativo **qui** ou **que**, os quais serão explicados na próxima seção.

Usando ce qui

Ce qui é usado como sujeito de uma oração relativa:

> **Ce qui me dérange le plus, c'est la malhonnêteté.** (*O que mais me chateia é a desonestidade.*)

> **C'est ce qui m'inquiète.** (*Isso é o que me preocupa.*)

> **Vois-tu ce qui fait ce bruit.** (*Você está vendo o que está fazendo esse barulho?*)

Nesses exemplos, **ce qui** é o sujeito porque está fazendo a ação do verbo.

Nota: **Ce qui** sempre leva o verbo na terceira pessoa do singular (**il**).

Usando ce que

Ce que serve como objeto direto indefinido de uma oração relativa:

> **Ce que nous avons, c'est impossible à expliquer.** (*O que temos é impossível de se explicar.*)

> **C'est ce que j'aimerais savoir.** (*Isso é o que eu gostaria de saber.*)

> **Savez-vous ce que Philippe a acheté ?** (*Você sabe o que Philippe comprou?*)

O objeto direto é a resposta da pergunta *Quem* ou *O que* + qualquer verbo. O que é impossível de explicar? O que temos. O que eu gostaria de saber? Isso.

Usando de ce dont

Usa-se **ce dont** para substituir a preposição **de** + seu objeto:

> **Ce dont j'ai envie, c'est une nouvelle voiture.** (*O que eu quero é um carro novo.*)
>
> **C'est ce dont il parlait.** (*Isso é o que eles conversavam.*)
>
> **Sais-tu ce dont elles rêvent ?** (*Você sabe o que eles sonham?*)

Toda vez que usar um verbo que requer **de** (veja no Capítulo 12), o pronome relativo indefinido deve ser **ce dont**. **Avoir envie de** (*querer*), **parler de** (*conversar/falar sobre*) e **rêver de** (*sonhar com*) requerem **de**; então, usa-se um pronome relativo indefinido: **ce dont**.

Usando quoi

Depois das preposições, exceto **de**, usa-se **quoi** nas orações relativas:

> **Sur quoi pouvons-nous écrire ?** (*O que podemos escrever? / Sobre o que podemos escrever?*)
>
> **Je ne sais pas à quoi ils s'intéressent.** (*Eu não sei em que eles estão interessados.*)

Quando usar **quoi** com **à** no começo da oração ou depois da expressão **c'est**, é necessário adicionar **ce** antes da preposição.

> **Ce à quoi nous nous attendons, c'est une lettre d'excuses.** (*O que esperamos é uma carta de desculpas.*)
>
> **C'est ce à quoi je m'intéresse.** (*É nisso que estou interessado.*)

Em francês, muitos verbos requerem preposições e é a preposição que diz se você usará **ce dont** ou **quoi**. Se não tiver preposição, use **ce que**. (Dê uma olhada nos verbos com ou sem preposições no Capítulo 12).

Passe as frases para o francês usando pronomes relativos indefinidos:

0. Tudo o que sei é que ele mentiu para nós.

R. **Tout ce que je sais, c'est qu'il nous a menti.**

31. O que me ajudará é um pouco de apoio.

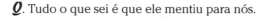

32. É isso que ele está falando.

33. Você sabe onde podemos sentar?

34. O que ela quer é um apartamento na França.

_____ Capítulo 14: Entendendo as Conjunções e os Pronomes Relativos   225

35. É isso com que eu sonho.

36. Tudo que eu preciso é de um bom trabalho.

37. Isso é o que nos inspira.

38. Eu não sei o que está acontecendo.

39. O que você precisa é responder aos apelos da sua família.

40. É isso o que ela procura.

Parte III: Escrevendo com Segurança: Enriqueça Suas Frases

Respostas

1. **Tu peux/Vous pouvez utiliser un stylo ou un crayon.**

2. **Veulent-ils de la crème et/ou du sucre ?**

3. **Je dois travailler, ensuite nous pouvons sortir.**

4. **Elle est ou courageuse ou folle. / Elle est soit courageuse soit folle.**

5. **Vas-tu nous aider, ou bien vas-tu partir ? / Allez-vous nous aider, ou bien allez-vous partir ?**

6. **Nous avons vu et Hélène et Marie.**

7. **As-tu/Avez-vous trouvé mes clés ou mon portefeuille ?**

8. **J'aimerais y aller, mais je dois attendre Paul.**

9. **C'était soit lui soit moi. / C'était ou lui ou moi.**

10. **Je n'ai visité ni la tour Eiffel ni le Louvre.**

11. Je donne cet exposé avec PowerPoint **pour que** tout le monde puisse voir les chiffres. (*Estou dando essa apresentação em PowerPoint para que todos possam ver os números.*)

12. Veuillez ne pas parler **pendant que** j'explique chaque graphique. (*Por favor, não fale enquanto eu explico cada gráfico.*)

13. Dans le premier trimestre, les consommateurs n'ont pas beaucoup acheté, **de peur que** l'économie continue à baisser. (*No primeiro trimestre, os consumidores não compraram muito, por receio de que a economia continuasse a desmoronar.*)

14. Au milieu du deuxième trimestre **bien que** l'économie se stabilise normalement, les consommateurs ont continué d'être prudents. (*No meio do segundo trimestre, apesar da economia normalmente se estabilizar, os consumidores continuaram a ser cautelosos.*)

15. À ce point-là, nous avons lancé notre nouvelle campagne publicitaire, **parce que** les ventes étaient toujours stagnantes. (*Neste ponto, lançamos nossa nova campanha publicitária, porque as vendas ainda estavam estagnadas.*)

16. Nous avons aussi changé l'emballage de notre produit **afin que** il soit plus attirant. (*Nós também mudamos a embalagem dos nossos produtos para que sejam mais atraentes.*)

Capítulo 14: Entendendo as Conjunções e os Pronomes Relativos — 227

17   **Après que** nous avons analysé les résultats de ces initiatives, nous avons commencé à offrir un remboursement. (*Depois de analisarmos os resultados destas iniciativas, nós começamos a oferecer um reembolso.*)

18   Nous en saurons plus **quand** le rapport annuel sera publié. (*Saberemos mais quando o relatório anual for publicado.*)

19   Le directeur général pense **qu'**il va falloir réduire le prix de notre produit. (*O diretor-geral acredita que teremos que reduzir o preço de nossos produtos.*)

20   C'est tout, **à moins que** vous ayez besoin d'autres informations. (*Isso é tudo, a menos que você precise de outras informações.*)

21   J'offre une récompense à la personne **qui** trouve mon portefeuille. (*Eu ofereço uma recompensa para quem achar minha carteira.*)

22   Voici le restaurant ~~de~~ **dont** il nous a parlé. (*Este é o restaurante de que falamos.*)

23   C'est exactement la robe **que** je cherche depuis deux mois ! (*Este é exatamente o vestido que estava procurando por dois meses!*)

24   La rue dans **laquelle** il est tombé passé devant le théâtre. (*A rua em que ele caiu passa em frente ao teatro.*)

25   C'était le jour **où** j'ai decidé de me divorcer. (*Foi o dia em que decidi me divorciar.*)

26   L'ordinateur **que** nous venons d'acheter ne marche pas. (*O computador que acabamos de comprar não funciona.*)

27   C'est la fille **qui** a chanté à la fête. (*Esta é a garota que cantou na festa.*)

28   L'hôtel **où** je suis resté la dernière fois est interdit aux chiens. (*O hotel onde fiquei pela última vez não permite cães.*)

29   Le parking en face ~~de~~ **duquel** j'habite est très propre. (*O estacionamento em frente de onde eu moro é muito limpo.*)

30   Les assistants ~~de~~ **dont** nous avons besoin doivent travailler à plein temps. (*Os assistentes de que nós precisamos têm que trabalhar em período integral.*)

31   **Ce qui va m'aider, c'est un peu de soutien.**

32   **C'est ce dont il parle.**

33   **Sais-tu/ Savez-vous sur quoi on peut s'asseoir ?**

34   **Ce qu'elle veut, c'est un apartement en France.**

35   **C'est ce à quoi je rêve.**

228 Parte III: Escrevendo com Segurança: Enriqueça Suas Frases

36 Tout ce dont j'ai besoin, c'est un bon emploi.

37 C'est ce qui nous inspire.

38 Je ne sais pas ce qui se passe.

39 Ce à quoi tu dois (vous devez) répondre, c'est l'appel de ta (votre) famille.

40 C'est ce qu'elle cherche.

Parte IV
O que Foi e o que Será, Será: O Passado e o Futuro

5ª Onda — Por Rich Tennant

"... e lembre-se: sem trava-línguas franceses até você conhecer melhor o idioma."

Nesta parte...

Falar sobre o passado requer conhecimento de vários tempos passados. O **Passé Composé** (*Passado Composto*), que falei na primeira Parte, relata o que aconteceu. Depois, o **Imparfait** (*Imperfeito*) explica o que estava acontecendo. Também se pode ler mais sobre outros dois passados: **Plus-que-Parfait** (*Passado Perfeito ou Mais-que-Perfeito*), que relata alguma coisa que aconteceu antes de outra acontecer, e o **Passé Simple** (*Pretérito Perfeito*), usado exclusivamente na escrita.

Entretanto, se olharmos para frente, precisamos do tempo **Futur** (*Futuro*) e, quando falamos de alguma coisa que poderia ou iria acontecer, precisamos do **Conditionnel** (*Condicional*). Os últimos dois capítulos tratam de tudo isso.

Capítulo 15
Tudo É Passado: O Passado Composto - Passé Composé

Neste Capítulo

▶ Como achar os Particípios Passados
▶ Escolha dos verbos auxiliares
▶ Uso do Passé Composé

Quando se quer falar do Passado, normalmente precisamos do **Passé Composé**, que é o tempo Passado mais usado em francês. Como todos os tempos compostos, o **Passé Composé** é conjugado com um verbo *auxiliar* mais o Particípio Passado. Este capítulo ensina tudo sobre verbos auxiliares, como achar o Particípio de cada verbo e como usar o **Passé Composé**.

Compreensão e Composição do Passé Composé

O **Passé Composé** é um verbo composto; significa que tem duas partes.

▸ Um verbo auxiliar, **avoir** ou **être**, conjugado no tempo Presente

▸ Um Particípio Passado

O **Passé Composé** é equivalente ao **Pretérito Perfeito** em português. Para a maioria dos relatos no Passado, usa-se **Passé Composé – J'ai vu** (*Eu vi.*). O **Passé Composé** tem um tempo equivalente, o **Passé Simple**, que você usa na literatura e em outras escritas formais. Você pode ler sobre o **Passé Simple** no Capítulo 17.

O **Passé Composé** é um dos vários tempos compostos, o qual é conjugado com o auxiliar mais o Particípio Passado. A escolha do auxiliar **avoir** ou **être** é a mesma para cada verbo em todos os compostos – não apenas no **Passé Composé**, mas também no **Plus-que-Parfait** (*Passado Perfeito*), Futuro Perfeito, Condicional Perfeito etc. Entretanto, a conjugação do verbo auxiliar muda de acordo com o tempo composto: para o **Passé Composé**, é o tempo Presente; para o Futuro, é o Futuro Perfeito; para o Condicional, o Condicional Perfeito, e assim por diante.

Esta seção explica os dois componentes. Para saber mais sobre o **Plus-que-Parfait**, consulte o Capítulo 17.

Escolhendo o auxiliar: avoir ou être

Para conjugar os verbos no **Passé Composé**, é preciso saber como conjugar os auxiliares: **avoir** e **être**.

O auxiliar que você usa depende do verbo que você está sendo utilizado. Não se preocupe, a maioria usa como auxiliar o verbo **avoir**; apenas uns poucos verbos intransitivos requerem **être**. (Intransitivos são os verbos que não precisam de complemento [objeto direto], como o verbo ir.) Os verbos da Tabela 15-1 usam o auxiliar **être**.

Tabela 15-1	Verbos Conjugados com Être nos Tempos Compostos		
Verbo	*Tradução*	*Verbo*	*Tradução*
aller	*ir*	**partir**	*partir*
arriver	*chegar*	**passer**	*passar*
descendre	*descer*	**rester**	*ficar*
entrer	*entrar*	**retourner**	*retornar*
monter	*subir*	**sortir**	*sair*
mourir	*morrer*	**tomber**	*cair*
naître	*nascer*	**venir**	*vir*

Além disso, todos os derivados desses verbos também precisam de **être** nos tempos compostos. Exemplos: **devenir** (*tornar-se*), **rentrer** (*regressar*) etc.

Além dos verbos com **être**, você sempre conjuga os verbos pronominais no **Passé Composé** com **être**, como em **Il's est couché**. (*Ele foi para cama.*)

Os verbos conjugados com **être** são intransitivos (não têm objeto direto). Portanto, vêm seguidos de substantivos sem preposições.

Quando você usa os verbos **être** transitivamente, precisa usar o auxiliar **avoir**:

Je suis descendu à midi. (*Eu desci as escadas ao meio-dia.*)

J'ai descendu le bébé. (*Eu levei o bebê para baixo.*)

Capítulo 15: Tudo É Passado: O Passado Composto - Passé Composé

A Tabela 15-2 mostra os verbos conjugados com **être**, transitivos ou intransitivos, e seus significados.

Tabela 15-2 — Uso do Verbo Être com Objeto e sem Objeto Direto

Verbo	Intransitivo (com être)	Transitivo (com avoir)
descendre	descer	levar para baixo
monter	subir	montar
passer	passar (por, em frente, atrás)	passar (tempo)
rentrer	regressar (para casa)	meter
retourner	voltar/retornar (de um lugar)	devolver
sortir	sair	levar para fora

Decida qual verbo auxiliar deve ser usado com os verbos intransitivos;

O. descendre

R. être

1. mourir_____
2. courir_____
3. passer_____
4. retourner_____
5. entrer_____
6. finir_____
7. remonter_____
8. déménager_____
9. naître_____
10. aller_____
11. marcher_____
12. rester_____
13. sortir_____
14. dormir_____
15. tomber_____
16. arriver_____
17. avoir_____
18. être_____
19. partir_____
20. devenir_____

Encontrando o Particípio Passado

A segunda parte do **Passé Composé** é o Particípio Passado. Em francês, os Particípios Passados normalmente terminam com **-é**, **-i** ou **-u**, dependendo do verbo. A seguir, explicamos como formar o Particípio Passado dos verbos regulares e irregulares.

Parte IV: O que Foi e o que Será, Será: O Passado e o Futuro

O Particípio Passado não é usado apenas na formação do **Passé Composé**; também é utilizado como adjetivo:

Je suis fatigué. (*Eu estou cansado.*)

Nous sommes déçus. (*Nós estamos decepcionados.*)

J'ai vu un chat mort. (*Eu vi um gato morto.*)

Particípio Passado de verbos regulares

Os verbos regulares têm Particípio Passado regular. Cada categoria possui sua própria formação de Particípio. Para achar o Particípio Passado dos verbos regulares terminados com **-er**, tudo o que você precisa fazer é substituir a terminação **-er** por **-é**. A pronúncia do Particípio Passado com final **-er** é a mesma dos infinitivos.

- **parler** (*falar*) – **parlé**
- **travailler** (*trabalhar*) – **travaillé**

Para formar o Particípio Passado dos verbos regulares terminados com **-ir**, substitua **-ir** por **-i**:

- **choisir** (*escolher*) – **choisi**
- **réussir** (*suceder*) – **réussi**

Nos verbos regulares com final **-re**, sai o **-re** e entra **-u**:

- **entendre** (*ouvir*) – **entendu**
- **vendre** (*vender*) – **vendu**

Particípio Passado de verbos irregulares

Alguns Particípios Passados irregulares têm uma forma-padrão, e outros são totalmente irregulares. É necessário memorizá-los. A Tabela 15-3 mostra alguns modelos.

Tabela 15-3	Padrões de Verbos no Particípio Passado	
Tipo de Verbo	*Mudança*	*Exemplos*
Verbos irregulares terminados com -er		
Verbos com radicais diferentes e escrita diferente como **aller**	Troca **-er** por **-é**	**appeler** (*chamar*) – **appelé** **commencer** (*começar*) – **commencé** **aller** (*ir*) – **allé**

Capítulo 15: Tudo É Passado: O Passado Composto - Passé Composé 235

Verbos irregulares terminados com **-ir**		
Verbos como **partir**	Troca **-ir** por **-i**	**partir** (*partir*) – **parti** **sortir** (*sair*) – **sorti** **dormir** (*dormir*) – **dormi**
Verbos irregulares terminados com **-ir** e **-er** no Presente	Cai o **-rir** e adiciona-se o **-ert**	**ouvrir** (*abrir*) – **ouvert** **offrir** (*oferecer*) – **offert** **souffrir** (*sofrer*) – **souffert**
Venir, tenir e todos os derivados	Troca **-ir** por **-u**	**venir** (*vir*) – **venu** **devenir** (*tornar-se*) – **devenu** **tenir** (*segurar*) – **tenu** **obtenir** (*obter*) – **obtenu**
Verbos terminados com **-cevoir**	Muda **-cevoir** para **-çu**	**apercevoir** (*vislumbrar*) – **aperçu** **décevoir** (*desapontar*) – **déçu** **recevoir** (*receber*) – **reçu**
Verbos irregulares terminados com **-re**		
Prendre e seus derivados	O Particípio Passado de **prendre** é **pris**; os derivados seguem o mesmo modelo	**apprendre** (*aprender*) – **appris** **comprendre** (*entender*) – **compris** **surprendre** (*surpreender*) – **surpris**
Mettre (*colocar/meter*)	O Particípio Passado de **mettre** é **mis**; os derivados seguem o mesmo modelo	**admettre** (*admitir*) – **admis** **permettre** (*permitir*) – **permis** **promettre** (*prometer*) – **promis**
Verbos com final **-uire**	Sai o **-re** e entra **-t**	**conduire** (*conduzir*) – **conduit** **construire** (*construir*) – **construit** **produire** (*produzir*) – **produit**
Com final **-dre** (não regulares terminados em **-re** como **vendre**)	Sai o **-dre** e entra **-t**	**craindre** (*temer*) – **craint** **joindre** (*juntar*) – **joint** **peindre** (*pintar*) – **peint**
Terminados com **-aître** (exceto **naître**)	Sai **-aître** e entra **-u**	**connaître** (*conhecer*) – **connu** **paraître** (*parecer*) – **paru** **apparaître** (*aparecer*) – **apparu**

Veja, no Capítulo 4, a lista de verbos que segue cada uma dessas conjugações.

A Tabela 15-4 apresenta os verbos irregulares com Particípio Passado exclusivo:

Tabela 15-4	Verbos Irregulares com Particípio Passado Exclusivo
Verbos Irregulares -ir	**Verbos Irregulares -re**
avoir (*ter*) – **eu**	boire (*beber*) – **bu**
courir (*correr*) – **couru**	croire (*crer*) – **cru**
devoir (*ter*) – **dû**	dire (*dizer*) – **dit**
falloir (*ser necessário*) – **fallu**	écrire (*escrever*) – **écrit**
mourir (*morrer*) – **mort**	être (*ser*) – **été**
pouvoir (*ser capaz*) – **pu**	faire (*fazer*) – **fait**
savoir (*saber*) – **su**	lire (*ler*) – **lu**
voir (*ver*) – **vu**	naître (*nascer*) – **né**
vouloir (*querer*) – **voulu**	rire (*rir*) – **ri**
	suivre (*seguir*) – **suivi**
	vivre (*viver*) – **vécu**

Escreva os verbos no Particípio Passado:

O. manger

R. **mangé** (*comido*)

21. devenir_____
22. rendre_____
23. vivre_____
24. aller_____
25. repartir_____
26. omettre_____
27. grossir_____
28. avoir_____
29. lire_____
30. être_____

Concordância Gramatical com o Passé Composé

Junto com os verbos auxiliares e Particípio Passado, você tem que considerar a concordância gramatical com o Particípio Passado, principalmente na escrita. Do mesmo jeito que os nomes e adjetivos, o Particípio Passado tem de concordar com sujeitos e objetos.

Concordância com o verbo être

Quando se usa o auxiliar **être** no **Passé Composé**, o Particípio Passado tem de concordar com o sujeito em gênero e número. É igual à concordância explicada no Capítulo 2, mas não há irregularidades. Quando for feminino, adiciona-se **-e**, plural **-s**. Quando o sujeito for feminino e plural, adiciona-se **-e** e, depois, **-s**. Aqui temos uma lista básica:

Capítulo 15: Tudo É Passado: O Passado Composto - Passé Composé   *237*

Quando o sujeito for:

- Masculino, usa-se Particípio Passado padrão.

    Philippe est allé au cinéma. (*Philippe foi ao cinema.*)

- Feminino, adiciona-se **-e.**

    Analise est allée au musée. (*Analise foi ao museu.*)

- Plural, adiciona-se **-s.**

    Ils sont allés au théâtre. (*Eles foram ao teatro.*)

- Feminino plural, coloca-se **-es.**

    Geneviève et Denise sont allées au marché. (*Geneviève e Denise foram ao mercado.*)

Quando o sujeito for um pronome como **je** (*eu*) ou **tu** (*você*), ainda precisa pensar na concordância. Eu, Laura, tenho de escrever **je suis allée**, mas meu marido escreveria **je suis allé**. Não se esqueça de que, quando há mais de duas pessoas ou coisas, é masculino plural. Por exemplo, considere **Mes soeurs et mon frère sont allés au cinéma hier soir** (*Minhas irmãs e meu irmão foram ao cinema ontem*). Embora haja mais mulheres no meio, o Particípio é masculino.

Lembre-se de que todos os verbos pronominais requerem **être** para formar o **Passé Composé**. Os verbos pronominais concordam com os pronomes reflexivos, exceto quando o verbo tem objeto direto. (Veja no Capítulo 11 mais sobre verbos reflexivos e idiomáticos).

    Elle s'est habillée. (*Ela se vestiu.*)

    Ils se sont levés très tôt. (*Eles se levantaram cedo hoje.*)

Entretanto, se a frase contém um objeto indireto, não concorda:

    Elle s'est lavé les mains. (*Ela lavou as mãos.*)

    Nous nous sommes acheté de la glace. (*Nós compramos sorvete para nós.*)

Concordância com o verbo avoir

Diferente do verbo **être**, o verbo **avoir** nunca concorda com o sujeito. Ele só concorda com o objeto direto que o antecede. A situação geralmente ocorre quando a frase tem pronome relativo (veja o Capítulo 14).

    La voiture que j'ai achetée. . . (*O carro que comprei . . .*)

    Plusiers touristes que nous avons vus. . . (*Vários turistas que nós vimos...*)

Não há concordância com o objeto direto:

J'ai acheté une voiture. (*Eu comprei um carro.*)

Nous avons vu plusiers touristes. (*Nós vimos vários turistas.*)

Nem concorda com objeto indireto nem com o objeto preposicionado:

La personne à qui j'ai téléphoné...(*A pessoa a quem telefonei...*)

Les livres dont nous avons parlé... (*Os livros sobre os quais conversamos...*)

A concordância do **Passé Composé** conjugado com **avoir** é complicada quando há um pronome objetivo na frase. É necessário saber se o pronome objetivo é direto, como em **j'ai acheté une voiture. Je l'ai trouvée il y a deux semaines.** (*Eu comprei um carro. Eu o encontrei duas semanas atrás.*) Na segunda frase, **l'** se refere a **la voiture**, que é feminino; então, **trouvée** tem de concordar com **-e**.

Em francês, muitos verbos pedem preposição, o que significa que terão objeto indireto. Veja, no Capítulo 12, os verbos franceses que pedem preposição.

Juntando Tudo

Depois de conhecer os verbos auxiliares e saber formar o Particípio Passado, você já pode conjugar o **Passé Composé**. Basta colocar o verbo auxiliar no Presente, **être** ou **avoir**, seguidos do Particípio do verbo principal. Veja o verbo **parler** (*falar*) no **Passé Composé**; ele não requer concordância.

parler (*falar*)	
j'**ai parle**	nous **avons parlé**
tu **as parlé**	vous **avez parlé**
il/elle/on **a parlé**	ils/elles **ont parlé**
J'ai parlé avec mon frère hier. (*Eu falei com meu irmão ontem.*)	

Lembre-se de que os verbos **être** precisam de concordância, colocadas nos parênteses abaixo no verbo **aller** (*ir*).

aller (*ir*)	
je **suis allé(e)**	nous **sommes allé(e)s**
tu **es allé(e)**	vous **êtes allé(e) (s)**
il/on **est allé**, elle **est allée**	ils **sont allés**, elles **sont allées**
Elle **est allée** en France. (*Ela foi à França.*)	

Os verbos pronominais – como o **se lever** (*levantar*) também precisam de concordância – leia mais sobre eles no Capítulo 11.

Capítulo 15: Tudo É Passado: O Passado Composto - Passé Composé

se lever (*levantar-se*)	
je me **suis levé(e)**	nous nous **sommes levé(e)s**
tu t'**es levé(e)**	vous vous **êtes levé(e)(s)**
il/on s'**est levé**, elle s'**est levée**	ils se **sont levés**, elles se **sont levées**
Nous **nous sommes levés** très tôt. (*Nós nos levantamos muito cedo.*)	

Conjugue cada verbo na pessoa entre parênteses no **Passé Composé**:

Q. finir (je)

R. **J'ai fini** (*Eu terminei*)

31. se coucher (tu)_____

32. rentrer (il)_____

33. venir (nous)_____

34. lire (vous)_____

35. s'habiller (elles)_____

36. voyager (je)_____

37. écrire (tu)_____

38. avoir (elle)_____

39. vendre (nous)_____

40. sortir (ils)_____

Emprego do Passé Composé

Para usar adequadamente o **Passé Composé** em uma frase normal, apenas siga a fórmula:

Sujeito + verbo auxiliar + Particípio Passado

J'ai pleuré. (*Eu chorei.*)

Ils sont partis. (*Eles partiram.*)

É claro que escrever e falar exigem muito mais do que construir simples frases. O **Passé Composé** é usado quando:

- Alguma coisa aconteceu no Passado e foi concluída:

    Je suis allé à la banque hier. (*Eu fui ao banco ontem.*)

    Est-il arrivé avant la fête ? (*Ele chegou antes da festa?*)

- Alguma coisa aconteceu várias vezes no Passado:

    J'ai visité la tour Eiffel trois fois. (*Eu já visitei a torre Eiffel três vezes.*)

    Combien de fois lui as-tu téléphoné ? (*Quantas vezes você ligou para ele?*)

> ✔ Uma série de ações que ocorreram uma atrás da outra, no Passado:
>
> > **Je me suis levé, j'ai déjeuné et je suis parti avant 7h00.** (*Eu me levantei, tomei café e saí antes das 7h.*)
> >
> > **Quand nous avons entendu les cris, nous avons téléphoné à la police.** (*Quando nós ouvimos os gritos, nós chamamos a polícia.*)

Nós frequentemente usamos o **Passé Composé** junto ao Imperfeito. Leia sobre isto no Capítulo 16.

Agora, veremos o **Passé Composé** em outras situações. Quando estiver na forma negativa, coloca-se **ne** antes do verbo auxiliar (leia sobre verbos na negativa no Capítulo 6). A única exceção é **personne**, que fica depois do Particípio Passado.

> **Je n'ai pas pleuré.** (*Eu não chorei.*)
>
> **Je n'ai vu personne.** (*Eu não vi ninguém.*)

Com uma pergunta invertida (Capítulo 5), inverte-se o sujeito e o verbo auxiliar, e o Particípio fica depois dele:

> **As-tu mangé ?** (*Você já comeu?*)
>
> **À qui a-t-il parlé ?** (*Com quem ele conversou?*)

Os pronomes reflexivos, adverbiais ou objetivos precedem os verbos auxiliares **avoir** ou **être**:

> **Je l'ai déjà fait.** (*Eu já fiz isso.*)
>
> **Il me l'a donné.** (*Ele me deu isso.*)

Quando houver negativa + pronomes, os pronomes ficam antes dos verbos auxiliares, e **ne** fica antes deles:

> **Je ne l'ai pas fait.** (*Eu não fiz isso.*)
>
> **Tu ne nous l'a pas montré.** (*Você não nos mostrou isso.*)

Lembre-se de que, se um pronome objetivo direto precede o verbo, precisa concordar com o Particípio. Se, no exemplo, **l'** se referir a **une bicyclette** (*uma bicicleta*), você tem de dizer: **Tu ne nous l'a pas montrée**.

Você se encontra na França e está escrevendo um postal para um amigo. Traduza essas frases usando **Passé Composé** para descrever o que você fez e não fez.

Q. Essa manhã, eu me levantei às 8h.

R. **Ce matin, je me suis levé(e) à 8h00.**

Capítulo 15: Tudo É Passado: O Passado Composto - Passé Composé **241**

Carte Postale

Salut Charles,

41. Eu tomei café e fui para Montmartre.

_____

_____

42. Eu vi muitos artistas e comprei

este postal. _____

_____

43. Eles me falaram para visitar Notre Dame.

_____

44. Eu pedi ajuda duas vezes e não me perdi.

_____

_____

45. Eu achei um restaurante muito

interessante e comi lá várias vezes. _____

_____

Charles Degrate
2b Leevina Trail
New York, NY 12345
USA

242 Parte IV: O que Foi e o que Será, Será: O Passado e o Futuro

Respostas

1. mourir: **être**
2. courir: **avoir**
3. passer: **être**
4. retourner: **être**
5. entrer: **être**
6. finir: **avoir**
7. remonter: **être**
8. déménager: **avoir**
9. naître: **être**
10. aller: **être**
11. marcher: **avoir**
12. rester: **être**
13. sortir: **être**
14. dormir: **avoir**
15. tomber: **être**
16. arriver: **être**
17. avoir: **avoir**
18. être: **avoir**
19. partir: **être**
20. devenir: **être**
21. **devenu** (*tornado*)
22. **rendu** (*retornado*)
23. **vécu** (*vivido*)
24. **allé** (*ido*)
25. **reparti** (*deixado de novo*)
26. **omis** (*omitido*)
27. (*engordado*)

Capítulo 15: Tudo É Passado: O Passado Composto - Passé Composé **243**

28	**eu** (*tido*)
29	**lu** (*lido*)
30	**été** (*sido*)
31	**tu t'es couchè (e)** (*vocês foram se deitar*)
32	**il est rentré** (*vocês regressaram*)
33	**nous sommes venu(e)s** (*nós viemos*)
34	**vous avez lu** (*eles leram*)
35	**elles se sont habillées** (*elas se vestiram*)
36	**j'ai voyagé** (*eu viajei*)
37	**tu as écrit** (*você escreveu*)
38	**elle a eu** (*ela tinha*)
39	**nous avons vendu** (*nós vendemos*)
40	**ils sont sortis** (*Eles saíram*)

Carte Postale

Salut Charles,

41. Eu tomei café e fui para Montmartre.
J'ai déjeuné et puis je suis allé(e)
à Montmartre.

42. Eu vi muitos artistas e comprei
este postal. J'ai vu beaucoup d'artistes
et j'ai acheté cette carte postale.

43. Eles me falaram para visitar Notre Dame.
Ils m'ont dit de visiter Notre Dame.

44. Eu pedi ajuda duas vezes e não me perdi.
J'ai demandé dês directions deux fois
et je ne me suis pás égaré(e).

45. Eu achei um restaurante muito
interessante e comi lá várias vezes. J'ai trouvé
um restaurant intéressant et j'y ai mangé plusieurs fois.

Charles Degrate
26 Leevina Trail
New York, NY 12345
USA

Capítulo 16
O que Estava Acontecendo? O Tempo Imperfeito

Neste Capítulo

▶ Conjugação do **Imparfait** (*Imperfeito*)

▶ Uso do **Imparfait**

▶ Decisão entre Imparfait e **Passé Composé**

O tempo **Imparfait** não é falho – apenas inacabado. Gramaticalmente falando, perfeito significa completo e **Imparfait** diz que a ação não foi terminada – está acontecendo (está calor, estou com fome) – ou que aconteceu repetidamente (*Eu costumo ir à praia todo fim de semana*). O **Imparfait** costuma ser usado junto com o **Passé Composé** quando uma ação é interrompida por outra (*Eu comia, quando você telefonou.*). Esse capítulo explica o uso dos verbos regulares e irregulares no tempo **Imparfait**, as diferenças entre **Passé Composé** e **Imparfait** e como usá-los juntos.

Conjugação do Imparfait

O **Imparfait** é um dos tempos mais fáceis de conjugarmos porque todos os verbos são conjugados da mesma forma. Para todos os verbos serem conjugados no **Imparfait**, pegamos a conjugação do **nous** no tempo Presente, retiramos **-ons** e adicionamos os finais da conjugação do **Imparfait**, que são: **-ais**, **-ais**, **-ait**, **-ions**, **-iez** e **-aient**. Essas terminações são iguais em todos os verbos, regulares ou não.

Verbos regulares

Para se conjugar no **Imparfait**, apenas ache a forma do **nous** no Presente, retire **-ons** e adicione as terminações da conjugação do **Imparfait**. A forma regular de **nous** do verbo **parler** (*falar*) é **parlons** e o radical é **parl-**, que será a conjugação para todos os verbos como esse.

parler (falar)	
je parl**ais**	nous parl**ions**
tu parl**ais**	vous parl**iez**
il/elle/on parl**ait**	ils/ells parl**aient**
Il **parlait** trop vite. (*Ele falava muito depressa.*)	

A conjugação singular e a terceira pessoa do plural possuem o mesmo som, mas o pronome pessoal indica quem fala.

Os verbos com terminação **-ier**, como **étudier**, ficam estranhos no **Imparfait**. Quando se retira **-ons** de **nous étudions**, fica o radical **étudi-**. Como o **nous** e o **vous** no **Imparfait** também terminam com **i**, ficam com dois is (**ii**) nessas conjugações.

étudier (*estudar*)	
j'étudi**ais**	nous étudi**ions**
tu étudi**ais**	vous étudi**iez**
il/elle/ont étudi**ait**	ils/elles étudi**aient**
Nous **étudiions** hier soir. (*Nós estudávamos ontem à noite.*)	

O **nous** e o **vous** do **Imparfait** terminam com **-ions** e **-iez** em todos os verbos: **nous parlions** (*nós conversávamos*), **vous fermiez** (*vocês fechavam*). Porém os verbos que terminam com **-ier** também terminam com **-ions** e **-iez** no tempo Presente: **nous étudions** (*nós estudamos*), **vous skiez** (*vocês esquiam*). O **i** duplo é o que indica que o verbo está no **Imparfait**: **nous étudiions** (*nós estudávamos*), **vous skiiez** (*vocês esquiavam*).

O radical de **nous** do verbo regular terminado com **-ir finir** é **finissons**; então, o radical para todas as conjugações do **Imparfait** é **finiss-**.

finir (*terminar*)	
je finiss**ais**	nous finiss**ions**
tu finiss**ais**	vous finiss**iez**
il/elle/on finiss**ait**	ils/elles finiss**aient**
Elles **finissaient** leurs études au Canada. (*Eles terminavam seus estudos no Canadá.*)	

Vendons é o **nous** do verbo regular **vendre**, o radical é **vend**.

vendre (*vender*)	
je vend**ais**	nous vend**ions**
tu vend**ais**	vous vend**iez**
il/elle/on vend**ait**	ils/elles vend**aient**
Je **vendais** ma voiture. (*Eu vendia meu carro.*)	

Capítulo 16: O que Estava Acontecendo? O Tempo Imperfeito **247**

Verbos com radicais diferentes

O radical do **nous** dos verbos com radicais diferentes não muda no Presente, então não muda com o **Imparfait** também. O **nous** de **payer** é **payons,** radical **pay-** e o **nous** de **acheter** é **achetons,** radical **achet-.**

payer (*pagar*)	
je pay**ais**	nous pay**ions**
tu pay**ais**	vous pay**iez**
il/elle/on pay**ait**	ils/elles pay**aient**
Vous **payiez** trop. (*Vocês pagavam muito.*)	

acheter (*comprar*)	
j'achet**ais**	nous achet**ions**
tu achet**ais**	vous achet**iez**
il/elle/on achet**ait**	ils/elles achet**aient**
Tu **achetais** beaucoup de pain. (*Vocês compravam muitos pães.*)	

Verbos com ortografia diferente

O **nous** de verbos diferentes na escrita do radical também muda no **Imparfait.** A forma de **nous** para o verbo **commencer** é **commençons,** radical **commenç,** e de **manger** é **mangeons,** radical **mange-.**

Entretanto, observe que as terminações de **nous** e **vous** no **Imparfait** começam com a vogal **i**; então, não é necessário mudar a ortografia nessas conjugações. Veja, no Capítulo 4, mais sobre verbos com radicais diferentes.

commencer (*começar*)	
je commen**çais**	nous commen**cions**
tu commen**çais**	vous commen**ciez**
il/elle/on commen**çait**	ils/elles commen**çaient**
Il **commençait** à lire. (*Ele começava a ler.*)	

manger (*comer*)	
je mang**eais**	nous mang**ions**
tu mang**eais**	vous mang**iez**
il/elle/on mang**eait**	ils/elles mang**eaient**
Nous **mangions** ensemble. (*Nós comíamos juntos.*)	

Verbos irregulares

Qual é a única irregularidade dos verbos irregulares no **Imparfait**? Bem, eles não são irregulares – são conjugados como todos os outros verbos, com o radical de **nous** menos **-ons**. Depois, colocam-se as terminações do **Imparfait**.

aller (ir)	
j'all**ais**	nous all**ions**
tu all**ais**	vous all**iez**
il/elle/on all**ait**	ils all**aient**
Ils **allaient** au parc. (*Eles iam ao parque.*)	

venir (vir)	
je ven**ais**	nous ven**ions**
tu ven**ais**	vous ven**iez**
il/elle/ on ven**ait**	ils/ elles ven**aient**
Tu **venais** seul. (*Tu vinhas sozinhos.*)	

écrire (escrever)	
j'écriv**ais**	nous écriv**ions**
tu écriv**ais**	vous écriv**iez**
il/elle/on écriv**ait**	ils/elles écriv**aient**
Elle **écrivait** une longue lettre. (*Ela escrevia uma carta longa.*)	

Em francês, não existe um verbo irregular que seja irregular no **Imparfait** être. O **nous** no tempo Presente é **sommes**; então, não há a terminação **-ons** para ser retirada. Em vez disso, usa-se o radical **ét-** e adiciona-se o final do **Imparfait**.

être (ser)	
j'ét**ais**	nous ét**ions**
tu ét**ais**	vous ét**iez**
il/elle/on ét**ait**	ils/elles ét**aient**
Vous **étiez** en retard. (*Vocês estavam atrasados.*)	

Conjugue os verbos no **Imparfait** de acordo com os pronomes em parênteses:

Q. danser (je)

R. **je dansais** (*Eu dançava*)

Capítulo 16: O que Estava Acontecendo? O Tempo Imperfeito **249**

1. choisir (tu)_____
2. rendre (il)_____
3. crier (nous)_____
4. jeter (vous)_____
5. aller (elles)_____
6. nager (je)_____
7. mettre (tu)_____
8. prendre (on)_____
9. pincer (nous)_____
10. bouger (vous)_____

Uso do Imparfait

Quando nos referimos a verbos, *perfeito* significa completo: Os tempos perfeitos incluem Pretérito Perfeito (acabado recentemente – ele chegou), Passado Perfeito (acabado antes de alguma coisa – ele tinha chegado), Futuro Perfeito (a ser terminado no Futuro – ele retornará), e assim por diante. O **Imparfait** explica que algo aconteceu ou estava acontecendo no passado, sem início preciso ou fim.

O **Imparfait** também pode ser usado para expressar um número de coisas que aconteceu ou existiu no passado. Aqui, temos algumas expressões no **Imparfait**.

✔ Algo que aconteceu inúmeras vezes, especialmente ações habituais:

> **Je visitais le Louvre tous les jours**. (*Eu visitava o Louvre diariamente.*)

> **L'année dernière, il lisait régulièrement**. (*No ano passado, ele lia regularmente.*)

✔ Estado ou descrição:

> **Quand j'étais petit, j'aimais danser**. (*Quando eu era pequeno, adorava dançar.*)

> **La voiture faisait du bruit**. (*O carro fazia barulho.*)

✔ Ações ou estados sem começo ou fim determinados:

> **Je regardais la télé pendant le petit déjeuner**. (*Eu assistia à TV durante o café da manhã.*)

> **Nous avions besoin de tomates**. (*Nós precisávamos de tomates.*)

✔ Duas ações acontecendo ao mesmo tempo:

> **Il travaillait et j'étudiais**. (*Ele trabalhava e eu estudava.*)

> **Je lisais pendant que mon frère jouait au tennis**. (*Eu lia enquanto meu irmão jogava tênis.*)

Parte IV: O que Foi e o que Será, Será: O Passado e o Futuro

- Uma ação interrompida por outra:

    Travaillais-tu quand je t'ai téléphoné ? (*Você trabalhava quando telefonei?*)

    J'avais faim, donc j'ai acheté un sandwich. (*Eu estava faminta, então comprei um sanduíche.*)

    Note que a interrupção é feita pelo **passé composé**. Veja a próxima seção "Quando deva usar o Impartait e o Pasté Composé".

- Desejos, sugestões e condições depois de **si** (*se*):

    Si seulement elle venait avec nous. (*Se ela tivesse vindo conosco.*)

    Et si on allait au ciné ce soir ? (*Que tal irmos ao cinema hoje à noite?*)

    Si j'étais riche, je ferais le tour du monde. (*Se eu fosse rico, viajaria ao redor do mundo.*)

    Nesse terceiro exemplo, **je ferais** é uma condicional de **faire** (*fazer*). (Veja mais sobre condicionais no Capítulo 19.)

- Hora, data e idade:

    Il était lundi quand... (*Era segunda-feira quando...*)

    Tu étais trop jeune. (*Você era tão jovem.*)

    Il y avait/étai une fois... (*Era uma vez...*)

Traduza essas frases para o francês, usando o **Imparfait** quando necessário.

Q. Eles estão prontos?

R. Étaient-ils prêts ?

11. Nós costumávamos morar juntos.

12. Estava quente ontem.

13. Antoine cantava.

14. Paul e Michel iam ao cinema toda semana.

15. Só se você tivesse a chave.

16. Eu dormia quando ele chegou.

Capítulo 16: O que Estava Acontecendo? O Tempo Imperfeito **251**

17. Ela era muito bonita.

18. Que tal se eu o ajudar?

19. Ele estava com medo; então, fechou os olhos.

20. Eu queria viajar.

Quando Devo Usar o Imparfait e o Passé Composé

O **Imparfait** e o **Passé Composé** expressam o passado de formas diferentes; só quando estão juntos podem expressar completamente o que aconteceu no passado. Para aprender a empregar o tempo correto, é necessário conhecer a descrição de cada um. A Tabela 16-1 mostra as diferenças: (Você pode ler mais sobre o **passé composé** no Capítulo 15.)

Tabela 16-1	Funções do Imparfait e do Passé Composé
Usos do Imparfait	*Usos do Passé Composé*
O que estava acontecendo sem indicação de começo ou fim	Acontecimentos com início e fim determinados
Hábitos/ações repetidas	Eventos únicos
Ações simultâneas	Ações em sequência
Ação interrompida	Ação interrompendo outra
Informação prática (de fundo)	Mudanças de estado físico ou mental
Descrições em geral	

Certos termos ajudam a decidir o que usar, se o **Imparfait** ou o **Passé Composé**. Os termos a seguir são, normalmente, empregados com o **Imparfait**:

- **toujours** (*sempre*)

- **d'habitude**, **normalement** (*normalmente*)

- **en général** (*em geral*)

- **généralement** (*geralmente*)

- **souvent** (*frequentemente*)

- **parfois**, **quelquefois** (*às vezes*)

✔ **de temps en temps** (*de tempo em tempo*)

✔ **chaque semaine, mois, année...** (*toda semana, mês, ano...*)

✔ **tous les jours, toutes les semaines** (*todo dia, toda semana*)

✔ **le week-end** (*nos fins de semana*)

✔ **le lundi, le mardi...** (*nas segundas-feiras, nas terças-feiras*)

✔ **le matin, le soir** (*de manhã, de tarde*)

Esses termos são mais usados com **Passé Composé:**

✔ **une fois, deux fois, trois fois...** (*uma vez, duas vezes, três vezes*)

✔ **plusiers fois** (*várias vezes*)

✔ **soudainement** (*repentinamente*)

✔ **tout d'un coup** (*de repente*)

✔ **quand** (*quando*)

✔ **un jour** (*um dia*)

✔ **un week-end** (*um fim de semana*)

✔ **lundi, mardi...** (*na segunda, na terça...*)

Abreviando, o **Imparfait** descreve o estado, e o **Passé Composé** explica a ação e o acontecimento. Os dois nos fornecem uma pintura do que aconteceu no passado. Nesta seção, você verá em que situação deve usar cada um deles – o que irá ajudá-lo a decidir se deverá empregar o **Imparfait** ou o **Passé Composé**.

Ações sem final à vista

O **Imparfait** é usado em ações sem começo nem fim determinados:

J'écrivais une lettre. (*Eu escrevia uma carta.*)

A ação está incompleta; então, empregamos o **Imparfait**. Sabe-se que, em algum momento, eu estava no processo de escrever uma carta, mas não se sabe quando, nem se foi terminada. O **Passé Composé** informa que a ação terminou. Compare os exemplos nas frases:

J'ai écrit une lettre. (*Eu escrevi uma carta.*)

Essa frase tem um final – a carta foi escrita. A ação está completa; então, usa-se o **Passé Composé**.

Capítulo 16: O que Estava Acontecendo? O Tempo Imperfeito **253**

Fazendo disso um hábito

Quando algo acontece em um número de vezes determinadas, use **Passé Composé**. Se for um hábito ou uma ação repetida inúmeras vezes, use o **Imparfait**:

> **J'écrivais des lettres le samedi.** (*Eu escrevia cartas aos sábados.*)

Não sabemos aqui quantas vezes nem quantas cartas eu escrevia. Era algo que eu fazia aos sábados habitualmente; então, usa-se o **Imparfait**. Compare:

> **J'ai écrit trois lettres samedi.** (*Eu escrevi três cartas no sábado.*)

A ação foi concluída; então, usei o **Passé Composé**. No sábado, eu escrevi três cartas. Terminei a ação.

Como éramos

O **Passé Composé** indica mudança em alguém ou do estado de alguma coisa. O **Imparfait** descreve o estado geral de uma pessoa ou coisa.

> **Étienne avait faim.** (*Étienne estava com fome.*)

Foi assim que ele foi deixado – com fome, por nenhuma razão em particular. Nesse caso, empregamos o **Imparfait**. Compare com os próximos exemplos:

> **Quand il a vu les frites, Étienne a eu faim.** (*Quando ele viu as batatas-fritas, Étienne ficou com fome.*)

Aqui, Étienne não tinha fome, mas viu as batatas-fritas deliciosas e ficou faminto. Nesse caso, usa-se o **Passé Composé**.

Duas (ou mais) de uma vez

Quando há mais de duas ações, o tempo do verbo usado vai depender se as ações são simultâneas ou sequenciais. O **Imparfait** é usado para duas ou mais ações que ocorrem ao mesmo tempo, e o **Passé Composé** indica que uma ação ocorreu depois de outra.

> **Henriette conduisait pendant que Thierry chantait.** (*Henriette dirigia enquanto Thierry cantava.*)

> **Ils sont partis et puis Viviane a commencé à pleurer.** (*Eles partiram e, então, Viviane começou a chorar.*)

No primeiro exemplo, as duas ações ocorreram ao mesmo tempo; então, usamos **Imparfait**. No segundo, eles partiram primeiro, e Viviane começou a chorar depois disto. Como são ações em sequência, então usamos o **Passé Composé**.

Ação interrompida

O **Imparfait** ou o **Passé Composé** trabalham juntos para expressar uma coisa que acontecia quando outra ocorreu. O **Imparfait** dá as informações que estavam acontecendo quando algo aconteceu (**Passé Composé**).

> **Je lisais quand quelqu'un a frappé à la porte.** (*Eu estava lendo quando alguém bateu na porta.*)
>
> **Quand nous sommes arrivés, tout le monde mangeait.** (*Quando chegamos, todos estavam comendo.*)
>
> **Il marchait quand il a trouvé le chien.** (*Ele estava andando quando achou o cachorro.*)

Nesses exemplos, os verbos no **Imparfait** dizem o que estava acontecendo e os no **Passé Composé** são os que interromperam tais ações.

Seu chefe precisa de um relatório sobre a reunião dessa manhã. Conjugue os verbos no **Imparfait** ou **Passé Composé** quando requeridos:

Q. La réunion _____ (commencer) à 8h00.

R. La réunion **a commencé** à 8h00. (*A reunião começou às 8h.*)

XYZ, Cie.
11, rue de Dai
Paris

Élisabeth (21) _____ (prendre) des notes pendant que Juliette (22) _____ (donner) son exposé. Elle (23) _____ (demander) s'il y (24) _____ (avoir) des questions. Thomas (25) _____ (dire) oui — il (26) _____ (vouloir) plus de détails. Juliette (27) _____ (expliquer) quelque chose de très compliqué quand Marc (28) _____ (arriver). Il (29) _____ (porter) des pizzas, et soudainement tout le monde (30) _____ (avoir) faim.

Capítulo 16: O que Estava Acontecendo? O Tempo Imperfeito   255

Respostas

1 **tu choisissais** (*você escolhia*)

2 **il rendait** (*ele voltava*)

3 **nous criions** (*nós gritávamos*)

4 **vous jetiez** (*vocês atiravam*)

5 **elles allaient** (*elas iam*)

6 **je nageais** (*eu nadava*)

7 **tu mettais** (*você botava*)

8 **on prenait** (*alguém tomava*)

9 **nous pincions** (*nós beliscávamos*)

10 **vous bougiez** (*você movia*)

11 **Nous habitions/vivions ensemble.**

12 **Il faisait chaud hier.**

13 **Antoine chantait.**

14 **Paul et Michel regardaient un film chaque semaine/toutes les semaines.**

15 **Si seulement tu avais/vous aviez la clé.**

16 **Je dormais quand il est arrivé.**

17 **Elle était très jolie.**

18 **Et si je t'aidais/je vous aidais ?**

19 **Il avait peur, donc il a fermé les yeux.**

20 **Je voulais voyager.**

256 Parte IV: O que Foi e o que Será, Será: O Passado e o Futuro

> ### XYZ, Cie.
> 11, rue de Dai
> Paris
>
> Élisabeth (21) **prenait** des notes pendant que Juliette (22) **donnait** son exposé. Elle (23) **a demandé** s'il y (24) **avait** des questions. Thomas (25) **a dit** oui — il (26) **voulait** plus de détails. Juliette (27) **expliquait** quelque chose de très compliqué quand Marc (28) **est arrivé**. Il (29) **portait** des pizzas, et soudainement tout le monde (30) **a eu** faim.
>
> *(Élisabeth anotava tudo enquanto fazia sua apresentação. Ela perguntou se alguém tinha alguma pergunta . Thomas disse que sim - ele queria mais detalhes. Juliette explicava alguma coisa muito complicada quando Marc chegou. Ele carregava as pizzas, e, de repente, todos ficaram com fome.)*

Capítulo 17

Está Tudo Acabado! Outros Tempos do Passado

. . . .

Neste Capítulo

▶ Conjugação e uso do **Plus-que-Parfait** (*Pretérito Mais-que-Perfeito*)

▶ Reconhecimento do **Passé Simple** (*Passado Simples*)

. . . .

*E*mbora viver no passado não seja uma boa ideia, é importante saber escrever e falar sobre ele. Como se gabar da corrida ou do concurso que ganhou em primeiro lugar? Então, para escrever suas memórias, é necessário saber os diferentes tempos no Passado.

Além do **Passé Composé** e do **Imparfait** (veja os Capítulos 15 e 16), o francês tem dois outros tempos no Passado, um deles não seja muito usado. Apesar disto, é necessário estudá-los para reconhecê-los quando aparecerem. Os dois tempos são:

- ✔ O **Plus-que-Parfait** (*Pretérito Mais-que-Perfeito*): É usado para falar de alguma coisa que aconteceu antes de outra.

- ✔ O **Passé Simple** (*Passado Simples* ou *Pretérito*): Conta o que aconteceu no Passado, mas normalmente é usado apenas na escrita. É o equivalente das formas literária e formal do **Passé Composé**. A não ser que você pretenda ser um grande novelista francês, saber reconhecer este tempo já é o suficiente.

Este capítulo explica como conjugá-los.

Aperfeiçoando o Plus-que-Parfait – O que Foi Feito

O **Plus-que-Parfait** (*passado perfeito*, também conhecido como *mais-que-perfeito*) explica alguma coisa que aconteceu antes de outra, como em: "Eu *tinha comprado* os bilhetes antes de saber que você estava muito ocupado". Esse tempo é usado quando duas ações ocorrem no Passado – e é necessário explicar que uma ação foi anterior à outra.

Em francês, o auxiliar (**avoir** ou **être**) é usado no **Inparfait** mais o Particípio Passado. Esta seção explica o uso e a conjugação do **Plus-que-Parfait**.

Conjugação do Plus-que-Parfait

Como o **Passé Composé**, a conjugação do **Plus-que-Parfait** é um tempo composto, o que significa conjugá-lo com um verbo auxiliar – **être** ou **avoir** – mais o Particípio Passado. A escolha do auxiliar dependerá do verbo principal, e esse será usado em todos os tempos. (Veja, no Capítulo 15, mais informações sobre a escolha de auxiliares e a formação de Particípio Passado.) Nesta seção, estudamos a conjugação do **Plus-que-Parfait**:

Verbos compostos com avoir

A maioria dos verbos é composta com o auxiliar **avoir** (*ter*). O **Plus-que-Parfait** é conjugado com o verbo auxiliar no Imperfeito. Veja aqui:

imperfeito do verbo **avoir** (*ter*)	
j'**avais**	nous **avions**
tu **avais**	vous **aviez**
il/elle/on **avait**	ils/elles **avaient**

Depois de conjugar o auxiliar, é necessário achar o Particípio Passado para formar o **Plus-que-Parfait**. Vemos, então, o verbo **parler** (*falar*) conjugado com **avoir** para formar um verbo composto.

parler (*falar*)	
j'**avais parlé**	nous **avions parlé**
tu **avais parlé**	vous **aviez parlé**
il/elle/on **avait parlé**	ils/ells **avaient parlé**
J'**avais** déjà **parlé** à Guy quand tu as téléphoné. (*Eu já tinha falado com Guy quando você telefonou.*)	

Capítulo 17: Está Tudo Acabado! Outros Tempos do Passado **259**

Verbos compostos com être

Quando o verbo composto requer **être** (*ser*) para conjugar o **Plus-que-Parfait**, ele deve ser conjugado no Imperfeito.

verbo auxiliar **être** (*ser*) no Imperfeito	
j'**étais**	nous **étions**
tu **étais**	vous **étiez**
il/elle/on **était**	ils/elles **étaient**

Um punhado de verbos que usa **être** no **Passé Composé** também usa no **Plus-que-Parfait**. ***Nota:*** Os derivados desses verbos – **devenir** (*tornar-se*), **remonter** (*subir novamente*) etc. – também usam **être** no **Plus-que-Parfait** e outros tempos compostos.

- ✔ **aller** (*ir*)
- ✔ **arriver** (*chegar*)
- ✔ **descendre** (*descer*)
- ✔ **entrer** (*entrar*)
- ✔ **monter** (*subir*)
- ✔ **mourir** (*morrer*)
- ✔ **naître** (*nascer*)

- ✔ **partir** (*partir*)
- ✔ **passer passar** (*por, em frente*)
- ✔ **rester** (*ficar*)
- ✔ **retourner** (*retornar*)
- ✔ **sortir** (*sair*)
- ✔ **tomber** (*cair*)
- ✔ **venir** (*vir*)

Os verbos conjugados com **être** requerem concordância no **Plus-que-Parfait**: adiciona-se um **-e** para os sujeitos femininos e um **-s** para o plural. As regras de concordância para o **Plus-que-Parfait** são idênticas às do **Passé Composé** (ver no Capítulo 15). Observe a conjugação do verbo **aller** (*ir*) no **Plus-que-Parfait**.

aller (*ir*) no **Plus-que-Parfait**	
j'**étais allé(e)**	nous **étions allé(e)s**
tu **étais allé(e)**	vous **étiez allé(e)(s)**
il/on **était allé**, elle était **allée**	ils **étaient allés**, elles **étaient allées**
J'**étais allé** à la banque quand tu es arrivé. *(Eu tinha ido ao banco quando você chegou.)*	

Os verbos pronominais também usam **être** como auxiliar e precisam concordar com o pronome reflexivo no **Plus-que-Parfait**. Observe que o pronome reflexivo sempre muda para concordar com o sujeito.

Veja a conjugação de **se lever** (*levantar-se*):

Parte IV: O que Foi e o que Será, Será: O Passado e o Futuro

se lever (*levantar-se*)	
je m'**étais levé(e)**	nous nous **étions levé(e)s**
tu t'**étais levé(e)**	vous vous **étiez levé(e)(s)**
il/on s'**était levé**, elle s'**était levée**	ils s'**étaient levés**, elles s'**étaient levées**
Elle **s'était** déjà **levée** quand le réveil a sonné. (*Ela já tinha se levantado quando o despertador tocou.*)	

Conjugue os verbos no Plus-que-Parfait de acordo com o sujeito em parênteses:

Q. téléphoner (je)

R. **j'avais téléphoné** (*Eu tinha telefonado.*)

1. finir (tu)_____
2. partir (Marianne)_____
3. se coucher (nous)_____
4. descendre (vous)_____
5. vendre (ils)_____
6. écrire (je)_____
7. avoir (tu)_____
8. vouloir (Henri)_____
9. arriver (nous)_____
10. s'habiller (vous)_____

A ordem dos fatos: Usando o Plus-que-Parfait

O **Plus-que-Parfait** é usado para falar de alguma coisa que aconteceu antes de outra no Passado. O outro tempo de verbo que se refere a uma ação depois dessa, mais tarde, é sempre o **Passé Composé** (veja no Capítulo 15):

> **Je m'étais déjà couché quand il est rentré**. (*Eu já tinha ido para a cama quando ele chegou a casa*.)

> **Nous avions presque oublié l'incident quand Sandrine est arrivée**. (*Nós quase já havíamos esquecido o incidente quando Sandrine chegou*.)

> **Pierre m'a téléphoné à midi pour m'inviter à déjeuner, mais j'avais déjà mangé**. (*Pierre telefonou ao meio-dia a fim de me convidar para o almoço, mas eu já tinha comido*.)

No último exemplo, o verbo que se refere a uma ação que aconteceu mais tarde é o Imperfeito (veja no Capítulo 16).

Você está lendo um diário da sua viagem para a Suíça. Preencha as lacunas com o **Plus-que-Parfait** dos verbos entre parênteses.

Q. Ce matin, j'ai dû acheter du film, parce que je/j'_____(oublier) mon appareil numérique.

_____Capítulo 17: Está Tudo Acabado! Outros Tempos do Passado **261**

R. j'avais oublié (*Essa manhã, eu tive de comprar um filme, porque eu tinha esquecido minha câmera digital.*)

Quand nous sommes arrivés à Genève, je/j' (11) _____ (prendre) des douzaines de photos. Nous étions en retard parce que l'autobus (12) _____ (tomber) en panne. En plus, j'ai découvert que l'hôtel (13) _____ (perdre) ma réservation. Je voulais pleurer, mais je/j' (14) _____ (se promettre) de garder mon calme. Mon ami David m'a offert son divan, parce qu'il (15) _____ (louer) une suite.

Brilho Literário: Conjugação do Passé Simple

O **Passé Simple** é um tempo literário, formal, usado quase exclusivamente na linguagem escrita, como em literatura, poesia, jornais, documentos etc. O tempo equivalente e usado na fala é o **Passé Composé**, sobre o qual se pode ler no Capítulo 15. Como o **Passé Simple** é somente escrito, e se ninguém aqui pretender ser um escritor de romance francês, é pouco provável que você necessite saber conjugar o **Passé Simple**. Entretanto, para ler livros ou jornais, será necessário reconhecer esse tempo. Eventualmente, você poderá ouvir o **Passé Simple** nos discursos formais nos jornais, em palestras em anúncios.

O **Passé Simple** é uma das conjugações mais difíceis, pois é cheia de irregularidades. No entanto, o tempo é fácil de ser reconhecido quando se entende suas regras básicas. Esta seção ajuda a esclarecer as regras para todos os diferentes tipos de verbos.

Passé Simple de verbos terminados com -er

Para formar o **Passé Simple** de verbos terminados com **-er**, sai o **-er** e adicionam-se os seguintes finais: **-ai**, **-as**, **-a**, **-âmes**, **âtes** e **-èrent**. Veja o verbo **parler** (*falar*) no **Passé Simple**.

262 Parte IV: O que Foi e o que Será, Será: O Passado e o Futuro

parler (*falar*)	
je parlai	nous parl**âmes**
tu parlas	vous parl**âtes**
il/elle/on parla	ils/ells parl**èrent**
Vous **parlâtes** d'or. (*Você fala palavras de sabedoria.*)	

O verbo irregular **aller** (*ir*) segue a mesma regra, ficando irregular no **Passé Simple**.

aller (*ir*)	
j'all**ai**	nous all**âmes**
tu all**as**	vous all**âtes**
il/elle/on all**a**	ils/elles all**èrent**
Nous **allâmes** à l'église. (*Nós fomos à igreja.*)	

Verbos com radicais diferentes também são regulares no **Passé Simple**, porque não há mudança de radical no Infinitivo. Veja como fica o verbo **acheter** (*comprar*).

acheter (*comprar*)	
j'achet**ai**	nous achet**âmes**
tu achet**as**	vous achet**âtes**
il achet**a**	ils achet**èrent**
Il **acheta** une maison. (*Ele comprou uma casa.*)	

Ao contrário, os verbos com mudança de ortografia modificam em todas as terceiras pessoas do plural, no **Passé Simple**. Lembre-se de que os verbos mudam de ortografia, mas a pronúncia não (veja no Capítulo 4). Já que, no **Passé Simple**, o **ils** começa com vogal **e**, os **ils** da conjugação de verbos como **manger** (*comer*) não mudam.

manger (*comer*)	
je mange**ai**	nous mange**âmes**
tu mange**as**	vous mange**âtes**
il/elle/on mange**a**	ils/ells mang**èrent**
Elle **mangea** seule. (*Ela comeu sozinha.*)	

A terceira pessoa do plural de **commencer** (*começar*) não precisa de **ç**, porque o **è** que vem depois do **c** é tônico.

Capítulo 17: Está Tudo Acabado! Outros Tempos do Passado **263**

commencer (*começar*)	
je commenç**ai**	nous commenç**âmes**
tu commenç**as**	vous commenç**âtes**
il commenç**a**	ils commenc**èrent**
Vous **commençâtes** tard. (*Você começou tarde.*)	

Passé Simple de verbos terminados com -ir

Para conjugar verbos regulares no **Passé Simple** de verbos terminados com **-ir**, sai o **-ir** e acrescentam-se os seguintes finais: **-is**, **-is**, **-it**, **îmes**, **îtes** e **-irent**. Exemplo:

finir (*terminar*)	
je fin**is**	nous fin**îmes**
tu fin**is**	vous fin**îtes**
il/elle/on fin**it**	ils/elles fin**irent**
Il **finit** hier. (*Ele terminou ontem.*)	

Os verbos **s'asseoir** e **voir** têm radicais irregulares no **Passé Simple**, mas usam os finais regulares de **-ir**. O radical de **s'asseoir** é **s'ass-**, e o de **voir** é **v-**:

s'asseoir (*sentar-se*)	
je m'ass**is**	nous nous ass**îmes**
tu t'ass**is**	vous vous ass**îtes**
il/elle/on s'ass**it**	ils/ells s'ass**irent**
Ils **s'assirent** immédiatement. (*Eles se sentaram imediatamente.*)	

voir (*ver*)	
je v**is**	nous v**îmes**
tu v**is**	vous v**îtes**
il/elle/on v**it**	ils/ells v**irent**
Je **vis** l'accidente. (*Eu vi um acidente.*)	

A maioria dos verbos irregulares que terminam em **-ir** que tem o Particípio Passado que termina em **u**, usa o radical do Particípio para ser o radical do **Passé Simple**. A Tabela 17-1 mostra esses verbos e seus radicais. Esses verbos têm finais irregulares no **Passé Simple**. Pegue-os e adicione **-s**, **-s**, **-t**, **-^mes**, **-^tes** e **–rent**.

264 Parte IV: O que Foi e o que Será, Será: O Passado e o Futuro

Tabela 17-1	Terminações de Radicais de Passé Simple com u (Verbos Terminados com -ir)	
Verbos	*Tradução*	*Radical do Passé Composé*
avoir	*ter*	**eu-**
courir	*correr*	**couru-**
devoir	*dever*	**du-**
falloir	*ser necessário*	**fallu-**
pleuvoir	*chover*	**plu-**
pouvoir	*poder*	**pu-**
recevoir	*receber*	**reçu-**
savoir	*saber*	**su-**
valoir	*valer*	**valu-**
vouloir	*querer*	**voulu-**

Observe que o Particípio de **devoir** é **dû**, mas perde o acento circunflexo na conjugação do **Passé Simple**.

Aqui, o verbo **avoir** (*ter*) no **Passé Simple.**

avoir (*ter*)	
j'eus	nous eûmes
tu eus	vous eûtes
il/elle/on eut	ils/elles eu**rent**
Vous **eûtes** une bonne idée. (*Você teve uma boa ideia.*)	

O radical do verbo **mourir** (*morrer*) é **mouru** e leva os mesmos finais de verbos irregulares terminados em **-ir** com Particípio terminado em **[u]**

u.mourir (*morrer*)	
je mouru**s**	nous mourûmes
tu mouru**s**	vous mourûtes
il/elle/on mourut	ils/elles mouru**rent**
Elle **mourut** hier. (*Ela morreu ontem.*)	

Venir, tenir e todos os seus derivados – **devenir** (*tornar-se*), **retenir** (*reter*) etc. – são irregulares no **Passé Simple**. Eles seguem este modelo:

venir (*vir*)	
je vin**s**	nous vî**nmes**
tu vin**s**	vous vî**ntes**
il/elle/on vint	ils/elles vin**rent**
Elles **vinrent** trop tard. (*Elas chegaram muito tarde.*)	

_____Capítulo 17: Está Tudo Acabado! Outros Tempos do Passado **265**

Passé Simple de verbos terminados com -re

O **Passé Simple** de verbos terminados com **-re** é igual ao dos terminados em **-ir**. Para formar o **Passé Simple**, retire o **-re** e adicione os finais ao radical: **-is**, **-is**, **-it**, **îmes**, **-îtes**, e **-irent**.

vendre (vender)	
je vend**is**	nous vend**îmes**
tu vend**is**	vous vend**îtes**
il/elle/on vend**it**	ils/elles vend**irent**
Je **vendis** ma maison. (Eu vendi minha casa.)	

Um número de verbos irregulares terminados com **-re** possui radicais irregulares no **Passé Simple**, mas usa os finais regulares com **-re**. (Veja na Tabela 17-2.)

Tabela 17-2   Radicais de Verbos Irregulares Terminados com -re

Verbos	Tradução	Radical do Passé Simple
conduire	dirigir	conduis-
craindre	temer	craign-
dire	dizer	d-
écrire	escrever	écriv-
faire	fazer	f-
joindre	juntar	joign-
mettre	meter	m-
naître	nascer	naqu-
peindre	pintar	peign-
prendre	tomar	pr-
rire	rir	r-

Observe **faire** com seu radical irregular e a terminação regular para verbos com finais **-re**:

faire (fazer)	
je f**is**	nous f**îmes**
tu f**is**	vous f**îtes**
il/elle/on f**it**	ils/elles f**irent**
Il **fit** du bon travail. (Ele fez um bom trabalho.)	

A maioria dos irregulares que termina com **u** usa o Particípio Passado como radical do **Passé Simple.** Esses verbos e seus radicais estão na Tabela 17-3.

Parte IV: O que Foi e o que Será, Será: O Passado e o Futuro

Tabela 17-3   Radicais do Passé Simple Terminados com u (Verbos de Final -re)

Verbo	Tradução	Radical do Passé Simple
boire	beber	bu-
connaître	conhecer	connu-
croire	acreditar	cru-
lire	ler	lu-
vivre	viver	vécu-

Esses verbos usam o mesmo final no **Passé Simple** como os verbos terminados em **-ir** com radicais **u**: Basta adicionar **-s**, **-s**, **-t**, **-^mes**, **-^tes** e **-rent**. Veja o verbo **croire** (*acreditar*):

croire (*acreditar*)	
je cru**s**	nous cr**ûmes**
tu cru**s**	vous cr**ûtes**
il/elle/ on cru**t**	ils/elles cru**rent**
Il ne le **crut** pas. (*Ele não acreditou nisso.*)	

Como em outros tempos, **être** também é irregular no **Passé Simple**. Ele usa o radical **fu-** mais os finais de radicais que terminam com **u**:

être (*ser/estar*)	
je fu**s**	nous f**ûmes**
tu fu**s**	vous f**ûtes**
il/elle/ on fu**t**	ils/elles fu**rent**
Nous **fûmes** prêts. (*Nós estávamos prontos.*)	

Identifique o infinitivo para cada uma dessas conjugações do **Passé Simple**:

Q. je parla

R. **parler** (*falar*)

16. il sut _____

17. tu vis _____

18. elle tint _____

19. nous lûmes _____

20. elles vécurent _____

21. vous eûtes _____

22. tu bus _____

23. ils furent _____

24. vous rîtes _____

25. je naquis _____

Capítulo 17: Está Tudo Acabado! Outros Tempos do Passado

Respostas

1	**tu avais fini** (*você tinha acabado*)
2	**Marianne était partie** (*Marianne tinha partido*)
3	**nous nous étions couché(e)s** (*nós tínhamos ido para cama*)
4	**vous étiez descendu(e)(s)** (*vocês tinham descido*)
5	**ils avaient vendu** (*eles tinham vendido*)
6	**j'avais écrit** (*eu tinha escrito*)
7	**tu avais eu** (*você tinha tido*)
8	**Henri avait voulu** (*Henri tinha querido*)
9	**nous étions arrivé(e)s** (*nós tínhamos chegado*)
10	**vous vous étiez habillé(e)(s)** (*vocês tinham se vestido*)

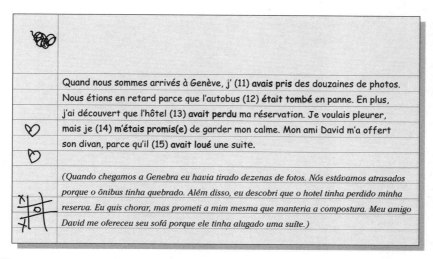

Quand nous sommes arrivés à Genève, j' (11) **avais pris** des douzaines de photos. Nous étions en retard parce que l'autobus (12) **était tombé** en panne. En plus, j'ai découvert que l'hôtel (13) **avait perdu** ma réservation. Je voulais pleurer, mais je (14) **m'étais promis(e)** de garder mon calme. Mon ami David m'a offert son divan, parce qu'il (15) **avait loué** une suite.

(*Quando chegamos a Genebra eu havia tirado dezenas de fotos. Nós estávamos atrasados porque o ônibus tinha quebrado. Além disso, eu descobri que o hotel tinha perdido minha reserva. Eu quis chorar, mas prometi a mim mesma que manteria a compostura. Meu amigo David me ofereceu seu sofá porque ele tinha alugado uma suíte.*)

16	**savoir** (*saber*)
17	**voir** (*ver*)
18	**tenir** (*segurar*)
19	**lire** (*ler*)
20	**vivre** (*viver*)
21	**avoir** (*ter*)

268 Parte IV: O que Foi e o que Será, Será: O Passado e o Futuro_____

22 **boire** (*beber*)

23 **être** (*ser/estar*)

24 **rire** (*rir*)

25 **naître** (*nascer*)

Capítulo 18
O que Você Fará? O Futuro

Neste Capítulo

▶ Conjugação do tempo **Futur** (*Futuro*)
▶ Uso do **Futur**
▶ Considerando outras maneiras de se falar do futuro

Quando se sonha com o futuro, usamos, em francês, o tempo **Futur**. A fim de, por exemplo, organizar uma viagem ou decidir o que fazer na próxima sexta-feira à noite, use-o para dizer o que vai acontecer. O Futuro francês é fácil de conjugar e usar e é o que faremos neste capítulo, além de outras maneiras de se falar sobre o futuro em francês.

O Infinitivo e Além: Conjugando o Futuro

"Num piscar de olhos" você fala sobre o futuro em francês (mesmo sem ter uma bola de cristal). O básico do tempo Futuro – o **Futur Simple** – é o mais fácil de se conjugar, porque todos os verbos levam a mesma terminação. Para a maioria deles, usamos seu Infinitivo, retiramos seu final **-e** ou **-re** e adicionamos **-ai**, **-as**, **-a**, **-ons**, **-ez** ou **-ont**. *Lembre-se:* O radical Futuro, para todos os verbos, sempre termina com **r**.

Os finais das conjugações no singular e da terceira pessoa do plural são iguais como no tempo Presente de **avoir** (*ter*). O **nous** e o **vous** são como do **avoir** menos **av**.

Em francês, o tempo Futuro é um verbo simples, conjugado diferentemente para cada pessoa. Então, é diferente para cada sujeito: **j'irai**, **tu iras**, **il ira** etc. Em português, ocorre o mesmo: Também se conjuga o verbo de acordo com cada pessoa.

Esta seção cobre o que você precisa saber sobre a conjugação no Futuro.

270 Parte IV: O que Foi e o que Será, Será: O Passado e o Futuro

Verbos regulares e verbos com a mesma pronúncia, mas com ortografia diferente ao se conjugar

Verbos regulares terminados em **-er** usam o Infinitivo como radical para o Futuro; apenas adicionam-se as terminações: **-ai, -as, -a, -ons, -ez** e **-ont.**

parler (falar)	
je parler**ai**	nous parler**ons**
tu parler**as**	vous parler**ez**
il/elle/on parler**a**	ils/elles parler**ont**
Je te **parlerai** demain. (Eu falarei com você amanhã.)	

Os verbos que mudam a ortografia, como o **commencer** (começar) e o **manger** (comer) não mudam no tempo Futuro. Pega-se o Infinitivo e acrescentam-se os finais: **-ai, -as, -a, -ons, -ez** e **-ont.**

commencer (começar)	
je commencer**ai**	nous commencer**ons**
tu commencer**as**	vous commencer**ez**
il/elle/on commencer**a**	ils/ells commencer**ont**
Nous **commencerons** dans cinq minutes. (Nós começaremos em cinco minutos.)	

Os verbos regulares (com final **-ir**) também usam o Infinitivo como radical do Futuro, adicionando-se as terminações **-ai, -as, -a, -ons, -ez** ou **-ont.**

finir (terminar)	
je finir**ai**	nous finir**ons**
tu finir**as**	vous finir**ez**
il/elle/on finir**a**	ils/ells finir**ont**
Ils **finiront** bientôt. (Eles acabarão logo.)	

Para os verbos regulares (com final **-re**), retira-se o **-e** do Infinitivo e adicionam-se as terminações **-ai, -as, -a, -ons, -ez** ou **-ont.**

vendre (vender)	
je vendr**ai**	nous vendr**ons**
tu vendr**as**	vous vendr**ez**
il/elle/on vendr**a**	ils/elles vendr**ont**
Vendras-tu ta voiture ? (Você venderá seu carro?)	

Capítulo 18: O que Você Fará? O Futuro

Conjugue os verbos no **Futur** de acordo com a pessoa eNTRE parênteses:

Q. marcher (je)

R. **je marcherai** (*Eu andarei*)

1. choisir (tu)_____
2. manger (Luc)_____
3. rendre (nous)_____
4. vieillir (vous)_____
5. danser (elles)_____
6. annoncer(je)_____
7. pousser (tu)_____
8. remplir (il)_____
9. bouger (nous)_____
10. répondre (vous)_____

Verbos que mudam de radical

A maioria dos verbos que muda de radical também o faz no tempo Futuro. (Veja no Capítulo 4.) Nesta seção, veremos como criar o Futuro com vários tipos de radicais.

Verbos terminados em -yer

Os verbos terminados com **-oyer** e **-uyer** requerem **y** para o radical **i** no Futuro. Então, pega-se o Infinitivo, muda-se o **y** por **i** e adicionam-se os finais **-ai**, **-as**, **-a**, **-ons**, **-ez** ou **-ont**.

employer (*usar*)	
j'emploie**rai**	nous emploie**rons**
tu emploie**ras**	vous emploie**rez**
il/elle/on emploie**ra**	ils/elles emploie**ront**
Nous **emploierons** notre argent. (*Nós usaremos nosso dinheiro.*)	

Entretanto, há exceções para essa regra. Os verbos **envoyer** (*enviar*) e **renvoyer** (*devolver*) têm radicais irregulares no Futuro: **enverr-** e **renverr-**. Acrescentam-se os finais do Futuro a esses radicais.

envoyer (*enviar*)	
j'enver**rai**	nous enver**rons**
tu enver**ras**	vous enver**rez**
il/elle/on enver**ra**	ils/elles enver**ront**
Elle **enverra** la lettre. (*Ela enviará a carta.*)	

Os verbos com final **-ayer** mudam o **y-** (opcional para **-i**) no **Futur**. Não há diferença entre as conjugações; ambas são aceitas. Use o Infinitivo **payer** ou **paier** e acrescente os finais: **-ai**, **-as**, **-a**, **-ons**, **-ez** ou **-ont**.

272 Parte IV: O que Foi e o que Será, Será: O Passado e o Futuro

payer (*pagar*)	
je payer**ai**/paier**ai**	nous payer**ons**/paier**ons**
tu payer**as**/paier**as**	vous payer**ez**/paier**ez**
il/elle/on payer**a**/paier**a**	ils/elles payer**ont**/paier**ont**
Je **payerai** demain. (*Eu pagarei amanhã.*)	

Verbos com consoantes duplas

Os verbos terminados com **-eler** precisam dobrar o **l** no Futuro; logo, o radical do Futuro de **appeler** fica **appeller**. Depois, acrescentam-se os finais de Futuro: **-ai**, **-as**, **-a**, **-ons**, **-ez** ou **-ont**.

appeler (*chamar*)	
j'appeller**ai**	nous appeller**ons**
tu appeller**as**	vous appeller**ez**
il/elle/on appeller**a**	ils/elles appeller**ont**
Il **appellera** Marc. (*Ele chamará o Marco.*)	

Os verbos terminados com **-eter** precisam dobrar o **t** no Futuro; assim, **jeter** fica **jetter-**, e acrescentam-se os finais: **-ai**, **-as**, **-a**, **-ons**, **-ez** ou **-ont**.

jeter (*atirar*)	
je jetter**ai**	nous jetter**ons**
tu jetter**as**	vous jetter**ez**
il/elle/on jetter**a**	ils/elles jetter**ont**
Ils **jetteront** la balle de tennis. (*Eles jogarão as bolas de tênis.*)	

Verbos com mudança de acentos

Os verbos que terminam com **-e*er** (veja no Capítulo 4) precisam do acento grave no primeiro **e** para formar o radical do Futuro; logo, **mener** fica **mèner-** e, depois, adicionam-se os finais: **-ai**, **-as**, **-a**, **-ons**, **-ez** ou **-ont**.

mener (*liderar*)	
je mèner**ai**	nous mèner**ons**
tu mèner**as**	vous mèner**ez**
il/elle/on mèner**a**	ils/elles mèner**ont**
Je **mènerai** l'enquête. (*Eu liderarei a investigação.*)	

Os únicos verbos que não mudam de radical no Futuro são os terminados com **-é*er**. O acento agudo é mantido no primeiro **e**, e adicionamos ao Infinitivo os finais de Futuro: **-ai**, **-as**, **-a**, **-ons**, **-ez** ou **-ont**.

gérer (*gerenciar*)	
je gérer**ai**	nous gérer**ons**
tu gérer**as**	vous gérer**ez**
il/elle/on gérer**a**	ils/elles gérer**ont**
Vous **gérerez** la crise. (*Você gerenciará a crise.*)	

Conjugue os verbos que mudam de radical no **Futur** de acordo com os sujeitos em parênteses:

Q. balayer (nous)

R. **nous balayerons** ou **nous balaierons** (*nós varreremos*)

11. nettoyer (vous) votre chambre._____

12. renouveler (Charles et Guy) leurs visas._____

13. rejeter (je) le manuscrit._____

14. considérer (tu) notre offre._____

15. essayer (elle) encore demain._____

16. enlever (nous) les meubles._____

17. renvoyer (vous) ces deux employés._____

18. noyer (ils) les champs._____

19. promener (je) le chien._____

20. exagérer (tu) ta réussite._____

Verbos irregulares

Os verbos irregulares são formados no **Futur** de maneira interessante. Muitos seguem a mesma conjugação dos regulares, mas outros têm radical irregular. De qualquer forma, todos levam os mesmos finais de Futuro. Nesta seção, apontamos como conjugá-los no Futuro.

Aller

O único verbo irregular terminado em **er-** que tem um radical irregular no Futuro é o **aller** (*ir*). Começa com radical **ir-** e adicionam-se os finais de Futuro: **-ai**, **-as**, **-a**, **-ons**, **-ez** ou **-ont**.

Parte IV: O que Foi e o que Será, Será: O Passado e o Futuro

aller (ir)	
j'ir**ai**	nous ir**ons**
tu ir**as**	vous ir**ez**
il/elle/on ir**a**	ils/elles ir**ont**
J'**irai** à la banque demain. (*Eu irei ao banco amanhã.*)	

Verbos irregulares terminados com -ir

A maioria dos verbos irregulares terminados em **–ir**, incluindo **sortir** (*sair*), **ouvrir** (*abrir*), e todos os verbos conjugados como eles (veja o Capítulo 4), usam os seus infinitivos como o radical do Futuro. Não precisam mudar nada. Apenas adicione a terminação apropriada: **-ai, -as, -a, -nos, -ez,** ou **-ont**.

sortir (*sair*)	
je sortir**ai**	nous sortir**ons**
tu sortir**as**	vous sortir**ez**
il/elle/on sortir**a**	ils/elles sortir**ont**
Nous **sortirons** ce soir. (*Nós sairemos hoje à noite.*)	

Alguns verbos irregulares (de final **-ir**) possuem radicais irregulares no Futuro. Para formar o Futuro, veja, na Tabela 18-1, o radical e adicione os finais de Futuro:

Tabela 18-1   Verbos Terminados com -**ir** e com Radicais Diferentes no Futuro.

Infinitivo	Tradução	Radical
avoir	*ter*	**aur-**
devoir	*de*	**devr-**
mourir	*morrer*	**mourr-**
pleuvoir	*chover*	**pleuvr-**
pouvoir	*poder*	**pourr-**
recevoir	*receber*	**recevr-**
savoir	*saber*	**saur-**
tenir	*ter*	**tiendr-**
valoir	*valer*	**vaudr-**
venir	*vir*	**viendr-**
voir	*ver*	**verr-**
vouloir	*querer*	**voudr-**

Por exemplo, o verbo **avoir** (*ter*) no Futuro:

avoir (*ter*)	
j'aur**ai**	nous aur**ons**
tu aur**as**	vous aur**ez**
il/elle/on aur**a**	ils/elles aur**ont**
Elle **aura** beaucoup d'argent. (*Ela terá muito dinheiro.*)	

Verbos irregulares terminados com -re

A maioria dos verbos irregulares terminados com **-re** usa o Infinitivo menos **-e** como radical de Futuro. Nesse rol de verbos, incluímos **prendre** (*pegar*), **mettre** (*meter*), **craindre** (*temer*) e todos os outros conjugados como eles.

prendre (*pegar*)	
je prendr**ai**	nous prendr**ons**
tu prendr**as**	vous prendr**ez**
il/elle/on prendr**a**	ils/elles prendr**ont**
Vous **prendrez** des photos. (*Você tirará algumas fotos.*)	

Dois verbos irregulares terminados com **-re** têm radicais irregulares no Futuro: **être** e **faire**. Para **être**, o radical é **ser-** e, para **faire**, é **fer-**. Depois, adicionamos os finais de Futuro: **-ai**, **-as**, **-a**, **-ons**, **-ez** ou **-ont**.

être (*ser/estar*)	
je ser**ai**	nous ser**ons**
tu ser**as**	vous ser**ez**
il/elle/on ser**a**	ils/elles ser**ont**
Tu **seras** en retard. (*Você estará atrasado.*)	

faire (*fazer*)	
je fer**ai**	nous fer**ons**
tu fer**as**	vous fer**ez**
il/elle/on fer**a**	ils/elles fer**ont**
Nous **ferons** le lit. (*Nós faremos as camas.*)	

No radical de condicionais, todos os tempos são iguais no Futuro; só os finais são diferentes. (Leia sobre Condicional no Capítulo 19.)

Conjugue os verbos no **Futur** de acordo com os sujeitos dados:

Q. craindre (le chien)

R. **le chien craindra** (*o cachorro temerá*)

Parte IV: O que Foi e o que Será, Será: O Passado e o Futuro

21. mettre (nous)_____
22. aller (vous)_____
23. faire (elles)_____
24. partir (je)_____
25. voir (tu)_____
26. avoir (le restaurant)_____
27. venir (nous)_____
28. dormir (vous)_____
29. savoir (ils)_____
30. être (je)_____

Olhando para Frente com o Tempo Futuro

Para escrever um e-mail ao seu melhor amigo em Nice e dizer que quer conversar sobre o que vai acontecer no próximo domingo, como o início de sua viagem de 80 dias ao redor do mundo, você precisa usar o tempo **Futur**, para que ele saiba se você vai cruzar o oceano Atlântico de balão ou a barco. Depois que estiver mestre em conjugar o **Futur** (veja a seção anterior), poderá usar este tempo quando fizer algo no Futuro.

Je ferai la lessive plus tard. (*Eu lavarei a roupa mais tarde.*)

Nous voyagerons en France dans deux semaines. (*Nós viajaremos para a França em duas semanas.*)

Em francês, também podemos usar o tempo Futuro depois de certas conjunções quando elas indicam que algo acontecerá no Futuro. As conjunções são as seguintes:

- **après que** (*depois de*)
- **aussitôt que** (*assim que*)
- **dès que** (*tão logo que*)
- **lorsque** (*quando*)
- **quand** (*quando*)

Je téléphonerai quand j'arriverai à l'hôtel. (*Eu telefonarei quando chegar ao hotel.*)

Il le fera dès qu'il finira son travail. (*Ele fará isso tão logo termine o trabalho dele.*)

O tempo Futuro é usado depois dessas expressões em francês, porque a ação depois delas não ocorreu ainda.

Capítulo 18: O que Você Fará? O Futuro **277**

O tempo Futuro também pode ser usado para falar sobre alguma coisa que acontecerá posteriormente sob certa condição. **Lembre-se**: a condicional depois de **si** (*se*) tem de estar no presente; o Futuro só é usado na oração principal.

> **J'irai en France si tu viens avec moi**. (*Eu irei à França se você for comigo.*)
>
> **Si tu viens chez moi, nous regarderons le film ensemble**. (*Se você vier para minha casa, nós assistiremos ao filme juntos.*)

O Futuro também é usado para pedidos polidos – é mais educado do que usar o Imperativo, mais um pedido do que exigência. (Veja mais sobre Imperativo no Capítulo 10).

> **Vous me suivrez, s'il vous plaît**. (*Siga-me, por favor.*)

Você está trabalhando no seu plano de carreira de cinco anos. Preencha as lacunas com a forma correta dos verbos em parênteses:

Q. Cet automne, je _____ (finir) mes études en économie.

R. Cet automne, je **finirai** mes études en économie. (*Nesse outono, eu terminarei meus estudos em Economia.*)

Plan de carrière (5 ans)

Après que je (31) _____ (recevoir) mon diplôme, je (32) _____ (déménager) en France. Dès que j'y (33) _____ (arriver), je (34) _____ (commencer) à chercher un emploi. Si je le trouve assez rapidement, j' (35) _____ (acheter) un appartement. Si cela prend plus de temps, je (36) _____ (considérer) un autre type de travail. Quoi qui se passe, je (37) _____ (s'habiller) toujours de manière professionnelle. Je (38) _____ (se marier) avec une personne intelligente et intéressante. Nous (39) _____ (avoir) deux enfants. Nous (40) _____ (vivre) à Paris.

Outras Maneiras de Se Conversar Sobre um Futuro Próximo

O tempo Futuro também pode ser usado para uma conversa menos formal, quando estiver falando sobre algo que vai acontecer em um Futuro próximo (como, por exemplo, o que você fará com seu irmãozinho se ele mudar o canal da TV *mais uma vez*). Esta seção ajuda a dar casualidade a palavras que se referem ao Futuro.

O Futuro falado no Presente

Em francês, o tempo presente também é usado para falar alguma coisa do Futuro. Quando você vai fazer algo em alguns minutos, ou nos próximos dias, o Presente ajuda a trazer esse acontecimento para mais perto. É menos formal do que o Futuro.

> **Je vais à la plage demain.** (*Eu vou à praia amanhã.*)

> **Nous parlons dans dix minutes.** (*Nós estamos partindo em dez minutos.*)

Onde tem um futuro, tem um vais: Uso do aller para dizer o que vai acontecer

Quando o Futuro é próximo, pode-se usar o tempo Presente de **aller** (veja a Tabela) + o Infinitivo. Esse **Futur proche** (Futuro próximo) é levemente informal e tende a ser uma boa escolha para se dizer algo que logo acontecerá.

aller (*ir*)	
je **vais**	nous **allons**
tu **vas**	vous **allez**
il/elle/on **va**	ils/elles **vont**

> **Il va travailler pendant toute la journée.** (*Ele vai trabalhar o dia inteiro.*)

> **Alexander et Laurent vont être déçus.** (*Alexander e Laurent vão ficar desapontados.*)

Com os verbos pronominais (veja no Capítulo 11), os pronomes reflexivos ficam antes do Infinitivo.

> **Nous allons nous promener sur la plage**. (*Nós vamos caminhar na praia.*)

> **Vas-tu t'habiller ?** (*Você vai se vestir?*)

Pronomes adverbiais e objetivos também precedem o Infinitivo:

> **Je vais le faire demain.** (*Eu vou fazer isso amanhã.*)

> **Ils vont en avoir envie.** (*Eles vão querer algum.*)

Leia mais sobre a ordem dos pronomes reflexivos, objetivos e adverbiais no Capítulo 13.

Respostas

1   **tu choisiras** (*você escolherá*)

2   **Luc mangera** (*Luc comerá*)

3   **nous rendrons** (*nós retornaremos*)

4   **vous vieillirez** (*nós envelheceremos*)

5   **elles danseront** (*elas dançarão*)

6   **j'annoncerai** (*eu anunciarei*)

7   **tu pousseras** (*você empurrará*)

8   **il remplira** (*ele encherá*)

9   **nous bougerons** (*nós mudaremos*)

10   **vous répondrez** (*nós responderemos*)

11   **Vous nettoierez votre chambre.** (*Você limpará seu quarto.*)

12   **Charles e Guy renouvelleront leurs visas.** (*Charles e Guy renovarão os vistos deles.*)

13   **Je rejetterai le manuscrit.** (*Eu rejeitarei o manuscrito.*)

14   **Tu considéreras notre offre.** (*Você considerará nossa oferta.*)

15   **Elle essayera/essaiera encore demain** (*Ela tentará amanhã de novo.*)

16   **Nous enlèverons les meubles.** (*Nós removeremos a mobília.*)

17   **Vous renverrez ces deux employés.** (*Você despedirá esses dois empregados.*)

18   **Ils noieront le champs.** (*Eles inundarão os campos.*)

19   **Je promènerai le chien.** (*Eu caminharei com o cachorro.*)

20   **Tu exagéreras ta réussite.** (*Você exagerará no seu sucesso.*)

21   **nous mettrons** (*nós botaremos*)

22   **vous irez** (*você irá*)

23   **Elles feront** (*elas farão*)

24   **je partirai** (*eu partirei*)

25   **tu verras** (*você verá*)

26   **le restaurant aura** (*o restaurante terá*)

280 Parte IV: O que Foi e o que Será, Será: O Passado e o Futuro

27 **nous viendrons** (*nós viremos*)

28 **vous dormirez** (*você dormirá*)

29 **ils sauront** (*eles saberão*)

30 **je serai** (*eu serei*)

Plan de carriére (5 ans)

Après que je (31) **recevrai** mon diplôme, je (32) **déménagerai** en France. Dès que j'y (33) **arriverai**, je (34) **commencerai** à chercher un emploi. Si je le trouve assez rapidement, j' (35) **achèterai** un appartement. Si cela prend plus de temps, je (36) **considérerai** un autre type de travail. Quoi qui se passe, je (37) **m'habillerai** toujours de manière professionnelle. Je (38) me **marierai** avec une personne intelligente et intéressante. Nous (39) **aurons** deux enfants. Nous (40) **vivrons** à Paris.

(Depois de receber meu diploma, eu mudarei para a França. Tão logo eu chegue, começarei a procurar um emprego. Se eu achar um rapidamente, comprarei um apartamento. Se demorar mais tempo, pensarei en outro tipo de trabalho. Seja o que for, sempre me vestirei profissionalmente. Eu me casarei com uma pessoa inteligente e interessante. Teremos dois filhos. Viveremos em Paris)

Capítulo 19
O que Você Faria? O Modo Condicional

Neste Capítulo

▶ Conjugação do **Conditionnel** (*Condicional*)
▶ Uso do Condicional

O **Conditionnel** (*Condicional*) é um modo verbal que expressa algo que poderia acontecer ou aconteceria, normalmente dependendo de outra coisa acontecer ou não acontecer como em *Eu viajaria se fosse rico* ou *Ele iria nadar se não tivesse de trabalhar*. Ele permite que você pergunte se eles seriam mais felizes morando em outro lugar, e ajuda a esclarecer suas relações, então as pessoas sabem se você namoraria alguém se ele (ou ela) fosse a última pessoa no mundo.

Em francês, no modo Condicional, o verbo é conjugado com um final Condicional: **j'irais** ou **nous réussirions**. Este capítulo explica de que forma conjugar o modo Condicional francês e como usá-lo.

Definindo a Forma com Conjugações Condicionais

O tempo Presente do modo Condicional é um dos mais fáceis de se conjugar, porque todos os verbos recebem as mesmas terminações e somente alguns têm conjugações irregulares. Para conjugar um verbo terminado em **-er** e **ir-** ou infinitivo sem o **-e** ou **-re** no modo Condicional, acrescente as terminações: **-ais, -ais, -ait, -ions, -iez** e **-aient**. *Observe:* o radical dos verbos condicionais – regulares, irregulares, com ortografia diferente ou não – sempre termina com **r**. A seção seguinte mostra como conjugar cada tipo de verbo no modo Condicional.

Os radicais do modo Condicional são idênticos aos do **Futur**; só as terminações são diferentes. (Leia sobre Futuro no Capítulo 18.) E as terminações do modo Condicional correspondem às do **Imparfait** (veja o Capítulo 16) – só os radicais diferem.

Verbos regulares e com mudança ortográfica

Os verbos regulares terminados em **-er** usam o Infinitivo como radical no modo Condicional. Veja o verbo **parler** no modo condicional:

parler (*falar*)	
je parler**ais**	nous parler**ions**
tu parler**ais**	vous parler**iez**
il/elle/on parler**ait**	ils/elles parler**aient**
Je **parlerais** plus lentement. (*Eu falaria mais lentamente.*)	

Os verbos que mudam de ortografia, como o **commencer** (*começar*) e o **manger** (*comer*), no modo Condicional, não mudam. O radical, Infinitivo, termina com **r**, e não é preciso mudar a ortografia para preservar a pronúncia, como em outras conjugações:

commencer (*começar*)	
je commencer**ais**	nous commencer**ions**
tu commencer**ais**	vous commencer**iez**
il/elle/on commencer**ait**	ils/ells commencer**aient**
Nous **commencerions** à midi. (*Nós começaríamos ao meio-dia.*)	

Os verbos regulares com final **-ir** também usam o Infinitivo como radical no modo Condicional.

finir (*terminar*)	
je finir**ais**	nous finir**ions**
tu finir**ais**	vous finir**iez**
il/elle/on finir**ait**	ils/ells finir**aient**
Il **finirait** avant toi. (*Ele acabaria antes de você.*)	

Para os verbos regulares com terminação **-re**, basta retirar o final **e** e acrescentar as terminações de Condicional:

vendre (*vender*)	
je vendr**ais**	nous vendr**ions**
tu vendr**ais**	vous vendr**iez**
il/elle/on vendr**ait**	ils/elles vendr**aient**
Elles **vendraient** leur voiture. (*Elas venderiam o carro deles.*)	

Conjugue os verbos no modo Condicional com os sujeitos dados:

Q. travailler (il)

R. **il travaillerait** (*ele trabalharia*)

Capítulo 19: O que Você Faria? O Modo Condicional **283**

1. finir (tu)_____

6. lancer (je)_____

2. bouger (Martine)_____

7. marcher (tu)_____

3. vendre (nous)_____

8. remplir (mon père)_____

4. choisir (vous)_____

9. manger (nous)_____

5. danser (ils)_____

10. attendre (vous)_____

Verbos que mudam de radical

A maioria dos verbos que muda de radical usa o mesmo no Condicional e no tempo Presente. (Veja no Capítulo 4.)

Verbos terminados com -yer

A maioria dos verbos terminados com **-oyer** e **-uyer** troca o **y** pelo **i** do radical no modo Condicional.

employer (*usar*)	
j'emploi**erais**	nous emploi**erions**
tu emploi**erais**	vous emploi**eriez**
il/elle/on emploi**erait**	ils/elles emploi**eraient**
Tu **emploierais** un stylo. (*Você usaria uma caneta.*)	

Entretanto, verbos como **envoyer** (*enviar*) e **renvoyer** (*demitir*) possuem radicais irregulares no modo Condicional: **enverr-** e **renverr-**.

envoyer (*enviar*)	
j'enverr**ais**	nous enverr**ions**
tu enverr**ais**	vous enverr**iez**
il/elle/on enverr**ait**	ils/elles enverr**aient**
Il **enverrait** un chèque. (*Ele enviaria um cheque.*)	

Os verbos com final **-ayer** podem optar por trocar ou não o **y** por **i**. Usa-se o Infinitivo como radical no modo Condicional. Não há diferença nenhuma nessas duas conjugações; ambas são aceitas:

payer (*pagar*)	
je payer**ais**/paier**ais**	nous payer**ions**/paier**ions**
tu payer**ais**/paier**ais**	vous payer**iez**/paier**iez**
il/elle/on payer**ait**/paier**ait**	ils/elles payer**aient**/paier**aient**
Nous **payerions** argent comptant. (*Nós pagaríamos em dinheiro vivo.*)	

284 Parte IV: O que Foi e o que Será, Será: O Passado e o Futuro

Verbos com consoantes duplas

Os verbos terminados com **-eler** ou **-eter** precisam dobrar o **l** ou **t** no modo Condicional. Pega-se o Infinitivo e dobra-se o **l** ou **t** para achar o radical de Condicional; depois, adicionam-se os finais do modo Condicional:

appeler (chamar)	
j'appeller**ais**	nous appeller**ions**
tu appeller**ais**	vous appeller**iez**
il/elle/on appeller**ait**	ils/elles appeller**aient**
Elle **appellerait** le médecin. (*Ela chamaria o médico.*)	

jeter (atirar)	
je jetter**ais**	nous jetter**ions**
tu jetter**ais**	vous jetter**iez**
il/elle/on jetter**ait**	ils/elles jetter**aient**
Vous **jetteriez** la balle. (*Vocês atirariam a bola.*)	

Verbos com mudança de acentos

Os verbos que terminam com **-e*er** (veja no Capítulo 4) precisam do acento grave no primeiro **e** para formar o radical do modo Condicional. Logo, **mener** fica **mèner-**; depois, adicionam-se os finais de Condicional:

mener (liderar)	
je mèner**ais**	nous mèner**ions**
tu mèner**ais**	vous mèner**iez**
il/elle/on mèner**ait**	ils/elles mèner**aient**
Je **mènerais** les enfants. (*Eu lideraria as crianças.*)	

Os únicos verbos que não mudam de radical no modo Condicional são os terminados com **-é*er.** O acento agudo é mantido no primeiro **e** e adicionamos ao Infinitivo os finais de Condicional:

gérer (gerenciar)	
je gérer**ais**	nous gérer**ions**
tu gérer**ais**	vous gérer**iez**
il/elle/on gérer**ait**	ils/elles gérer**aient**
Tu **gérerais** le project. (*Você gerenciaria o projeto.*)	

Capítulo 19: O que Você Faria? O Modo Condicional **285**

Conjugue os verbos que mudam de radical no modo Condicional para completar as frases:

Q. Il _____ (céder) le pouvoir à son frère.

R. Il céderait le pouvoir à son frère. (*Ele cederia o poder a seu irmão.*)

11. Nous _____ (ennuyer) les voisins.

12. Vous _____ (épeler) le prochain mot.

13. Elles _____ (projeter) quelque chose pour les vacances.

14. Je _____ (considérer) ton offre.

15. Tu _____ (balayer) la cuisine.

16. Marc _____ (lever) la main.

17. Nous _____ (envoyer) la lettre.

18. Vous _____ (vouvoyer) les professeurs.

19. Sandrine et Sylvie _____ (amener) la voiture.

20. Je _____ (répéter) la question.

Verbos irregulares

Muitos seguem a mesma conjugação dos regulares, mas outros têm radical irregular. De qualquer forma, todos levam os mesmos finais do modo Condicional.

Aller

O único verbo irregular terminado em **-er** que tem um radical irregular no modo Condicional é o **aller** (*ir*). Pegue o radical **ir-** do verbo **aller** no Condicional e adicione um dos finais do modo Condicional:

aller (*ir*)	
j'ir**ais**	nous ir**ions**
tu ir**ais**	vous ir**iez**
il/elle/on ir**ait**	ils/elles ir**aient**
Nous **irions** à la banque. (*Nós iríamos ao banco.*)	

Verbos irregulares terminados em -ir

A maioria dos verbos com final **-ir**, como **sortir** e **ouvrir**, e todos os verbos conjugados como eles (ver o Capítulo 4), usam o Infinitivo como radical do modo Condicional:

Parte IV: O que Foi e o que Será, Será: O Passado e o Futuro

sortir (sair)	
je sortir**ais**	nous sortir**ions**
tu sortir**ais**	vous sortir**iez**
il/elle/on sortir**ait**	ils/elles sortir**aient**
Elle **sortirait** ce soir. (*Ela sairia hoje à noite.*)	

Alguns verbos (com final **-ir**) irregulares possuem radicais irregulares no modo Condicional. Para a formação, veja na Tabela abaixo o radical, adicione os finais apropriados e ***voilà!*** – eis o modo Condicional!

- ✔ **avoir** (*ter*): **aur-**
- ✔ **devoir** (*ter que*): **devr-**
- ✔ **mourir** (*morrer*): **mourr-**
- ✔ **pleuvoir** (*chover*): **pleuvr-**
- ✔ **pouvoir** (*poder*): **pourr-**
- ✔ **recevoir** (*receber*): **recevr-**

- ✔ **savoir** (*saber*): **saur-**
- ✔ **tenir** (*ter*): **tiendr-**
- ✔ **valoir** (*valer*): **vaudr-**
- ✔ **venir** (*vir*): **viendr-**
- ✔ **voir** (*ver*): **verr-**
- ✔ **vouloir** (*querer*): **voudr-**

Por exemplo, o verbo **avoir** (*ter*) no modo Condicional:

avoir (*ter*)	
j'aur**ais**	nous aur**ions**
tu aur**ais**	vous aur**iez**
il/elle/on aur**ait**	ils/ells aur**aient**
Vous **auriez** beaucoup d´argent. (*Vocês teriam muito dinheiro.*)	

Verbos irregulares terminados com -re

A maioria dos verbos irregulares terminados com **-re** usa o Infinitivo menos **-e** como radical de modo Condicional – incluindo **prendre** (*pegar*), **mettre** (*meter*), **craindre** (*temer*) e todos os outros da mesma categoria. Esses verbos formam o modo Condicional com o Infinitivo menos **e** mais as terminações do modo Condicional:

prendre (*pegar*)	
je prendr**ais**	nous prendr**ions**
tu prendr**ais**	vous prendr**iez**
il/elle/on prendr**ait**	ils/elles prendr**aient**
Tu **prendrais** des photos. (*Você tiraria algumas fotos.*)	

Capítulo 19: O que Você Faria? O Modo Condicional

Dois verbos irregulares terminados com **-re** têm radicais irregulares no modo Condicional: **être** e **faire**. Para **être**, o radical é **ser-** e, para **faire**, é **fer-**. Depois, adicionamos os finais do modo Condicional:

être (ser/estar)	
je ser**ais**	nous ser**ions**
tu ser**ais**	vous ser**iez**
il/elle/on ser**ait**	ils/elles ser**aient**
Elles **seraient** chez nous. (*Ela estaria na nossa casa.*)	

faire (fazer)	
je fer**ais**	nous fer**ions**
tu fer**ais**	vous fer**iez**
il/elle/on fer**ait**	ils/elles fer**aient**
Nous le **ferions** ensemble. (*Nós faríamos isso juntos.*)	

Conjugue os verbos no modo Condicional de acordo com os sujeitos dados:

Q. mettre (je)

R. **je mettrais** (*eu colocaria*)

21. plaindre (tu)_____
22. aller (elle)_____
23. faire (nous)_____
24. partir (vous)_____
25. voir (ils)_____

26. avoir (je)_____
27. venir (tu)_____
28. dormir (René)_____
29. savoir (nous)_____
30. être (vous)_____

Condições e Termos: Quando Usar Condicional

Como é indicado pelo próprio nome, o modo Condicional normalmente envolve uma condição – diz que algo aconteceria se outra coisa acontecesse ou não. Usa-se o modo Condicional para expressar um senso de possibilidade ou dizer que algo se faria se outra coisa fosse feita.

Orações com si (se)

A maioria dos verbos condicionais é usada em orações com **si** (*se*), ou com afirmações *se então*. O Condicional geralmente aparece em uma oração com *então*. Veja aqui como conjugar cada parte da oração:

Parte IV: O que Foi e o que Será, Será: O Passado e o Futuro

> ✔ Na oração com **si** (*se*), que descreve a condição, usa-se o **Imparfait** (ver o Capítulo 16).
>
> ✔ Na oração principal – a parte com *então* –, usa-se o Condicional.

Por exemplo, se um amigo chamou você para ir à França com ele, mas você só poderá ir se achar uma babá, e você acha que vai conseguir achar uma, usa o modo Condicional para responder:

J'irais en France si je trouvais un babysitter. (*Eu irei à França se achar uma babá.*)

Ou, por exemplo, você quer comprar um carro, mas, se vai comprar um carro novo ou usado, isto vai depender do dinheiro que ganhar; embora esteja esperando um aumento, não está certo se vai receber. Veja aqui como responder:

J'achèterais une voiture neuve si j'obtenais une augmentation de salaire. (*Eu compraria um novo carro se eu conseguisse um aumento.*)

Como em português, em francês também se pode usar o Condicional para expressar alguma coisa que aconteceria sem o uso do **si**:

J'irais en France juste pour voir la tour Eiffel. (*Eu iria à França só para ver a Torre Eiffel.*)

Uma oração com *se-então* na Condicional e **Imparfait** indica uma situação provável. Quando se fala de alguma coisa com probabilidade de ocorrer, você não usa Condicional e, sim, o tempo Presente na oração com **si** (*se*) no Presente ou Futuro com oração com *então*. Se você tem certeza de que vai ter um aumento, pode dizer assim:

J'achèterai une voiture neuve si j'obtiens une augmentation de salaire. (*Eu comprarei um carro novo se eu receber um aumento.*)

No Condicional francês que não pode vir antes da palavra **si** (*se*) – você tem que usar o tempo presente em seu lugar.

Si vous voulez manger avec nous, vous devez vous laver les mains. (*Se você quiser comer conosco, tem que lavar as mãos.*)

Je ne sais pas si je dois y aller. (*Eu não sei se você iria.*)

Complete as frases usando Condicional e o que for necessário:

0. Si j'étais riche, _____

R. Si, j'étais riche, **je ferais le tour du monde.** (*Se eu fosse rico, eu viajaria ao redor do mundo.*)

31. Si je ne devais pas travailler, _____

32. _____ si c'était ton anniversaire.

Capítulo 19: O que Você Faria? O Modo Condicional **289**

33. Si nous habitions ensemble, _____

34. Si tu m'écoutais, _____

35. S'il ne pleuvait pas, _____

36. _____, si elles me voyaient ici.

37. Si Marie et Thomas étaient ici, _____

38. Si vous n'étiez pas en retard, _____

39. S'ils avaient un chien, _____

40. _____ si j'habitais au Maroc.

Verbos especiais: Devoir, pouvoir (poderia, deveria, teria, precisaria)

Dois verbos franceses têm diferentes significados na Condicional:

✔ **Devoir** (*dever, indica obrigação, compromisso*):

> **Je devrais partir avant midi.** (*Eu deveria sair antes do meio-dia.*)

> **Nous devrions manger après le cours.** (*Devemos comer depois da aula.*)

✔ **Pouvoir** (*indica possibilidades: talvez, possível, pode ser, provável*)

> **Je pourrais le faire pour toi.** (*Eu poderia fazê-lo por você.*)

> **Pourriez-vous m'aider ?** (*Você poderia me ajudar?*)

Para pedidos educados: Do que você gostaria?

Os verbos **vouloir** (*querer*) e **aimer** (*gostar*), no modo Condicional, expressam pedidos ou desejos:

> **Je voudrais manger à treize heures**. (*Eu gostaria de comer às 13h.*)

> **Voudriez-vous un appartement au centre-ville ou en banlieue ?** (*Você gostaria de um apartamento na cidade ou no subúrbio?*)

> **J'aimerais bien le voir.** (*Eu gostaria realmente de ver isso.*)

> **Elle aimerait venir, mais elle est malade**. (*Ela gostaria de vir, mas está doente.*)

Parte IV: O que Foi e o que Será, Será: O Passado e o Futuro

Traduza as frases para o francês:

O. Eu gostaria de viver na França.

R. **J'aimerais vivre en France.**

41. Você deveria terminar isso.

42. Nós poderíamos viajar juntos.

43. Você sabe se ele gostaria de comer alguma coisa?

44. Eles deveriam saber a resposta.

45. Você gostaria de tentar isso?

Respostas

1	**tu finirais** (*você terminaria*)
2	**Martine bougerait** (*Martine mudaria*)
3	**nous vendrions** (*nós venderíamos*)
4	**vous choisiriez** (*você escolheria*)
5	**ils danseraient** (*eles dançariam*)
6	**je lancerais** (*Eu atiraria*)
7	**tu marcherais** (*você andaria*)
8	**mon père remplirait** (*meu pai encheria*)
9	**nous mangerions** (*nós comeríamos*)
10	**vous attendriez** (*vós esperaríeis*)
11	**Nous ennuierions les voisins.** (*Nós irritaríamos os vizinhos.*)
12	**Vous éppelleriez le prochain mot.** (*Você soletraria a próxima palavra.*)
13	**Elles projetteraient quelque chose pour les vacances.** (*Elas planejariam as férias.*)
14	**Je considérerais ton offer**. (*Eu consideraria sua oferta.*)

Capítulo 19: O que Você Faria? O Modo Condicional *291*

15   **Tu balaierais la cuisine**. (*Você varreria a cozinha.*)

16   **Marc lèverait la main.** (*Marco levantaria a mão dele.*)

17   **Nous enverrions la lettre**. (*Nós enviaríamos a carta.*)

18   **Vous vouvoieriez les professeurs.** (*Vós usaríeis **"vous"** para os professores.*)

19   **Sandrine et Sylvie amèneraient la voiture**. (*Sandrine e Sylvie levariam o carro.*)

20   **Je répéterais la question.** (*Eu repetiria a pergunta.*)

21   **tu plaindrais**. (*tu reclamaria*)

22   **elle irait** (*Ela iria*)

23   **nous ferions** (*nós faríamos*)

24   **vous partiriez** (*vós partiríeis*)

25   **ils verraient** (*eles veriam*)

26   **j'aurais** (*eu teria*)

27   **tu viendrais** (*você viria*)

28   **René dormirait** (*René dormiria*)

29   **nous saurions** (*nós saberíamos*)

30   **vous seriez** (*vós seríeis*)

31   Si je ne devais pas travailler, **je vivrais sur une île**. (*Se eu não tivesse que trabalhar, eu viveria em uma ilha.*)

32   **Tu ne serais pas ici** si c'était ton anniversaire. (*Você não estaria aqui se fosse seu aniversário.*)

33   Si nous habitions ensemble, **nous nous détesterions.** (*Se vivêssemos juntos, nós nos odiaríamos.*)

34   Si tu m'écoutais, **tu saurais déjà la réponse.** (*Se você me ouvisse, já saberia a resposta.*)

35   S'il ne pleuvait pas, **nous irions à la plage.** (*Se não estivesse chovendo, iríamos para a praia.*)

36   **Elles seraient fâchées** si elles me voyaient ici. (*Elas ficariam malucas se me vissem aqui.*)

37   Si Marie et Thomas étaient ici, **ils auraient beaucoup d'idées.** (*Se Marie e Thomas estivessem aqui, eles teriam muitas ideias.*)

292 Parte IV: O que Foi e o que Será, Será: O Passado e o Futuro

38 Si vous n'étiez pas en retard, **vous auriez assez de temps pour manger**. (*Se vocês não estivessem atrasados, teriam tempo suficiente para comer.*)

39 S'ils avaient un chien, **leur maison serait plus sûre**. (*Se eles tivessem um cachorro, a casa estaria segura.*)

40 **J'apprendrais l'arabe** si j'habitais au Maroc. (*Eu aprenderia árabe se eu morasse no Marrocos.*)

41 **Tu devrais/Vous devriez le finir.**

42 **Nous pourrions voyager ensemble.**

43 **Sais-tu/Savez-vous s'il veut quelque chose à manger ?**

44 **Ils devraient savoir la réponse.**

45 **Voudrais-tu/Voudriez-vous l'essayer ?**

Parte V

A Parte dos Dez

A 5ª Onda — Por Rich Tennant

Nesta parte...

Aqui eu apresento o momento tradicional da série Para Leigos: As listas dos dez. Nesta parte, você pode ler sobre dez erros comuns em francês e como evitá-los, além de descobrir dez maneiras de se iniciar uma carta.

Capítulo 20
Os Dez Erros Mais Comuns em Francês e Como Evitá-los

. . . .

Neste Capítulo

▶ Melhorando a escrita

▶ Entendendo nuances

▶ Aperfeiçoando seu francês

. . . .

Todo mundo erra, mas podemos evitar muitos erros. De que jeito? A maioria deles apenas prestando atenção a típicos problemas na área. Este capítulo aponta as dez armadilhas francesas – e o que se pode fazer para evitá-las.

Traduzir Palavra por Palavra

Se você já teve de escrever um relatório em um prazo apertado, já precisou procurar sinônimos em um dicionário e usou a primeira palavra que achou boa, sem se preocupar com seu significado no contexto. Em francês, tentar traduzir palavra por palavra pode acabar em um resultado bizarro, ou uma fala pedante. "Aspirar à elucidação poderá, comparativamente, conceder-lhe um resultado grotesco". Eca!

Traduzir palavra por palavra é uma das piores coisas que se pode fazer. Traduzir francês não é o mesmo que colocar um disco no seu DVD player: Nem toda palavra traduzida equivale à mesma em português. Alguns termos franceses possuem mais do que um significado diferente do português e vice-versa, e alguns são iguais. Além disso, a ordem das palavras é diferente; então, é necessário pensar nisso quando se traduz. Quando for traduzir, é necessário pensar no contexto em geral, não apenas em palavras individuais.

Por exemplo, a palavra francesa **en** é pronome e preposição. Como pronome, normalmente significa *isso*, como em **J'en veux** (*Eu quero isso*), mas, como preposição *em/para*, como **Je vais en France** (*Eu vou para a França*). É necessário pensar quando traduzir do francês para o português para ter certeza de estar traduzindo o conteúdo correto.

Em contrapartida, em francês há palavras que possuem vários conceitos que se encaixam em uma palavra ou frase, como a palavra **chez**, com vários significados, como em casa, no escritório, na mente e mais. Outro problema são as expressões idiomáticas: **J'ai un petit creux**, se for traduzida ao pé da letra, ficaria: *Eu tenho um buraco pequeno*, mas o que realmente significa é *Eu estou com um pouco de fome*.

Veja, no Capítulo 1, as dicas para o uso do dicionário bilíngue.

Tirar os Acentos

Os acentos são muito importantes em francês, pois têm vários efeitos, e, se deixarmos algum de fora da sua escrita, cometeremos um erro na melhor das hipóteses e uma fonte de confusão na pior. Os acentos ajudam a distinguir os homógrafos – palavras iguais ou parecidas na escrita. Há centenas delas. Veja algumas abaixo:

- **cure** (*curar*) – **curé** (*sacerdote*)
- **jeune** (*jovem*) – **jeûne** (*jejum*)
- **mais** (*mas*) – **maïs** (*milho*)
- **ou** (*ou*) – **où** (*onde*)
- **parle** (*presente do verbo* **parler** [*falar*]) – **parlé** (*particípio passado de* **parler**)
- **sale** (*sujo*) – **salé** (*salgado*)

Alguns acentos indicam a pronúncia da palavra. O acento agudo em um **e** no final de uma palavra como **curé** indica que é para pronunciar o **e** e, na palavra não acentuada como **cure**, não se pronuncia o **e**. (A primeira significa *sacerdote*, e a outra, *cura*. Não acentuar pode confundir a pessoa que estiver lendo.)

O acento ^ – circunflexo – indica que a palavra francesa é antiga. Tecnicamente, pode-se deixar de acentuar letras maiúsculas, mas a palavra ficará tão errada quanto escrevê-la com outras letras.

Usar Muito as Maiúsculas

Em francês, as maiúsculas não são muito usadas. Não são usadas maiúsculas em:

- **Pronomes pessoais:** Nunca em **je** (exceto no início das frases)

    Je dois partir. (*Eu tenho de ir.*)

    Dois-je partir ? (*Eu tenho de ir?*)

- **Datas:** Não se usa maiúsculas nos dias da semana, meses do ano, só no início da frases. (Veja lista no Capítulo 3.)

- **Palavras geográficas:** Palavras como *rua, estrada* não são em maiúsculas, só levam maiúsculas os nomes próprios das ruas, estradas, oceanos etc.

    15, rue LeBlanc (*Rua LeBlanc, 15*)

    l'océan Atlantique (*o oceano Atlântico*)

- **Línguas e nacionalidade:** Não se usa maiúscula em línguas e nacionalidades (adjetivos).

    Je parle français. (*Eu falo francês.*)

    Il veut apprendre l'allemand. (*Ele quer aprender alemão.*)

    Não se usa maiúscula em nacionalidades usadas como adjetivos:

    Il est suisse. (*Ele é suíço.*)

    une voiture japonaise. (*um carro japonês*)

    Entretanto, como substantivos, as nacionalidades vêm em maiúsculas:

    Je connais deux Français. (*Eu conheço dois franceses.*)

    Il habite avec un Espagnol. (*Ele mora com um espanhol.*)

- **Religiões:** Não se usa maiúsculas em palavras que se referem a termos religiosos:

    le christianisme (*cristianismo*), **chrétien** (*cristão*)

    le judaïsme (*judaísmo*), **juif** (*judeu*)

Não Usar Contrações

Em português, muitas contrações são opcionais; já em francês, não.

Você tem de contrair, por exemplo: **Je + aime** sempre fica **j'aime** (*eu amo*), e **le + homme** sempre fica **l'homme** (*o homem*).

Palavras que são contraídas antes de vogal e *h* mudo:

- **ce** (*essa*)
- **de** (*de*)
- **je** (*eu*)
- **le, la** (*o, a*)
- **ne** (*não*)
- **puisque** (*desde*)

Parte V: A Parte dos Dez

- que (*que*)
- se (*se – si mesmo, si próprio*)
- lorsque (*quando*)
- me (*mim – para mim*)
- si (*se*)
- te (*te*)

Nota: **Si** contrai apenas quando significar *se* e seguido da letra **i**: **si + il** (*se ele*) **s'il**, mas **si + elle = si elle** (*se ela*)

O *h* é sempre mudo em francês, mas existem duas variações. O *h* mudo funciona como vogal, assim as contrações acontecem como se o *h* não estivesse lá: **l'hôtel** (*o hotel*), **je n'habite pas** (*Eu não moro*). Um *h* aspirado funciona como uma consoante, então, você não faz contrações: **le homard** (*lagosta*), **je ne hais pas** (*Eu não odeio*). Quando você olhar a palavra no dicionário, um símbolo dirá a você se o *h* é mudo ou aspirado.

Confiar nos Falsos Amigos

Em francês, como em tantas outras línguas, existem palavras chamadas *falsos cognatos* ou *falsos amigos*, que diferem completa ou parcialmente quanto ao significado, apesar de a ortografia nos levar a pensar que elas realmente tenham o mesmo significado no português. A única maneira de se reconhecer um falso amigo é memorizando os significados verdadeiros das palavras.

A Tabela 20-1 apresenta uma lista de falsos cognatos:

Tabela 20-1	Falsos Cognatos ou Falsos Amigos		
Palavra Francesa	Significado Verdadeiro	Falso Amigo	Termo Real para o Falso Amigo
amasser	amontoar, ajuntar	amassar	pétrir
attendre	esperar	atender	servir
barbant	chato, aborrecido	barbante	ficelle
casse-tête	quebra-cabeças	cassetete	matraque
cigare	charuto	cigarro	cigarette
depuis	desde	depois	après
entendre	ouvir	entender	comprendre
fonte	fundição, degelo	fonte	fontaine
ordinaire	comum	ordinário	vulgaire
pente	inclinação	pente	peigne
prendre	tomar	prender	arrêter, emprisonner
rocambole	alho silvestre	rocambole	gâteau roulé
une robe	um vestido	um robe	un peignoir

Capítulo 20: Os Dez Erros Mais Comuns em Francês... **299**

Não Saber Como Usar o Avoir

Como foi explicado anteriormente nesta seção, precisamos ser cuidadosos quando traduzirmos do francês ou para ele. Um dos erros mais comuns acontece com o verbo **avoir**.

O verbo **avoir** significa *ter*, como em **J'ai deux soeurs** (*Eu tenho duas irmãs*) e **Il n'a pas d'argent** (*Ele não tem dinheiro*). O verbo **être** significa *ser*, como em **Je suis prêt** (*Estou pronta*) e **Il est médecin** (*Ele é um médico*). Entretanto, em algumas expressões, **avoir** significa *estar*. É necessário, portanto, memorizar essas expressões idiomáticas:

- **avoir _____ ans** (*estar com _____ anos de idade*)
- **avoir chaud** (*estar com calor*)
- **avoir de la chance** (*estar com sorte*)
- **avoir faim** (*estar com fome*)
- **avoir froid** (*estar com frio*)
- **avoir honte de** (*estar com vergonha de*)
- **avoir la mort dans l'âme** (*estar com problemas no coração*)
- **avoir le mal de mer** (*estar com enjoo*)
- **avoir l'habitude de** (*ter o hábito de, estar acostumado com*)
- **avoir mal au coeur** (*estar com náuseas, estar mal do estômago*)

    Observe que **coeur** literalmente significa coração e não estômago

- **avoir peur de** (*estar com medo de*)
- **avoir raison** (*estar certo*)
- **avoir soif** (*estar com sede*)
- **avoir sommeil** (*estar com sono*)
- **avoir tort** (*estar errado*)

Não há atalhos para sabermos quando usar **avoir** – é preciso memorizar a lista de expressões idiomáticas. Depois de usá-las algumas vezes, elas surgirão naturalmente e você não terá mais de pensar nisso.

Usar Incorretamente os Auxiliares

No **Passé Composé** e em outros tempos compostos, você precisa de um auxiliar. Há dois verbos auxiliares muito usados: o **avoir** e o **être**. Qual deve ser utilizado depende do verbo principal. A maioria emprega o verbo **avoir** como auxiliar; então, é mais fácil memorizar os verbos que usam **être**. Leia mais sobre auxiliares no Capítulo 15.

Esses verbos se referem a *ir* ou *vir*, também como *ficar*, formados com o auxiliar **être**. (Exceto quando usados com objeto direto. Veja detalhes no Capítulo 15.)

- **aller** (*ir*)
- **arriver** (*chegar*)
- **descendre** (*descer*)
- **entrer** (*entrar*)
- **monter** (*subir*)
- **mourir** (*morrer*)
- **naître** (*nascer*)
- **partir** (*partir*)
- **passer** (*passar*)
- **rester** (*ficar*)
- **retourner** (*retornar*)
- **sortir** (*sair*)
- **tomber** (*cair*)
- **venir** (*vir*)

Os derivados desses verbos também usam **être** em seus compostos: **devenir** (*tornar-se*), **revenir** (*voltar*), **parvenir** (*alcançar*) etc. Os verbos pronominais também usam **être** na formação dos verbos compostos. É isso! Basta memorizar essas regras e você nunca usará um verbo auxiliar errado.

Confundir o Passé Composé com o Imparfait

O **Passé Composé** e o **Imparfait** são os tempos mais comuns usados no passado. No entanto, muitas pessoas têm dificuldades na hora de usá-los por terem usos e empregos bem diferentes.

O **Imparfait** descreve o que estava acontecendo. Ele informa o seguinte:

- Descrições de acontecimentos
- Ações acontecendo sem começo ou fim
- Hábitos e ações repetidas
- Ações simultâneas
- Atividades que foram interrompidas

Capítulo 20: Os Dez Erros Mais Comuns em Francês... **301**

Os termos como **toujours** (_sempre_), **d'habitude** (_habitualmente_), **parfois** (_às vezes_) e **tour les jours** (_todo dia_) indicam que, provavelmente, será usado o tempo **Imparfait**. (Veja mais no Capítulo 16.)

Entretanto, o **Passé Composé** é usado para o passado acabado. Ele indica:

- ✔ Eventos que aconteceram com um começo e/ou um fim definidos

- ✔ eventos individuais

- ✔ eventos sequenciais

- ✔ fatos interrompidos por alguma coisa

- ✔ mudanças de estado mental ou físico

As expressões como **une fois** (_uma vez_), **tout d'un coup** (_de repente_), **quand** (_quando_) e **un jour** (_um dia_) são usadas corretamente com **Passé Composé**. (O Capítulo 15 explica mais sobre o uso do **Passé Composé**.)

Equivocar-se com o Subjuntivo

O Subjuntivo é um tempo difícil de empregarmos. Muitos alunos de francês não o usam corretamente nem o compreendem. A coisa mais importante para guardar sobre o Subjuntivo é que ele é _subjetivo_. Quando se está com dúvidas, surpreso, satisfeito ou com medo de algo que está ocorrendo, você está sendo subjetivo e expressa isto com o Subjuntivo.

> **Je suis surpris qu'il ne soit pas là.** (_Eu estou surpreso que ele não esteja aqui._)

> **Nous sommes contents que tu puisses nous aider**. (_Nós estamos felizes de você poder nos ajudar._)

Para dar ordens ou sugestões, também se usa subjetividade; então, usamos o Subjuntivo, como nesses exemplos:

> **J'ordonne que tu le fasses.** (_Eu ordeno que faça isso._)

> **Il suggère que nous partions à midi.** (_Ele sugere que partamos ao meio-dia._)

O Capítulo 8 explica como conjugar no Subjuntivo, além de trazer mais informações sobre esse modo verbal.

Não Saber as Diferenças entre Tu e Vous

Como acontece em muitos idiomas, em francês também **tu** e **vous** são muito confundidos quanto ao uso. Um dos erros comuns é usar **tu** em vez de **vous**. Mas este não é apenas um erro gramatical na língua francesa; é uma forma de demonstrar respeito ao falar com outra pessoa.

Tu é singular e informal, usado quando se conhece bem a pessoa com quem se fala, como, por exemplo, um parente ou amigo. Também é costume empregar **tu** com animais e crianças.

> **Marie, tu dois m'aider demain**. (*Marie, você precisa me ajudar amanhã.*)

> **Où vas-tu, Nicolas ?** (*Aonde você vai, Nicolas?*)

Vous é formal e plural de *você*. Quando se fala com mais de uma pessoa, amiga ou não, deve-se usar **vous**. Este pronome também tem de ser usado quando você não conhece a pessoa ou ela seja alguém a quem você deva demonstrar respeito, como um novo vizinho, um professor, um advogado, um médico etc. Usar **tu** com essas pessoas é falta de respeito; e pode ser ofensivo.

> **Monsieur Ricard, pouvez-vous nous expliquer votre décision ?** (*Sr. Ricardo, pode explicar-nos vossa decisão?*)

> **Paul et Thomas, vous serez en retard !** (*Paulo e Thomas, vocês se atrasarão!*)

Alguns verbos franceses são formados com esses pronomes: **tutoyer**, que significa *usar tu com* e **vouvoyer**, que quer dizer *usar vous com*.

Na dúvida, use sempre **vous** – um nativo francês lhe dirá se pode usar **tu**: **On peut se tutoyer** (*Podemos usar tu um com o outro*). Então, antes que isto aconteça, é melhor sempre usar **vous**.

Capítulo 21
Dez Maneiras para se Iniciar uma Carta em Francês

Neste Capítulo

▶ Como escrever cartas em francês
▶ Saudações francesas

*E*screver cartas em francês depende de uma série de coisas; uma das mais importantes é a saudação ou o cumprimento. É preciso escolher a saudação certa, com o devido grau de polidez necessária para cada pessoa ou empresa à qual está escrevendo. Aqui, listamos as dez maneiras de se iniciar cartas com explicações de como usá-las.

Escrever cartas formais pode ser uma armadilha. Você pode fazer uma pesquisa na internet procurando por "Cartas de negócios francesas" ou "Escrever em francês" para achar alguns exemplos de correspondências que podem ajudar. Não se esqueça que, na linguagem formal, deve-se usar sempre **vous**. Se for algo importante, como uma carta solicitando emprego, é melhor pedir ajuda a um francês nativo. Não se esqueça de datar sua carta. Veja mais detalhes de datas no Capítulo 3.

Messieurs (Senhores)

Messieurs deve ser seguido de vírgula; o termo significa *senhores*. É muito formal, usado em cartas para empresas onde não há ninguém conhecido. Por exemplo, se decidir escrever para o serviço de inteligência para estrangeiros da Suíça, **Service de Renseignement Stratégique**, **Messieurs** é um bom começo.

Embora *cavalheiros* não seja uma palavra que soa politicamente correta, usá-la, em francês, não é a questão. Os franceses não estão preocupados em serem politicamente corretos; de fato, nos currículos, o importante é que se inclua: idade, estado civil, sexo e uma foto!

A saudação usada é exatamente a mesma que deverá ser repetida em toda a carta.

> **Je vous prie d'agréer, Messieurs, l'expression de mes salutations distinguées**. Literalmente, quer dizer: *Eu peço que aceitem, senhores, meus sinceros cumprimentos.*

Depois de vocês já terem trocado algumas cartas, algumas palavras já podem ser eliminadas: **Veuillez agréer, Messieurs, mes salutations distinguées**, significa literalmente: *Por favor, cavalheiros, aceitem meus sinceros cumprimentos.*

Monsieur, Madame (A Quem Possa Interessar, Caro Senhor ou Cara Senhora)

Imagine que você queira adicionar no cardápio do seu carrinho de **la glace** (*picolés*) um novo sabor, mas não decidiu ainda se vai ser chocolate ou baunilha. Você só vende o melhor; então, escolheu entrar em contato com um fabricante de picolés de chocolate em Côte d'Ivoire e um de baunilha em Madagascar. Como iniciará suas cartas?

Você pode usar **Monsieur**, **Madame**, o que equivale a usar, *A quem possa interessar*, e **Messieurs**, quando se trata de uma empresa, e não de uma pessoa. A inclusão de **Madame** tem uma vantagem sobre só escrever **Messieurs**, e é politicamente mais correto.

Também se pode escrever **Monsieur**, **Madame** quando a carta for formal, dirigida a um homem e a uma mulher, como uma carta para um casal casado ou um irmão e uma irmã.

Monsieur (Caro Senhor)

Quando se escreve para alguém cujo nome não se sabe, usa-se **Monsieur**, que equivale a *Caro Senhor*. Mais uma vez, isto é politicamente incorreto, mas os franceses não ligam muito para isso. Caso esteja preocupado com esse detalhe, use **Monsieur**, **Madame**. Pode usar **Cher Monsieur** (*Querido Senhor*) para pessoas que não sejam amigas íntimas, mas são conhecidas, como clientes, colegas de trabalho etc.

Monsieur... (Querido Senhor...)

É usado para pessoas cujo nome você já sabe, como clientes, chefes de departamento de Recursos Humanos (não seus inimigos). Usa-se **Monsieur** com o sobrenome: **Monsieur Marteau**, **Monsieur de Vine** etc. Não use nunca o primeiro nome.

Capítulo 21: Dez Maneiras para se Iniciar uma Carta em Francês   305

Madame... (Querida Senhora...)

Empregado para mulheres, cujos nomes não são conhecidos. Escreva **Madame** mais o sobrenome: **Madame Coureau**, **Madame LaSigne** etc. Não use nunca o primeiro nome. Também pode ser usado **Chère Madame** (*Querida Senhora*) para pessoas que não sejam amigas íntimas, mas são conhecidas, como clientes, colegas de trabalho etc.

Monsieur le Maire (Senhor Prefeito – Ou Outro Título)

Em cartas para pessoas com títulos, usa-se **Monsieur** mais o título, incluindo o artigo definido. **Monsieur le Maire**, **Monsieur le Président** etc. Não inclua seu primeiro nome ou sobrenome. É claro que, se estiver escrevendo para alguém que divide um título com outros homens, como um senador ou um dos vários presidentes de uma organização, você pode colocar o nome no envelope, para ter certeza de que a correspondência irá para a pessoa certa. Somente não use essa saudação no início da carta. Se for apenas uma saudação em uma carta não precisa ter o nome.

Madame la Directrice (Senhora Diretora – Ou Outro Título)

Em uma carta para uma mulher com título, deve-se escrever **Madame** mais o título, incluindo o artigo definido: **Madame le Directrice**, **Madame le Ministre** etc. Não inclua o nome nem o sobrenome.

Muitas palavras para profissões, como **ministre** (*ministra*), estão sempre no masculino, mesmo quando a pessoa em questão é uma mulher. Então, o artigo definido tem que concordar com o gênero ou o título dela. Veja, no Capítulo 2, a lista de palavras que são sempre masculinas.

Chers Amis (Caros Amigos)

Quando se escreve para amigos, usa-se **Chers Amis** (*Caros Amigos*) e, para mulheres, **Chères Amies** (*Caras Amigas*). Também pode-se colocar o pronome **Mes** (*meus*) antes – **Mes Chers Amis** (*Meus Caros Amigos*) ou **Mes Chères Amies** (*Minhas Caras Amigas*) –, o que expressa intimidade.

Mes chers amis, j'espère que vous pourrez me rejoindre en France.
(Meus caros amigos, espero que possam me encontrar na França.)

Parte V: A Parte dos Dez

No final de uma carta amigável, podemos usar:

- **Chaleureusement** (*Saudações calorosas*)
- **Amitiés** (*Cumprimentos*)
- **Grosses bises** (*Grandes beijos*)

Observe que beijos não são necessariamente românticos. É comum homens e mulheres terminarem suas cartas com **bises** (*beijos*).

Cher ... (Caro...)

Em cartas para familiares e amigos, usamos **Cher** mais o nome para homens e **Chère** para mulheres. Pode-se incluir **Mon** (*meu*) para mostrar intimidade: **Mon cher Paul** (*Meu caro Paul*), **Ma chère Henriette** (*Minha cara Henriette*).

A escolha do adjetivo masculino ou feminino depende para quem se está escrevendo. Um homem ou uma mulher escrevendo para uma mulher diz **Ma chére...**; uma mulher ou um homem escrevendo para um homem diz **Mon cher...**.

Nota: Não se escreve **cher**, em francês, para alguém desconhecido. Papai Noel é uma exceção; podemos começar uma carta para ele com **Cher Papa Noël** (*Caro Papai Noel*).

Chéri – Chérie (Querido/Querida)

Ah! Em uma carta para o amado, o cumprimento expressa o tamanho do seu amor! Quando você escreve para o cônjuge ou um membro da família, pode usar **Chéri** para homens e **Chérie** para mulheres. Também pode escrever **Mon chéri**, **Ma chérie** (*Meu querido, Minha querida*).

E, só por diversão, aqui temos outros termos carinhosos:

- **Mon amour** (*meu amor*)
- **Ma cocotte** (*minha gatinha*)
- **Mon petit chou** (*meu repolhinho*)
- **Ma puce** (*minha pulga*)

Parte VI
Apêndices

A 5ª Onda   Por Rich Tennant

"Tenho certeza que você está imaginando que é apenas para sentir o cheiro da rolha."

Nesta parte...

Estas últimas páginas dão a você apenas os fatos quando quiser pular as explicações; apenas abra o livro, procure o que você precisa e continue com seu bom humor. Use estes apêndices para conjugar os verbos franceses (Apêndice A), encontrar palavras traduzidas do francês para o português (Apêndice B), e descobrir o que as palavras francesas significam em português (Apêndice C).

Apêndice A
Tabela de Verbos

*E*sta Tabela deve ser usada como referência para consultas rápidas de todos os tipos de verbos: regulares, irregulares, verbos com a mesma pronúncia, mas com ortografias diferentes. Veja mais sobre verbos no Capítulo 4.

Observação: Neste apêndice, as conjugações estão listadas na ordem dos pronomes, da primeira para a terceira pessoa do singular e, em seguida, da primeira para a terceira pessoa do plural: **je, tu, il/elle/on, nous, vous, ils/elles** (ou para o Imperativo [comandos], **tu, nous, vous**).

Verbos Regulares

Os verbos regulares são formados juntando seu radical com as terminações dos tempos. Veja na Tabela A-1:

✔ **Présent**, **Passé Simple**: Infinitivo menos as terminações: **-er**, **-ir** ou **-re**

✔ **Imparfait**: Presente do Indicativo **– nous** sem **-ons**

✔ **Futur**, **Conditionnel**: Infinitivo (menos **-e** para verbos terminados com **-re**)

✔ **Subjonctif**: Presente do Indicativo (**ils/elles** sem **-ent**)

Tabela A-1			Verbos Regulares			
Sujeito	*Présent*	*Imparfait*	*Futur*	*Conditionnel*	*Subjonctif*	*Passé Simple*
	-er					**-er**
	-ir					**-ir**
	-re					**-re**
je	-e	-ais	-ai	-ais	-e	-ai
	-is					-is
	-s					-is
tu	-es	-ais	-as	-ais	-es	-as
	-is					-is
	-s					-is

310 Parte VI: Apêndices

Tabela A-1	(continuação)					
il/elle/on	-e -it	-ait	-a	-ait	-e	-a -it -it
nous	-ons -issons -ons	-ions	-ons	-ions	-ions	-âmes -îmes -îmes
vous	-ez -issez -ez	-iez	-ez	-iez	-iez	-âtes -îtes -îtes
ils/elles	-ent -issent -ent	-aient	-ont	-aient	-ent	-èrent -irent -irent

Verbos terminados com -er

parler (falar)

Particípio Presente: parlant

Particípio Passado: parlé; **Verbo Auxiliar:** avoir

Imperativo: parle, parlons, parlez

Presente: parle, parles, parle, parlons, parlez, parlent

Imperfeito: parlais, parlais, parlait, parlions, parliez, parlaient

Futuro: parlerai, parleras, parlera, parlerons, parlerez, parleront

Condicional: parlerais, parlerais, parlerait, parlerions, parleriez, parleraient

Subjuntivo: parle, parles, parle, parlions, parliez, parlent

Passé Simple: parlai, parlas, parla, parlâmes, parlâtes, parlèrent

Verbos terminados com -ir

finir (terminar)

Particípio Presente: finissant

Particípio Passado: fini; **verbo auxiliar:** avoir

Imperativo: finis, finissons, finissez

Presente: finis, finis, finit, finissons, finissez, finissent

Imperfeito: finissais, finissais, finissait, finissions, finissiez, finissaient

Futuro: finirai, finiras, finira, finirons, finirez, finiront

Apêndice A: Tabela de Verbos **311**

Condicional: finir**ais**, finir**ais**, finir**ait**, finir**ions**, finir**iez**, finir**aient**

Subjuntivo: finisse, finiss**es**, finisse, finiss**ions**, finiss**iez**, finiss**ent**

Passé Simple: fin**is**, fin**is**, fin**it**, fin**îmes**, fin**îtes**, fin**irent**

Verbos terminados com -re

vendre (vender)

Particípio Presente: vendant

Particípio Passado: vendu; **Verbo Auxiliar:** avoir

Imperativo: vends, vendons, vendez

Presente: vend**s**, vend**s**, vend, vend**ons**, vend**ez**, vend**ent**

Imperfeito: vend**ais**, vend**ais**, vend**ait**, vend**ions**, vend**iez**, vend**aient**

Futuro: vendr**ai**, vendr**as**, vendr**a**, vendr**ons**, vendr**ez**, vendr**ont**

Condicional: vendr**ais**, vendr**ais**, vendr**ait**, vendr**ions**, vendr**iez**, vendr**aient**

Subjuntivo: vend**e**, vend**es**, vend**e**, vend**ions**, vend**iez**, vend**ent**

Passé Simple: vend**is**, vend**is**, vend**it**, vend**îmes**, vend**îtes**, vend**irent**

Verbos com Ortografia Diferente

Verbos terminados com -cer

commencer (começar)

Particípio Presente: commen**ç**ant

Particípio Passado: commencé; **Verbo Auxiliar**: avoir

Imperativo: commence, commen**ç**ons, commen**ç**ez

Presente: commence, commences, commence, commen**ç**ons, commencez, commencent

Imperfeito: commen**ç**ais, commen**ç**ais, commen**ç**ait, commencions, commenciez, commen**ç**aient

Futuro: commencerai, commenceras, commencera, commencerons, commencerez, commenceront

Condicional: commencerais, commencerais, commencerait, commencerions, commenceriez, commenceraient

Subjuntivo: commence, commences, commence, commencions, commenciez, commencent,

312 Parte VI: Apêndices

> **Passé Simple**: commençai, commenças, commença, commençâmes, commençâtes, commencèrent

Verbos conjugados como o **commencer** trocam **c** por **ç** em algumas conjugações, incluindo **agacer** (*aborrecer*), **annoncer** (*anunciar*), **avancer** (*avançar*), **effacer** (*apagar*), **lancer** (*atirar*) e **menacer** (*ameaçar*).

Verbos terminados com -ger

manger (comer)

> **Particípio Presente**: mangeant

> **Particípio Passado**: mangé; **Verbo Auxiliar**: avoir

> **Imperativo**: mange, mangeons, mangez

> **Presente**: mange, manges, mange, mangeons, mangez, mangent

> **Imperfeito**: mangeais, mangeais, mangeait, mangions, mangiez, mangeaient

> **Futuro**: mangerai, mangeras, mangera, mangerons, mangerez, mangeront

> **Condicional**: mangerais, mangerais, mangerait, mangerions, mangeriez, mangeraient

> **Subjuntivo**: mange, manges, mange, mangions, mangiez, mangent

> **Passé Simple:** mangeai, mangeas, mangea, mangeâmes, mangeâtes, mangèrent

Alguns verbos similares precisam de um **e** depois do **g**, incluindo **bouger** (*mudar*), **corriger** (*corrigir*), **déménager** (*mudar de casa*), **déranger** (*perturbar*), **diriger** (*direcionar*), **exiger** (*exigir*), **juger** (*julgar*), **mélanger** (*misturar*), **nager** (*nadar*) e **voyager** (*viajar*).

Verbos que Mudam de Radical

Verbos terminados com -eler

appeler (chamar)

> **Particípio Presente**: appelant

> **Particípio Passado**: appelé; **Verbo Auxiliar**: avoir

> **Imperativo**: appelle, appelons, appelez

> **Presente**: appelle, appelles, appelle, appelons, appelez, appellent

> **Imperfeito**: appelais, appelais, appelait, appelions, appeliez, appelaient

Apêndice A: Tabela de Verbos *313*

Futuro: appellerai, appelleras, appellera, appellerons, appellerez, appelleront

Condicional: appellerais, appellerais, appellerait, appellerions, appelleriez, appelleraient

Subjuntivo: appelle, appelles, appelle, appelions, appeliez, appellent

Passé Simple: appelai, appelas, appela, appelâmes, appelâtes, appelèrent

Alguns verbos similares, às vezes, dobram o **l**, como os verbos: **épeler** (*soletrar*), **rappeler** (*chamar de volta*) e **renouveler** (*renovar*).

Verbos terminados com -eter

jeter (atirar)

Particípio Presente: jetant

Particípio Passado: jeté, **Verbo Auxiliar**: avoir

Imperativo: jette, jetons, jetez

Presente: jette, jettes, jette, jetons, jetez, jettent

Imperfeito: jetais, jetais, jetait, jetions, jetiez, jetaient

Futuro: jetterai, jetteras, jettera, jetterons, jetterez, jetteront

Condicional: jetterais, jetterais, jetterait, jetterions, jetteriez, jetteraient

Subjuntivo: jette, jettes, jette, jetions, jetiez, jettent

Passé Simple: jetai, jetas, jeta, jetâmes, jetâtes, jetèrent

Hoqueter (*soluçar*), **projeter** (*projetar*) e **rejeter** (*rejeitar*) são conjugados da mesma maneira, dobrando o **t** em algumas conjugações.

Verbos terminados com -e*er

acheter (comprar)

Particípio Presente: achetant

Particípio Passado: acheté; **Verbo Auxiliar**: avoir

Imperativo: achète, achetons, achetez

Presente: achète, achètes, achète, achetons, achetez, achètent

Imperfeito: achetais, achetais, achetait, achetions, achetiez, achetaient

Futuro: achèterai, achèteras, achètera, achèterons, achèterez, achèteront

Condicional: achèterais, achèterais, achèterait, achèterions, achèteriez, achèteraient

Subjuntivo: achète, achètes, achète, achetions, achetiez, achètent

Passé Simple: achetai, achetas, acheta, achetâmes, achetâtes, achetèrent

Certos verbos similares levam acento grave **(è)** em algumas conjugações como os verbos: **amener** (*levar*), **enlever** (*remover*), **se lever** (*levantar-se*), **mener** (*liderar*) e **promener** (*andar*).

Verbos terminados com -é*er

gérer (gerenciar)

Particípio Presente: gérant

Particípio Passado: géré; **Verbo Auxiliar**: avoir

Imperativo: gère, gérons, gérez

Presente: gère, gères, gère, gérons, gérez, gèrent

Imperfeito: gérais, gérais, gérait, gérions, gériez, géraient

Futuro: gérerai, géreras, gérera, gérerons, gérerez, géreront

Condicional: gérerais, gérerais, gérerait, gérerions, géreriez, géreraient

Subjuntivo: gère, gères, gère, gérions, gériez, gèrent

Passé Simple: gérai, géras, géra, gérâmes, gérâtes, gérèrent

Outros verbos mudam o acento agudo **(é)** pelo grave **(è)** em algumas conjugações, como os verbos **compléter** (*completar*), **espérer** (*esperar*) e **répéter** (*repetir*).

Verbos terminados com -yer

nettoyer (limpar)

Particípio Presente: nettoyant

Particípio Passado: nettoyé; **verbo auxiliar**: avoir

Imperativo: nettoie, nettoyons, nettoyez

Presente: nettoie, nettoies, nettoie, nettoyons, nettoyez, nettoient

Imperfeito: nettoyais, nettoyais, nettoyait, nettoyions, nettoyiez, nettoyaient

Futuro: nettoierai, nettoieras, nettoiera, nettoierons, nettoierez, nettoieront

_____ **Apêndice A: Tabela de Verbos** ***315***

Condicional: nettoierais, nettoierais, nettoierait, nettoierions, nettoieriez, nettoieraient

Subjuntivo: nettoie, nettoies, nettoie, nettoyions, nettoyiez, nettoient

Passé Simple: nettoyai, nettoyas, nettoya, nettoyâmes, nettoyâtes, nettoyèrent

Employer (*empregar*), **ennuyer** (*aborrecer*) e **noyer** (*afogar*) trocam o **y** por **i** em algumas conjugações.

Verbos Irregulares

aller (ir)

Particípio Presente: allant

Particípio Passado: allé; **Verbo Auxiliar**: être

Imperativo: va, allons, allez

Presente: vais, vas, va, allons, allez, vont

Imperfeito: allais, allais, allait, allions, alliez, allaient

Futuro: irai, iras, ira, irons, irez, iront

Condicional: irais, irais, irait, irions, iriez, iraient

Subjuntivo: aille, ailles, aille, allions, alliez, aillent

Passé Simple: allai, allas, alla, allâmes, allâtes, allèrent

avoir (ter)

Particípio Presente: ayant

Particípio Passado: eu; **Verbo Auxiliar**: avoir

Imperativo: aie, ayons, ayez

Presente: ai, as, a, avons, avez, ont

Imperfeito: avais, avais, avait, avions, aviez, avaient

Futuro: aurai, auras, aura, aurons, aurez, auront

Condicional: aurais, aurais, aurait, aurions, auriez, auraient

Subjuntivo: aie, aies, ait, ayons, ayez, aient

Passé Simple: eus, eus, eut, eûme, eûtes, eurent

connaître (saber)

Particípio Presente: connaissant

Particípio Passado:connu; **Verbo Auxiliar**: avoir

Imperativo: connais, connaissons, connaissez

Presente: connais, connais, connaît, connaissons, connaissez, connaissent

Imperfeito: connaissais, connaissais, connaissait, connaissions, connaissiez, connaissaient

Futuro: connaîtrai, connaîtras, connaîtra, connaîtrons, connaîtrez, connaîtront

Condicional: connaîtrais, connaîtrais, connaîtrait, connaîtrions, connaîtriez, connaîtraient,

Subjuntivo: connaisse, connaisses, connaisse, connaissions, connaissiez, connaissent

Passé Simple: connus, connus, connut, connûmes, connûtes, connurent

Outros verbos são conjugados como o **connaître**, **apparaître** (*aparecer*), **disparaître** (*desaparecer*), **méconnaître** (*desconhecer*), **paraître** (*parecer*) e **reconnaître** (*reconhecer*).

devoir (dever)

Particípio Presente: devant

Particípio Passado: dû; **Verbo Auxiliar**: avoir

Imperativo: dois, devons, devez

Presente: dois, dois, doit, devons, devez, doivent

Imperfeito: devais, devais, devait, devions, deviez, devaient

Futuro: devrai, devras, devra, devrons, devrez, devront

Condicional: devrais, devrais, devrait, devrions, devriez, devraient

Subjuntivo: doive, doives, doive, devions, deviez, doivent

Passé Simple: dus, dus, dut, dûmes, dûtes, durent

dire (dizer)

Particípio Presente: disant

Particípio Passado: dit; **Verbo Auxiliar**: avoir

Imperativo: dis, disons, dites

Presente: dis, dis, dit, disons, dites, disent

Imperfeito: disais, disais, disait, disions, disiez, disaient

Futuro: dirai, diras, dira, dirons, direz, diront

Condicional: dirais, dirais, dirait, dirions, diriez, diraient

Subjuntivo: dise, dises, dise, disions, disiez, disent

Passé Simple: dis, dis, dit, dîmes, dîtes, dirent

_____ **Apêndice A: Tabela de Verbos** *317*

Esse modelo de conjugação é o mesmo para **redire** (*repetir*).

être (ser)

Particípio Presente: étant

Particípio Passado: été; **Verbo Auxiliar**: avoir

Imperativo: sois, soyons, soyez

Presente: suis, es, est, sommes, êtes, sont

Imperfeito: étais, étais, était, étions, étiez, étaient

Futuro: serai, seras, sera, serons, serez, seront

Condicional: serais, serais, serait, serions, seriez, seraient

Subjuntivo: sois, sois, soit, soyons, soyez, soient

Passé Simple: fus, fus, fut, fûmes, fûtes, furent

faire (fazer)

Particípio Presente: faisant

Particípio Passado: fait; **Verbo Auxiliar**: avoir

Imperativo: fais, faisons, faites

Presente: fais, fais, fait, faisons, faites, font

Imperfeito: faisais, faisais, faisait, faisions, faisiez, faisaient

Futuro: ferai, feras, fera, ferons, ferez, feront

Condicional: ferais, ferais, ferait, ferions, feriez, feraient

Subjuntivo: fasse, fasses, fasse, fassions, fassiez, fassent

Passé Simple: fis, fis, fit, fîmes, fîtes, firent

Défaire (*desfazer*), **refaire** (*refazer*) e **satisfaire** (*satisfazer*) seguem o modelo.

mettre (pôr)

Particípio Presente: mettant

Particípio Passado: mis; **Verbo Auxiliar**: avoir

Imperativo: mets, mettons, mettez

Presente: mets, mets, met, mettons, mettez, mettent

Imperfeito: mettais, mettais, mettait, mettions, mettiez, mettaient

Futuro: mettrai, mettras, mettra, mettrons, mettrez, mettront

Condicional: mettrais, mettrais, mettrait, mettrions, mettriez, mettraient

Subjuntivo: mette, mettes, mette, mettions, mettiez, mettent

318 Parte VI: Apêndices

Passé Simple: mis, mis, mit, mîmes, mîtes, mirent

Esse modelo de conjugação é o mesmo para **admettre** (*admitir*), **commettre** (*cometer*), **permettre** (*permitir*), e **soumettre** (*submeter*).

offrir (oferecer)

Particípio Presente: offrant

Particípio Passado: offert; **Verbo Auxiliar**: avoir

Imperativo: offre, offrons, offrez

Presente: offre, offres, offre, offrons, offrez, offrent

Imperfeito: offrais, offrais, offrait, offrions, offriez, offraient

Futuro: offrirai, offriras, offrira, offrirons, offrirez, offriront

Condicional: offrirais, offrirais, offrirait, offririons, offririez, offriraient

Subjuntivo: offre, offres, offre, offrions, offriez, offrent

Passé Simple: offris, offris, offrit, offrîmes, offrîtes, offrirent

Verbos conjugados como o **offrir**: **couvrir** (*cobrir*), **découvrir** (*descobrir*), **ouvrir** (*abrir*), **recouvrir** (*cobrir*) e **souffrir** (*sofrer*).

partir (partir)

Particípio Presente: partant

Particípio Passado: parti; **Verbo Auxiliar**: être

Imperativo: pars, partons, partez

Presente: pars, pars, part, partons, partez, partent

Imperfeito: partais, partais, partait, partions, partiez, partaient

Futuro: partirai, partiras, partira, partirons, partirez, partiront

Condicional: partirais, partirais, partirait, partirions, partiriez, partiraient

Subjuntivo: parte, partes, parte, partions, partiez, partent

Passé Simple: partis, partis, partit, partîmes, partîtes, partirent

Repartir (*ir embora*) é conjugado igual.

pouvoir (poder)

Particípio Presente: pouvant

Particípio Passado: pu; **verbo auxiliar:** avoir

Presente: peux, peux, peut, pouvons, pouvez, peuvent

Imperfeito: pouvais, pouvais, pouvait, pouvions, pouviez, pouvaient

Apêndice A: Tabela de Verbos 319

Futuro: pourrai, pourras, pourra, pourrons, pourez, pourront

Condicional: pourrais, pourrais, pourrait, pourrions, pourriez, pourraient

Subjuntivo: puisse, puisses, puisse, puissions, puissiez, puissent

Passé Simple: pus, pus, put, pûmes, pûtes, purent

prendre (pegar)

Particípio Presente: prenant

Particípio Passado: pris; **Verbo Auxiliar**: avoir

Imperativo: prends, prenons, prenez

Presente: prends, prends, prend, prenons, prenez, prennent

Imperfeito: prenais, prenais, prenait, prenions, preniez, prenaient

Futuro: prendrai, prendras, prendra, prendrons, prendrez, prendront

Condicional: prendrais, prendrais, prendrait, prendrions, prendriez, prendraient

Subjuntivo: prenne, prennes, prenne, prenions, preniez, prenent

Passé Simple: pris, pris, prit, prîmes, prîtes, prirent

Outros verbos conjugados como o **prendre**: **apprendre** (*aprender*), **comprendre** (*compreender*) e **surprendre** (*surpreender*).

savoir (saber)

Particípio Presente: sachant

Particípio Passado: su; **Verbo Auxiliar**: avoir

Imperativo: sache, sachons, sachez

Presente: sais, sais, sait, savons, savez, savent

Imperfeito: savais, savais, savait, savions, saviez, savaient

Futuro: saurai, sauras, saura, saurons, saurez, sauront

Condicional: saurais, saurais, saurait, saurions, sauriez, sauraient

Subjuntivo: sache, saches, sache, sachions, sachiez, sachent

Passé Simple: sus, sus, sut, sûmes, sûtes, surent

venir (vir)

Particípio Presente: venant

Particípio Passado: venu; **verbo auxiliar**: être

Imperativo: viens, venons, venez

Presente: viens, viens, vient, venons, venez, viennent

Imperfeito: venais, venais, venait, venions, veniez, venaient

Futuro: viendrai, viendras, viendra, viendrons, viendrez, viendront

Condicional: viendrais, viendrais, viendrait, viendrions, viendriez, viendraient

Subjuntivo: vienne, viennes, vienne, venions, veniez, viennent

Passé Simple: vins, vins, vint, vînmes, vîntes, vinrent

Outros verbos conjugados como o **venir**: **advenir** (*acontecer*), **devenir** (*tornar-se*), **parvenir** (*alcançar*), **revenir** (*voltar*) e **se souvenir** (*lembrar-se*).

vouloir (querer)

Particípio Presente: voulant

Particípio Passado: voulu; **Verbo Auxiliar**: avoir

Imperativo: veuille, N/A, veuillez

Presente: veux, veux, veut, voulons, voulez, veulent

Imperfeito: voulais, voulais, voulait, voulions, vouliez, voulaient

Futuro: voudrai, voudras, voudra, voudrons, voudrez, voudront

Condicional: voudrais, voudrais, voudrait, voudrions, voudriez, voudraient

Subjuntivo: veuille, veuilles, veuille, voulions, vouliez, veuillent

Passé Simple: voulus, voulus, voulut, voulûmes, voulûtes, voulurent

Apêndice B

Dicionário Português-Francês

A qui temos algum vocabulário usado neste livro, em ordem alfabética, traduzido para o francês:

a: **la**

a maioria: **la plupart de**

a menos que: **à moins que**

a partir de / sobre o: **des** (pl.) / **du** (sing. m.)

abaixo: **dessous**

aborrecer. **ennuyer**

abrir. **ouvrir**

acabar. **finir**

achar: **trouver**

acreditar. **croire**

afirmar que: **prétendre**

agora: **maintenant**

ainda não: **pas encore**

alguém, nós, eles: **on**

algum lugar. **quelque part**

algum: **du** (m.), **de la** (f.), **des** (pl.)

algumas vezes: **parfois**, **quelquefois**

alojar-se: **loger**

amar. **aimer**

antes: **avant**

anunciar. **annoncer**

apagar. **effacer**

aqui: **ici**

assustar. **effrayer**

até / até que: **en attendant que**

até: **jusqu' à ce que**

atirar. **jeter, lancer**

atrás: **derrière**

atualmente: **actuellement**

aumentar. **élever**

avançar: **avancer**

avisar. **avertir**

bastante: **assez**

beber. **boire**

bom / bem: **bien**

bom: **bon**

bonita: **joli**

brincar. **jouer**

cair. **tomber**

322 Parte VI: Apêndices

caminhar, passear: **promener**

caro: **cher**

cartão-postal: **la carte postale**

cedo: **tôt**

celebrar: **célébrer**

certamente: **certainement**

chamar de volta: **rappeler**

chamar: **appeler**

chegar: **arriver**

chover: **pleuvoir**

com muito prazer: **volontiers**

com: **avec**

começar: **commencer**

comer: **manger**

como: **ainsi que**

como: **comment**

completar: **compléter**

comprar: **acheter**

considerar: **considérer**

construir: **bâtir**

continuamente: **continuellement**

contra: **contre**

corrigir: **corriger**

cultivar: **grandir**

dar: **donner**

de modo nenhum: **pas du tout**

de modo que: **afin que, pour que**

de novo: **encore**

de propósito: **exprès**

de: **de**

defender: **défendre**

dele / dela: **leur** (objeto sing.) / **leurs** (objeto pl.)

dentro: **dedans**

denunciar: **dénoncer**

depois: **après**

depois: **ensuite**

derreter: **fondre**

descer: **descendre**

desde que: **pourvu que**

desde: **depuis**

dever: **devoir**

dia: **un jour**

difícil: **dificile**

dirigir: **diriger**

divorciar: **divorcer**

dizer: **dire**

doce: **doux**

dormir: **dormir**

e / ou: **et /ou**

e: **et**

educadamente: **poliment**

ela: **elle**

elas: **elles**

ele: **il**

eles: **ils (m.), elles (f.)**

em cima: **dessus**

em direção a: **vers**

em frente: **devant**

em parte alguma: **nulle part**

Apêndice B: Dicionário Português-Francês 323

em todo lugar: **partout**

em volta: **autour**

em, para: **à**

em: **en**

embaixo: **en bas**

embora: **bien que**

embora: **quoique**

empregar: **employer**

encontrar: **réunir**

enormemente: **énormément**

enquanto: **alors que**

enquanto: **pendant que**

enquanto: **tandis que**

então: **puis**

entrar: **entrer**

enviar: **envoyer**

escolher: **choisir**

esperar: **attendre**

esperar: **espérer**

essa: **cette**

esse: **ce**

estabilizar: **établir**

estes, estas: **ces**

eu: **je**

exigir: **exiger**

falar: **parler**

favorito: **préféré**

fazer: **faire**

feliz: **heureux**

felizmente: **heureusement**

ficar: **rester**

finalmente: **dernièrement**

finalmente: **enfin**

fino: **mince**

fluentemente: **couramment**

folhear: **feuilletter**

fora: **dehors**

formal: **formel**

francamente: **carrément**

fresco: **frais**

gelar: **geler**

gentil: **gentil**

gentilmente: **gentiment**

gerenciar: **gérer**

gordo: **gras**

imediatamente: **immédiatement**

influenciar: **influencer**

inteligentemente: **intelligemment**

interessante: **intéressant**

ir: **aller**

já que: **puisque**

já: **déjà**

jogar / brincar / tocar um instrumento: **jouer**

lá: **là**

lentamente: **lentement**

levantar: **lever**

levar: **prendre**

liderar: **mener**

limpar: **nettoyer**

logo: **bientôt**

Parte VI: Apêndices

longe: **loin**

maioria: **la plupart de**

mais do que: **plus de /que**

mal: **mal**

mas: **mais**

meia-noite: **minuit**

meio-dia: **midi**

melhor: **mieux**

menos: **moins**

meu/minha: **le mien** (m.sing.)**/la mienne** (f.sing.), **les miens** (m. pl.), **les miennes** (f. pl.)

meu: **mon** (objeto m.), **ma** (objeto f.), **mes** (objeto pl.)

mexer: **bouger**

moderar: **modérer**

morrer: **mourir**

mudar: **déménager**

muito: **beaucoup**

muito: **très**

muito: **trop**

não mais: **ne ... plus**

não: **ne ... pas**

não: **non**

nascer: **naître**

nem sempre: **pas toujours**

nem...nem: **ne...ni...ni**

nenhum/nenhuma: **ne... aucun / ne...nul**

ninguém: **personne**

nós: **nous**

nosso: **notre** (sing.), **nos** (pl.)

nossos: **le nôtre** (m. sing.)**, la nôtre** (f.sing.)**, les nôtres** (pl.)

novamente: **nouvellement**

novo: **neuf, nouveau**

nunca: **jamais**

o qual / aquele que / este que: **lequel** (m. sing.), **laquelle** (f. sing.), **lesquels** (m.pl.), **lesquelles** (f. pl.)

o que: **quoi**

o: **le**

odiar: **détester**

olhar: **regarder**

onde: **où**

organizar: **arranger**

os, as: **les**

ou ... ou: **ou ... ou/ soit...soit**

ou então: **ou bien**

ou: **ou**

outrora: **autrefois**

ouvir: **entendre**

pagar: **payer**

para / em / no: **au** (m.sing.) / **aux** (pl.)

para: **à**

para: **pour**

partir: **partir**

passar (*tempo*): **passer**

passar: **passer**

pensar: **penser**

pequeno: **petit**

perder: **perdre**

perto: **près**

Apêndice B: Dicionário Português-Francês 325

pesar: **peser**

pior: **pire**

poder: **pouvoir**

por isso, pois: **donc**

por muito tempo: **longtemps**

pôr: **mettre**

por: **par**

porque: **parce que**

porque: **pourquoi**

possuir: **posséder**

preencher: **remplir**

preferir: **préférer**

procurar: **chercher**

projetar: **projeter**

pronunciar: **prononcer**

quais: **quels/quelles**

qual: **quel/quelle**

qualquer um / não importa o quê: **quoi que**

quando: **quand**, **lorsque**

quanto: **combien**

Que dia é hoje?: **Quelle est la date ?**

Que horas são?: **Quelle heure est-il ?**

quem: **qui**

querer: **vouloir**

rapidamente: **vite**

raramente: **rarement**

reagir: **réagir**

receber: **recevoir**

recentemente: **récemment**

recolocar: **remplacer**

rejeitar: **rejeter**

remover: **enlever**

renovar: **renouveler**

repetir: **répéter**

responder: **répondre**

retornar: **rendre**

retornar: **retourner**

reunião: **la réunion**

saber: **savoir**

sair: **sortir**

segurar: **tenir**

sem: **sans**

sempre: **souvent**

sempre: **toujours**

ser: **être**

sério: **grave**

seu / sua: **le leur** (m. sing.), **la leur** (f. sing.), **les leurs** (pl.)

seu, sua (adj.): **sas** (f.)/**son** (m.) / **ses** (pl.)

seus, suas (pron.): **le sien** (m. sing.), **la sienne** (f.sing), **les siens** (m. pl.), **les sienes** (f.pl.)

sim (em resposta a uma negação): **si**

sim: **oui**

similar: **pareil**

sobre: **sur**

soletrar: **épeler**

soluçar: **hoqueter**

somente: **ne...que**

326 **Parte VI: Apêndices**

subir: **monter**

suceder: **réussir**

suficientemente: **suffisamment**

sugerir: **suggérer**

superior, principal: **eh haut**

tanto ... e: **et ... et**

tão logo que: **aussitôt**

tarde: **tard**

tentar: **essayer**

ter: **avoir**

trabalhar: **travailler**

triste: **triste**

tristemente: **tristement**

trocar: **changer**

ultimamente: **denièrement**

um monte de, uma boa dose de: **pas mal de**

um pouco: **un peu de**

um, uma: **un** (m.), **une** (f.)

usar tu: **tutoyer**

usar vous: **vouvouyer**

valer: **valoir**

varrer: **balayer**

vender: **vendre**

ver: **voir**

verdadeiramente: **vraiment**

viajar: **voyager**

vir: **venir**

viver: **vivre**

vivo: **vif**

você, tu: **tu**

voo: **um vol**

voo: **un vol**

Apêndice C
Dicionário Francês-Português

à mois que: *a menos que*

à: *em, para*

acheter: *comprar*

actuellement: *atualmente*

afin que: *para que*

aimer: *amar*

ainsi que: *como*

aller: *ir*

alors que: *enquanto*

amener: *trazer*

annoncer: *anunciar*

appeler: *chamar*

après que: *depois, quando*

après: *depois*

arranger: *organizar*

arriver: *chegar*

assez: *bastante*

attendre: *esperar*

au (m.sing.): *para, em, no*

aussitôt: *tão logo que*

autant: *tanto*

automne: *outono*

autour: *em volta*

autrefois: *outrora*

aux (pl.): *para, em, no*

avancer: *avançar*

avant: *antes*

avec: *com*

avertir: *avisar*

avoir: *ter*

balayer: *varrer*

bâtir: *construir*

beaucoup: *muito*

bien de: *muito poucos*

bien que: *embora*

bien: *bom, bem*

bientôis: *logo*

boire: *beber*

bon: *bom*

bouger: *mexer*

carrément: *francamente*

ce: *esse*

célébrer: *celebrar: célébrer*

certainement: *certamente*

ces: *estes, estas*

cette: *essa*

Parte VI: Apêndices

changer: *trocar*

cher: *caro*

chercher: *procurar*

choisir: *escolher*

combien: *quanto*

commencer: *começar*

comment: *como*

compléter: *completar*

considérer: *considerar*

continuellement: *continuamente*

contre: *contra*

corriger: *corrigir*

couramment: *fluentemente*

croire: *acreditar*

de crainte que: *por medo de*

de la: *alguma*

de peur que: *por medo de que*

de: *de*

dedans: *dentro*

défendre: *defender*

dehors: *fora*

déjà: *já*

demain: *amanhã*

déménager: *mudar*

dénoncer: *denunciar*

depuis: *desde*

dernièrement: *ultimamente*

derrière: *atrás*

descendre: *descer*

dessous: *abaixo*

dessus: *em cima*

détester: *odiar*

devant: *em frente*

devoir: *dever*

difficile: *difícil*

dire: *dizer*

diriger: *dirigir*

divorcer: *divorciar*

donc: *por isso, pois*

donner: *dar*

dormir: *dormir*

doux: *doce*

du: *algum*

effacer: *apagar*

effrayer: *assustar*

élever: *aumentar*

elle: *ela*

elles: *elas*

employer: *empregar*

en attendant que: *enquanto, até que*

en bas: *embaixo*

en haut: *em cima*

en: *em*

en: *em, para (um país)*

encore: *de novo*

enfin: *finalmente*

enlever: *remover*

ennuyer: *aborrecer*

énormément: *enormemente*

Apêndice C: Dicionário Francês-Português   329

ensuite: *próximo*

entendre: *ouvir*

entrer: *entrar*

envoyer: *enviar*

épeler: *soletrar*

espérer: *esperar*

essayer: *tentar*

et: *e*

établir: *estabilizar*

être: *ser/estar*

exiger: *exigir*

exprès: *de propósito*

faire: *fazer*

feuilletter: *folhear*

finir: *acabar*

fondre: *derreter*

formel: *formal*

frais: *fresco*

geler: *gelar*

gentil: *gentil*

gentiment: *gentilmente*

gérer: *gerenciar*

grandir: *cultivar*

gras: *gordo*

grave: *sério*

heureusement: *felizmente*

heureux: *feliz*

hoqueter: *soluçar*

ici: *aqui*

il: *ele*

ils: *eles*

immédiatement: *imediatamente*

influencer: *influenciar*

intelligemment: *inteligentemente*

intéressant: *interessante*

jamais: *nunca*

je: *eu*

jeter, **lancer**: *atirar*

joli: *bonita*

jouer: *brincar*

jusqu' jusqu' à ce que: *até*

la (f.): *a*

la carte postale: *cartão-postal*

la plupart de: *a maioria*

la réunion: *reunião*

là: *lá*

le (m.): *o*

le mien/la mienne: *meu/minha*

le mien: *meu*

le nôtre: *nossos*

le sien, **la sienne**: *seu, sua*

le: *o*

lentement: *lentamente*

lequel: *o qual, aquele que*

les: *os, as*

lever: *levantar*

loger: *alojar*

loin: *longe*

longtemps: *por muito tempo*

lorsque: *quando*

330 Parte VI: Apêndices

maintenant: *agora*

mais: *mas*

mal: *mal*

manger: *comer*

mener: *liderar*

mes (pl.): *meus*

mettre: *pôr*

mieux: *melhor*

mince: *fino*

minuit: *meia-noite*

modérer: *moderar*

moins: *menos*

mois: *mês*

mon: *meu*

monter: *subir*

mourir: *morrer*

naître: *nascer*

nulle part: *em parte alguma*

pas du tout: *de jeito nenhum*

pas toujours: *nem sempre*

personne: *ninguém*

ne ... plus: *não mais*

ne... aucun / ne... nul: *nenhum/nenhuma*

jamais: *nunca*

ne... ni... ni: *nem... nem*

pas encore: *ainda não*

ne... pas: *não*

personne: *ninguém*

ne... que: *somente*

nettoyer: *limpar*

neuf, nouveau: *novo*

non: *não*

nos (pl.): *nosso*

notre: *nosso*

nous: *nós*

nouveau: *novo*

nouvellement: *novamente*

ou ... ou/ soit...soit: *ou... ou*

où: *onde*

ou: *ou*

oui: *sim*

ouvrir: *abrir*

par: *por*

parce que: *porque*

pareil: *similar*

parfois, quelquefois: *algumas vezes*

parler: *falar*

partir: *partir*

partout: *em todo lugar*

passer: *passar (tempo)*

payer: *pagar*

pendant que: *enquanto*

penser: *pensar*

perdre: *perder*

peser: *pesar*

petit: *pequeno*

pire: *pior*

pleuvoir: *chover*

plus de /que: *mais do que*

poliment: *educadamente*

Apêndice C: Dicionário Francês-Português 331

posséder: *possuir*

pour que: *de modo que*

pour: *para*

pourquoi: *porque*

pourvu que: *desde que, contanto que*

pouvoir: *poder*

préféré: *favorito*

préférer: *preferir*

premier: *primeiro*

prendre: *levar*

près: *perto*

prétendre: *afirmar que*

projeter: *projetar*

promener: *passear*

prononcer: *pronunciar*

puis: *então*

puisque: *já que*

quand, lorsque: *quando*

quel/quelle: *qual/que*

Quelle est la date ?: *Que dia é hoje?*

Quelle heure est-il ?: *Que horas são?*

quelque part: *algum lugar*

quels/quelles: *quais*

qui: *quem*

quoi: *o que*

quoique: *embora*

rappeler: *chamar de volta*

rarement: *raramente*

réagir: *reagir*

récemment: *recentemente*

recevoir: *receber*

regarder: *olhar*

rejeter: *rejeitar*

remplacer: *recolocar*

remplir: *preencher*

rendre: *retornar*

renouveler: *renovar*

répéter: *repetir*

répondre: *responder*

rester: *ficar*

retourner: *retornar*

réunion: *reunião*

réunir: *encontrar*

réussir: *suceder*

sa/son: *sua, seu*

sans: *sem*

savoir: *saber*

secret: *segredo*

si: *sim*

sortir: *sair*

souvent: *sempre*

suffisamment: *suficientemente*

suggérer: *sugerir*

sur: *sobre*

tandis que: *enquanto*

tard: *tarde*

tenir: *segurar*

tomber: *cair*

tôt: *cedo*

332 Parte VI: Apêndices

toujours: *sempre*

travailler: *trabalhar*

très: *muito*

triste: *triste*

tristement: *tristemente*

trop: *demais*

trouver: *achar*

tu: *você, tu*

tutoyer: *usar **tu***

un jour: *dia*

un peu de: *um pouco de*

un vol: *voo*

un, **une**: *um, uma*

valoir: *valer*

vendre: *vender*

venir: *vir*

vers: *em direção a*

vif: *vivo*

vite: *rapidamente*

vivre: *viver*

voir: *ver*

vol: *voo*

volontiers: *com muito prazer*

vouloir: *querer*

vouvoyer: *usar **vous***

voyager: *viajar*

vraiment: *verdadeiramente*

Índice

• A •

à 1
Académie Française 1
acento agudo 61
acento grave 272
  em verbos -e * er 60
  em verbos -é * er 60
acentução 11
acheter 30
  conjugação de 59
adjetivos 207
  advérbios e 77
  comparativos 145
  com significados diferentes 170
  com substantivos 28
  concordância 132
  demonstrativos 28
  descritivos 138
  femininos 132
  formas especiais para 147
  indefinidos 207
  interrogativos 76
  negativos 85
  partes do discurso 7
  particípios presentes 103
  possessivos 31
    do sujeito 34
    exemplos de 102
    gênero 132
    subjetivos 116
    sujeitos 259
    visão global 79
  superlativos 119
  visão global 79
advérbios 131
  adjetivos e 131
  comparativos 145
  de frequência 138
  de lugar 139
  de modo 141
  de quantidade 140
  de tempo 139

gênero e 236
interrogativos 11
negativos 11
partes do discurso 7
posicionamento 208
superlativos 119
visão global 162
Advérbios de frequência 10
Advérbios de lugar 18
Advérbios de quantidade 140
aimer 214
Alfabeto Fonético Internacional 15
aller 17
  conjugações 57
  futuro próximo 85
  imperfeito 258
  modo condicional 282
  tempo futuro 162
anos 1
antecedentes 218
appeler 272
  conjugação de 259
  modo condicional 282
  tempo futuro 162
artigos 8
  definidos 8
  indefinidos 8
    exemplos de 102
    gênero e 21
    pronomes e 31
  partes do discurso 7
  partitivos 8
    advérbios negativos e 85
    exemplos de 102
    visão global 162
  preposição en 43
  visão global 79
avoir 98
  concordância 146
  expressões idiomáticas 15
  modo condicional 282
  passé composé 86
  tempo futuro 162

•B•

battre 65

•C•

calendário 41
ce dont 223
ce que 223
ce qui 228
chez 277
circunflexo 296
comandos 159
  afirmativos 159
  com "défense de" 162
  impessoais 162
  infinitivos 86
  negativos 153
  pronomes adverbiais e 199
  pronomes e 88
  subjuntivo 114
  tempo futuro 162
commencer 92
  conjugações 281
  modo condicional 282
  tempo futuro 162
  visão global 162
como adjetivos 10
comparativos 3
  formas especiais 145
  visão global 162
concordância 132, 236
  de adjetivos 32
  passé composé 250
concordância gramatical 236
conjugação 9
  definições 11
  imperativo 153
    verbos irregulares 155
    verbos pronominais 158
    verbos regulares 154
  imperfeito 107, 262
    verbos com mudança de ortografia 262
    verbos irregulares 263
    Verbos que mudam o radical 59
  modo condicional 282
    verbos irregulares 286
    Verbos que mudam o radical 59

    verbos regulares e mudança de ortografia 51
    visão global 79
  passé composé 250
  Passé Simple 257
    verbos terminados em -er 154
    verbos terminados em -ir 154
    verbos terminados em -re 56
  Plus-que-Parfait (Passado Perfeito) 232
  tempo futuro 162
    verbos com mudança de ortografia 262
    verbos irregulares 155
    Verbos que mudam o radical 59
    visão global 79
  tempo Presente 111
    Pronomes subjetivos 11
    verbos com mudança de ortografia 262
    Verbos Irregulares 63
    Verbos que mudam o radical 59
    Verbos regulares 270
  Verbos regulares 270
conjunções 13
  coordenadas 213
  Modo Subjuntivo 109
  negativas 79
  partes do discurso 7
  subordinadas 213
conjunções coordenadas 213
connaître 315
contexto 14
  Adjetivos demonstrativos 18
  chez 181
  dicionários bilíngues 7
  pronomes relativos e 218
Contrações 297
  com preposições 185
  pronomes reflexivos e 168
  pronomes relativos e 218
  requeridos 254
croire 266
  Passé Simple 257
  Passé Simple (Passado Simples) 257
  tempo Presente 269

dans 299
Datas 297

Índice   *335*

de 297
  Infinitivos 97
  possessivos 135
  verbos com 154
declaração negativa 92
défense de 162
devoir 286
  conjugação de 1
  modo Condicional 286
  Substantivos Infinitivos 99
  Verbos que mudam o radical 59
dias da semana 297
dicionários bilíngues 7
  Aproveitando ao máximo 7
  contexto 14
  figuras de linguagem e expressões idiomáticas 15
  francês-português 327
  palavra sem modificações 14
  partes do discurso 7
  Português- Francês 321
  símbolos 15
  terminologia 15
  Verificando seus resultados 16
  visão global 79
dire 118
dont 219
Dormir 64
dúvidas 301

Écrire 102
elle 111
elles 111
em 133
  como preposição 296
  Como pronome 295
employer 271
  Modo Condicional 281
  tempo Futuro 119
envoyer 111
  Modo Condicional 281
  tempo Futuro 119
Erros 295
  Avoir 299
  Contrações 297
  Falsos Amigos 298

letras maiúsculas 43
Passé Composé com o Imparfait 300
Subjuntivo 301
Tu ou vous 53
verbos auxiliares 300
visão global 79
escrevia cartas 253
Est-ce que 79
être 232
  Concordância com 236
  conjugação de 259
  Imparfait (Imperfeito) 245
  Modo Condicional 281
  Passé Simple (Passado Simples) 257
  Plus-que-Parfait (Passado Perfeito) 232
  tempo Futuro 269
étudier 86
expressões idiomáticas 15
expressões impessoais 114

faire 317
  conjugação de 262
  Modo Condicional 281
  Passé Simple (Passado Simples) 257
  tempo Futuro 269
Falsos Amigos 298
figuras de linguagem 15
finir 310
  conjugação de 259
  Imparfait (Imperfeito) 245
  Modo Condicional 281
  Passé Simple (Passado Simples) 257
  tempo Futuro 269
francês-português 327
frases negativas 85
frases preposicionadas 204
Futur proche (Futuro próximo) 278

Gêneros 21
  adjetivos demonstrativos 28
  adjetivos e 28
  adjetivos possessivos 31
  advérbios e 77

artigos definidos 180
artigos indefinidos 27
artigos partitivos 27
Pronomes Demonstrativos 28
pronomes possessivos 33
Substantivos 21
ger 58
gérer 314
   conjugação de 60
   Modo Condicional 281
   tempo Futuro 269
Gérondif 103
Gerúndio 104
guillemets 2

h aspirado 298
h mudo 2
   Adjetivos demonstrativos 10
   Advérbios negativos 11
   Artigos definidos 17
   Artigos partitivos 8
   contrações 179
   definições 17
   Na primeira pessoa 57
   preposição de 98
   pronomes reflexivos 167
   Uso do que 220
homógrafos 296
horário 46
horários 46
Horas 37

Il 53
Ils 54
Imparfait 245
Imparfait (Imperfeito) 230
   ações habituais 249
   ações sem começo nem fim 252
   acontecendo simultaneamente 104
   Data 37
   desejos 65
   funções 7
   Idade 135

Infinitivos 97
passé composé 86
sugestões 153
tempo 139
Verbos irregulares 285
Verbos que mudam o radical 59
Verbos Regulares 55
verbos regulares e com mudança ortográfica 282
Infinitivos 97
   comandos 153
   comandos no modo Imperativo 153
   de 160
   dicionários bilíngues 7
   Ordem das palavras 99
   Preposições 179
   terminações 65
   usados como substantivos 102
   Verbos Reflexivos 167
   visão global 79
Interpretando 15
Interrogativas 73
invariáveis 146
inversão 173

Je 174
jeter 272
   Conjugação de 51
   Modo Condicional 281
   tempo Futuro 269
   Verbos que mudam o radical 59

lequel 219
letras maiúsculas 43
   nomes próprios 8
   Quando usar 77

•M•

Madame 305
Madame la Directrice 305
manger 312

Índice

Conjugação de 51
Imparfait (Imperfeito) 230
Passé Simple (Passado Simples) 257
mener 272
   Modo Condicional 281
   tempo Futuro 269
meses 37
Messieurs 303
mettre 317
minutos 37
Modo Condicional 281
   aimer 289
   devoir 286
   Orações com si 287
   pedidos educados 289
   pouvoir 286
   verbos com mudança de ortografia 262
   verbos irregulares 286
   Verbos que mudam o radical 59
   visão global 79
   vouloir 286
modo Imperativo 162
   afirmativo 159
   com "défense de" 162
   Infinitivos 97
   Modo Subjuntivo 109
   tempo Futuro 269
   Verbos irregulares 273
   Verbos Pronominais 158
   Verbos regulares 153
   visão global 162
modo Indicativo 119
modos 109
Modo Subjuntivo 109
   comandos 153
   Com expressões impessoais 114
   com pronomes indefinidos 120
   Com superlativos 119
   conjunções 213
   Evitando 122
   Idiomáticos 167
   Imparfait (Imperfeito) 245
   infinitivos 274
      usados como substantivos 102
      visão global 162
   intransitivo 201
   irregular 248

Imparfait (Imperfeito) 245
Modo Condicional 281
modo Imperativo 153
Presente do Indicativo 309
Tabela 309
tempo Futuro 269
modo Indicativo 153
negativos 120
ordens e opiniões 116
Particípios Passados 231
Quando usar 183
questões 93
sentimentos 116
sozinho 76
usando 75
verbos auxiliares 231
   Escolhendo 232
   Passé Composé 232
   Plus-que-Parfait (Passado Perfeito) 232
   pronomes e 31
Verbos irregulares 155
Verbos que mudam o radical 59
verbos regulares 109
Monsieur 305
Monsieur le Maire 305
Monsieur, Madame 304
mourir 242

ne ... pas 324
nettoyer 314
Número 26
   Adjetivos 29
   Adjetivos demonstrativos 29
   adjetivos possessivos 31
   artigos definidos 26
   artigos indefinidos 27
   artigos partitivos 27
   Cardinal 41
   Ordinal 41
   os Substantivos para o Plural 24
   Pronomes Demonstrativos 28
   pronomes possessivos 33
   pronomes subjetivos 19

• O •

objetos indiretos 123
offrir 235
on 246
opiniões 116
Orações com si 287
ordem das palavras 295
ordens 116
où 219
Oui ou Non: Perguntas 73
  formal 73
  informal 74
  Passé Composé 173
  Respondendo 79
  verbos pronominais 173
ouvrir 235

• P •

parler 192
  conjugação de 259
  Imparfait (Imperfeito) 230
  Modo Condicional 281
  Passé Simple (Passado Simples) 257
  Plus-que-Parfait (Passado Perfeito) 230
  tempo Futuro 269
partes do discurso 7
  adjetivos 10
  advérbios 10
  Artigos 17
  conjunções 13
  dicionários bilíngues 7
  preposições 12
  pronomes 11
  Substantivos 17
  verbos 17
  visão global 79
Particípios 233
  Passado 234
  Presente 310
particípios presentes 103
  como adjetivos 10
  como substantivos 7
  como verbos 14
  Formação de 73
  Formas Verbais 172

Gerúndio 104
invariáveis 146
variáveis 18
partir 318
Passé Composé (Passado Composto) 230
  Concordância 132
  conjugação de 1
  negação 88
  Particípios Passados 231
  Passé Simple (Passado Simples) 257
  uso adequado de 15
  verbos auxiliares 231
  visão global 162
Passé Simple (Passado Simples) 257
  conjugação de 1
  Imparfait (Imperfeito) 245
  Modo Condicional 281
  Modo Subjuntivo 109
  sem preposições 194
  Tabela 236
  tempo Futuro 269
  tempo presente 278
  Transitivo 233
  verbos com mudança de ortografia 262
  Verbos que mudam o radical 59
  verbos terminados em -er 154
  verbos terminados em -ir 154
  verbos terminados em -re 56
  visão global 79
payer 247
pedidos 289
Perguntas 79
  Est-ce que 79
  inversão 173
  negativo 85
  objeto direto 200
  objeto indireto 202
  palavras interrogativas 76
  sim/não 79
    formal 73
    informal 74
    Respondendo 79
  visão global 79
Perguntas com inversão 173
pessoa gramatical 202
plural 21, 28
  Adjetivos 29
  adjetivos demonstrativos 28

Índice **339**

artigo definido 8
artigo indefinido 89
Pronomes Demonstrativos 28
substantivos 21
Plural Irregular 25
Plus-que-Parfait 232,257
Plus-que-Parfait (Passado Perfeito) 232
Posicionamento 208
  de adjetivos 88
  de advérbios 138
  pronomes objetivos 199
possessivo de 31
Pouvoir 65
prendre 64
  conjugação de 59
  Modo Condicional 281
  tempo Futuro 269
  tempo presente 278
preposições 12
  à 12
  Chez 181
  cidades 187
  dans 191
  de 191
  en 191
  Formação 180
  Formação de contrações com 180
  Imparfait (Imperfeito) 245
  infinitivos 274
  Modo Condicional 281
  modo Imperativo 162
  modo Subjuntivo 163
  par 192
  partes do discurso 6
  particípios presentes 103
  pour 118
  preposições comuns 179
  Presente do Indicativo 110
  pronominal 168
  recíproca 176
  reflexiva 18
  regular 55
  sur 72
  Tabela 52
  tempo Futuro 119
  Tipos de 138
  uso correto 6
  verbos com mudança de ortografia 262

Verbos terminados com -cer 311
Verbos terminados com -ger 312
vers 182
visão global 79
preposições com países 179
preposições para 185
Pretérito Imperfeito 119
Pretérito Perfeito 231
primeira pessoa 52
pronomes 200
Pronomes acentuados 11
Pronomes adverbiais 11
  comandos 98
  comandos e 3
  com conjunções 118
  contexto e 14
  demonstrativo 29
  dont 219
  duplo 246
  en 248
  exemplos de 303
  impessoal 89
  indefinido 89
  lequel 219
  negativo 27
  Objeto direto 91
  où 219
  pessoais 297
  possessivos 3
  Pronomes objetivos indiretos 11
  que 12
  Qui 14
  reflexivos 11
  relativo indefinido 223
  Relativos 213
  sujeito 51
  visão global 79
  y 87
Pronomes demonstrativos 11
pronomes duplos 209
pronomes impessoais 11
pronomes indefinidos 120
  exemplos de 102
  Modo Subjuntivo 109
Pronomes negativos 90
  exemplos de 170
  Modo Subjuntivo 109
  visão global 79

Pronomes Objetivos 202
   infinitivos 234
   objeto direto 199
   objeto indireto 202
   Posicionamento 208
   visão global 79
Pronomes Objetivos Indiretos 202
pronomes oblíquos 86
pronomes pessoais 51
pronomes possessivos 33
pronomes reflexivos 167
   exemplos de 303
   Ordem das palavras 99
   Posicionamento 208
   verbos e 1
   verbos pronominais e 167
Pronomes Relativos 213
   com conjunções 118
   contexto 295
   dont 12
   exemplos de 102
   indefinidos 120
   lequel 220
   que 223
   qui 223
   visão global 79
Pronomes subjetivos 11
   exemplos de 102
   tempo Presente 231

que 145
questões negativas 92
Qui 91
quoi 118

Respondendo a Perguntas 79
   negativas 79
   sim/não 79

s'asseoir 263
Saudações 303

savoir 319
segunda pessoa 53
se lever 101
semanas 42
sentimentos 116
   Modo Subjuntivo 109
   Verbos recíprocos 169
símbolos 15
   dicionários bilíngues 7
sites de tradução online 16
sortir 64
   Modo Condicional 281
   tempo Futuro 269
   tempo presente 278
substantivos 7
   coletivos 17
   contáveis 90
   evitar o Subjuntivo 127
   Femininos 21
   gênero dos 21
   incontáveis 88
   masculinos 186
   partes do discurso 7
   particípios presentes 103
   plural 21
   próprios 21
sujeitos 169
superlativos 119
   adjetivos e 131
   advérbios e 77
   comparativos e 145
   Formas especiais 147
   Modo Subjuntivo 109

•U•

tempo Futuro 269
   comandos com 130
   com conjunções 130
   Futuro Próximo 277
   linguagem informal 16
   pedidos educados 289
   verbos com mudança de ortografia 262
   Verbos irregulares 285
   Verbos que mudam o radical 59
   visão global 79
tempo presente 278

Índice

Pronomes subjetivos 11
verbos com mudança de ortografia 262
Verbos irregulares 273
  como battre e mettre 65
  como offrir e ouvrir 64
  como prendre 64
  como sortir e dormir 64
  Pouvoir e vouloir 65
Verbos que mudam o radical 59
verbos regulares 109
tempos 173
Tempos compostos 173
terceira pessoa 223
  conjugação de 259
  Pronomes objetivos indiretos 11
  pronomes subjetivos 19
  tempo Futuro 269
tradução 12
Tradutores automáticos 16
tu 11
tutoyer 59

vendre 110
  conjugação de 109
  Imparfait (Imperfeito) 245
  Modo Condicional 281
  Passé Simple (Passado Simples) 257
  tempo Futuro 269
venir 286
  conjugação de 2
  Imparfait (Imperfeito) 245
  Passé Simple (Passado Simples) 257
verbos auxiliares 231
  Escolhendo 232
  Passé Composé 232
  Plus-que-Parfait (Passado Perfeito) 232
  posicionamento 88
  pronomes e 90
verbos com mudança de ortografia 262
  Imparfait (Imperfeito) 230
  Passé Simple (Passado Simples) 257
  Tabela 264
  tempo presente 278
verbos intransitivos 233
verbos irregulares 234

como battre e mettre 65
como offrir e ouvrir 64
como prendre 64
como sortir e dormir 64
Imparfait (Imperfeito) 230
modo Condicional 153
modo Imperativo 162
modo Subjuntivo 163
Particípio Passado de 234
Passé Simple (Passado Simples) 257
Pouvoir e vouloir 65
Pretérito Imperfeito 119
tabela 111
tempo futuro 162
único 153
verbos pronominais 170
  expressões idiomáticas 296
  modo Imperativo 153
  particípios presentes 103
  Pronomes Reflexivos 168
  recíproca 176
  Reflexivos 167
  visão global 79
verbos pronominais idiomáticos 170
Verbos que mudam o radical 59
  Modo Subjuntivo 109
  tabela 110
  tempo Presente 231
verbos que terminam com -e*er 284
  conjugação de 1
  Tempo Presente 3
Verbos recíprocos 169
Verbos reflexivos 174
Verbos regulares 245
  Imparfait (Imperfeito) 245
  modo Imperativo 153
  Modo Subjuntivo 109
  Particípio Passado de 234
  tempo Presente 232
Verbos terminados com -cer 311
  conjugação de 1
  Tempo Presente 3
Verbos terminados com -eter 313
  conjugação de 1
  consoantes duplas 272
  tempo Presente 283
Verbos terminados com -ger 312
verbos terminados em -eler 59

342 Francês Intermediário Para Leigos®

verbos terminados em -er 154
  conjugação de 259
  Passé Simple (Passado Simples) 257
  tempo Presente 269
  Verbos irregulares 273
  Verbos regulares 270
verbos terminados em -ir 154
  Passé Simple (Passado Simples) 257
  regulares 263
  tempo presente 278
  Verbos irregulares 273

verbos terminados em -re 56
  conjugação de 60
  Passé Simple (Passado Simples) 257
  tempo presente 278
  Verbos irregulares 273
  verbos regulares 270
Verbos terminados em -yer 271
verbos transitivos 201
voir 236
vouloir 264
vous 258
vouvoyer 285